MODERN CORPORATE FINANCE

現代コーポレートファイナンス論

坂本 恒夫 編
現代財務管理論研究会 著

税務経理協会

　現代の日本における財務活動は，二つの経営原理がぶつかり合うかたちで展開されている。

　その一つは，第2次大戦後から今日まで50年間にわたり形成・展開されてきた法人資本主義のもとでの取引拡大経営であり，二つは1990年代後半から日本に上陸してきた英米機関株主資本主義のもとでの株主価値経営である。

　取引拡大経営は，企業集団など企業相互の取引を拡大していくことによって，売上，資産，シェアなどを多面的に成長させようとするものでプラスの側面も大きいが，同時に依存的・量的指向が強いというマイナス面も併存させている。これに対して，株主価値経営は，株価の成長を目的に利益率の引上げをはかるため適正な資本規模を維持するとともに無駄なコストを排除するというプラス面もあるが，同時にリストラなどで労働者を排除したり，工場の撤収などで地域経済を衰退させるマイナス面も併せもっている。

　取引拡大経営のもとでの財務は，資産規模の成長を指向するものであるのに対して，株主価値経営のもとでの財務は，株価上昇のための利益率の引上げを目指すものであるということができる。

　現代においては，このように売上，資産，シェアの引上げをねらった取引拡大経営のための財務が底流に存在し，その上に株価引上げのための利益率向上を目標とするコスト削減財務が流れ込んでいる。

　本書は，こうした規模拡大とコスト削減という二つの対立的な様相を示す現代の複雑な財務を多面的に分析し，その特徴と問題点を指摘するとともに，現代財務の今後の方向性を明らかにすることを目的に著されている。

　さて各章のほとんどは，日本経営財務研究学会，日本財務管理学会，証券経済学会などで報告された最新のものを基礎としており，一定の水準を超えた学術論文で構成されている。したがって，本書の読者は，いちおう基本的な財務を学習しおわった大学3・4年生，院生，ファイナンス分野の職業人を念頭に

おいている。

　内容を簡単に示すと，まず第1章では，最近の財務のトピックスを取り上げ，機関株主ガバナンス下の株式会社制度の役割，企業集団の今後について詳述している。第2章では，機関株主ガバナンス下で主要な経営指標であるキャッシュ・フローについて，その意義とそれを増やす手法を解説している。

　次に第3章では，日本の企業集団の株式所有・支配体制の変化を，コーポレート・ガバナンスの観点から実証的に分析している。また第4章では，アメリカのM&Aにおける機関投資家の売却判断を見ることによって，機関株主行動の特質を解明する。さらに第5章では，重要な経営指標 ROA を株式投資指標や ROE などとの関係から，その有効性について検証する。

　第6章では，証券化のうち資産，とりわけ不動産の証券化について解説し，日本の特殊的背景や金融システムとの関連で問題点について言及する。そして第7章は，負債の証券化，とくに社債担保証券について，その意義と仕組みを解説すると同時に，日米比較によって日本的特殊性と問題点を指摘する。

　第8章は，会計の国際化の中で大きな話題となっている税効果会計について，その内容や開示能力，さらに導入の問題点について解説する。第9章は，財務との関係で環境問題を取り上げる。企業の環境問題への取り組みを市場がどのように評価するかなどを論じている。

　第10章と第11章は，中小企業と財務である。まず第10章では，金融制度改革を取り上げ，銀行依存の中小企業財務の変容と課題を吟味している。また第11章では，異業種交流という側面から中小企業の経営環境と財務について論じている。

　第12章では，日本の機関投資家である生保の資産運用を取り上げ，その特徴を示している。そして巻末の参考資料は，1999年に坂本恒夫研究室が行った日本企業の財務活動に関する財務担当責任者へのアンケート調査の結果である。

　本書はいまは亡き水越　潔先生に捧げたいと思う。先生は，明治大学に財務制度研究会をつくられ，大学内にとどまらず広く研究者・実務家に対して研究

はじめに

指導をされたが，残念なことに1999年に帰らぬ人となった。先生が亡くなられてからは，坂本が明治大学に，箕輪徳二が埼玉大学に，三浦后美が文京女子大学に，佐藤　猛が日本大学に，そして伊藤忠治が創価大学にそれぞれ財務研究会を設立して，発展的に研究活動を継続している。今日では，これらは＜財務制度研究会連合＞として活動し，1年に2度，50人程度の研究者が定例的に集まり研究会を開催している。

坂本が主宰する明治大学での研究会は，財務制度研究会を基礎にして＜現代財務管理論研究会＞として2000年から新たにスタートし，毎週水曜日に報告会を行っている。水越先生の弟子・孫弟子が精力的に水越理論を継承・発展させている。本書は，本研究会の最初の成果であり，水越先生への研究報告書でもある。先生のご冥福をお祈り申し上げるとともに，慎んで本書を捧げる次第である。

最後になったが，本書の刊行にあたっては，税務経理協会の峯村英治氏に大変お世話になった。心よりお礼を申し上げたい。

2002年1月20日

坂本　恒夫

執筆者一覧

第1章　坂本　恒夫（さかもと　つねお）
　　　　明治大学　教授

第2章　正田　繁（しょうだ　しげる）
　　　　（株）日立製作所 金融ビジネス企画本部 新金融ビジネス担当部長

第3章　白坂　亨（しらさか　とおる）
　　　　大東文化大学　専任講師

第4章　文堂　弘之（ぶんどう　ひろゆき）
　　　　常磐大学　専任講師

第5章　落合　孝彦（おちあい　たかひこ）
　　　　青森公立大学　助教授

第6章　伊藤　忠治（いとう　ただはる）
　　　　創価女子短期大学　助教授

第7章　森谷　智子（もりや　ともこ）
　　　　明治大学大学院博士後期課程

第8章　佐藤　渉（さとう　わたる）
　　　　城西大学　講師

第9章　野村佐智代（のむら　さちよ）
　　　　英国暁星大学　専任講師

第10章　大坂　良宏（おおさか　よしひろ）
　　　　　石巻専修大学　教授

第11章　林　幸治（はやし　こうじ）
　　　　　明治大学大学院博士後期課程

第12章　澤田　茂雄（さわだ　しげお）
　　　　　明治大学　講師，順天堂大学　講師

目　次

はじめに

第1章　資産の流動化と株式会社の今日的役割

①　資産の流動化とは何か …………………………………………… 3
　（1）証券化商品　3
　（2）持株会社・会社分割制度　4
　（3）金庫株制度　5
　（4）トラッキング・ストック　6

②　資産流動化の背景 ………………………………………………… 7
　（1）企業経営と株式市場との関係　7
　（2）機関株主の投資行動　8

③　機関投資家支配下の利益率の引上げ競争 ……………………… 10
　（1）資本性指標の重視　10
　（2）利益率引上げの方法と資産流動化　10

④　株式会社の今日的役割と企業集団の今後 ……………………… 12
　（1）資本・支配集中とコスト削減機構　12
　（2）企業集団はどうなるか　15

第2章　キャッシュ・フロー経営と財務管理

①　会計基準の国際的な統一 ………………………………………… 19
②　キャッシュ・フロー経営の重要性 ……………………………… 21
③　フリー・キャッシュ・フローを増やす経営と財務 …………… 22

（1）資金の効率的活用（キャッシュ・マネジメント・システム：CMS） 23
　　（2）資産の流動化によるキャッシュ・フローの改善　24
　　（3）売掛金の回収促進　25
　　（4）製品企画，開発，設計，試作リードタイムの短縮　26
　　（5）棚卸資産（原材料，仕掛品，製品在庫）の低減，
　　　　　生産と流通リードタイムの短縮　26
　　（6）在庫ファイナンス（在庫資産を流動化する）　27
　　（7）企業間電子取引における手形決済モデルの試み　29
　　（8）キャッシュ・フローの改善と与信を結びつけた決済　31
　④　キャッシュ・フロー重視経営の問題点 31

第3章　株式所有構造の変化とコーポレート・ガバナンス

① 「コーポレート・ガバナンス」という言葉 35
② これまでの実証分析 35
③ 今回行った調査 36
④ 6大企業集団体制の変容とコーポレート・ガバナンス 41

第4章　M&Aとターゲット企業の株主の売却判断
　　　　　　―アメリカのTOBにおける機関投資家の場合―

① M&Aにおけるターゲット企業の株主の売却判断 47
② 売却動機としての買収プレミアム 48
③ 機関投資家の流動化動機と支払い手段 52
④ 株式支払いTOBと受け取り株式の流動化 55
⑤ M&A研究の今後とターゲット企業の株主 64

第5章　業績指標としての*ROA*の有効性について

① *ROE*重視の経緯とその根拠 69
　　（1）株価と*ROE*の関係　69

（2）株式投資収益率と *ROE* の関係　71
② *ROE* は業績指標として適切か ……………………………………… 73
　　（1）負債を利用する場合の *ROE* と *ROA* の関係　73
　　（2）*ROE* の問題点　74
③ *PBR* に対する *ROE*，*ROA* の影響 ………………………………… 75
　　（1）観 察 方 法　75
　　（2）観 察 結 果　75
④ 今後の課題 ……………………………………………………………… 81

第6章　日本における不動産証券化

① 不良債権処理の手段 …………………………………………………… 85
② 金融自由化と証券化の背景 …………………………………………… 86
③ 資産証券化の意味 ……………………………………………………… 87
④ 資産証券化の過程 ……………………………………………………… 89
⑤ 不動産証券化の意味 …………………………………………………… 90
⑥ 不動産証券化の目的 …………………………………………………… 92
　　（1）金融機関が不動産を証券化する目的　93
　　（2）一般企業が不動産を証券化する目的　93
⑦ 不動産証券化の仕組み ………………………………………………… 94
⑧ 不動産証券化の影響 …………………………………………………… 96
　　（1）日本版 REIT の上場　97
　　（2）不動産担保主義からの脱却　98
　　（3）メインバンク機能の変化　99

第7章　日本における社債担保証券の意義と問題点

① CBO の現状 …………………………………………………………… 103
② 証券化商品と CBO（社債担保証券）の位置 ……………………… 104
　　（1）発行体から見た CBO の意義と問題点　106

（2）投資家から見た CBO の意義と問題点　106
　（3）証券会社から見た CBO の意義と問題点　107
③　日本の CBO（社債担保証券）の実態と意義 ················ 107
④　米国の CBO（社債担保証券）の実態と意義 ················ 118
⑤　米国と比較した場合の問題点 ································ 123
⑥　負債の証券化を研究するうえでの方向性 ····················· 129

第8章　会計の国際化と税効果会計

①　日本の会計の現状と変革 ······································· 135
②　税効果会計の前提 ·· 136
　（1）税効果会計の基本的な考え方　137
　（2）税効果を適用する税金の範囲　138
　（3）企業利益計算と課税所得計算との相違について　139
③　繰延税金資産および繰延税金負債の貸借対照表能力について ······ 140
　（1）税効果の認識　140
　（2）商法における資産・負債概念　142
　（3）国際会計基準における資産概念と繰延税金資産　143
　（4）繰延税金の資産性　144
④　日本の税効果会計における基盤の未整備 ····················· 145
　（1）各種法律と税効果会計　145
　（2）トライアングル体制とそれぞれの目的観　148
⑤　企業実態の適正開示に向けて ································· 149

第9章　環境問題による資金調達市場への影響とその動向

①　企業評価の新側面 ·· 153
②　直接金融市場と環境問題 ······································· 154
③　間接金融市場と環境問題 ······································· 157
④　環境問題が関わる新たな市場 ································· 163

⑤　環境問題と資金調達市場の今後 ·································· 164

第10章　金融制度改革と中小企業の直接金融化

①　新興市場と中小企業金融の問題点 ································ 165
②　日本の金融制度改革の変遷と中小企業金融 ························ 165
　（1）新たな金融制度の構築と間接金融方式の定着　165
　（2）戦後の証券政策と直接金融の後退　169
③　中小企業金融の現状と金融環境の変化 ···························· 172
　（1）中小企業金融の現状　172
　（2）1990年代後半の金融環境の変化　175
④　中小企業金融における直接金融化の意義 ·························· 176
　（1）中小企業における資金調達の多様化の意義　176
　（2）リスク対応に関する間接金融の問題点　177
⑤　直接金融の活用と課題 ··· 179
　（1）資金調達と事業リスク　179
　（2）市場の役割と新興市場の問題点　180
　（3）未公開株取引への期待と課題　181
⑥　中小企業の直接金融化と支援者づくり ···························· 184

第11章　異業種交流の現状から見た日本の中小企業の特質
　　　　　―中小企業の資金調達に関連して―

①　異業種交流の現状 ··· 189
②　異業種交流の概念 ··· 190
③　異業種交流の成功要因 ··· 192
④　日本の中小企業の特徴 ··· 193
⑤　資金調達に見る中小企業の特徴 ································· 196
⑥　中小企業をとり巻く環境の変化 ································· 199
　（1）下請構造の変化　199

（2）資金調達における変化　201
⑦　中小企業の技術開発の限界と対応としての異業種交流 …………… 204
⑧　中小企業発展の方向性 ……………………………………………… 205

第12章　生保の資産運用の現状とかかえる課題

①　1990年代の生保業界の現状 ………………………………………… 213
②　生保における資産運用 ……………………………………………… 215
③　資産運用の現状 ……………………………………………………… 219
　（1）資産構成の推移　219
　（2）企業集団別，業種別投資の状況　223
④　資産運用環境の新動向 ……………………………………………… 228

参　考　資　料 …………………………………………………………… 233

索　　　　引 ……………………………………………………………… 273

現代コーポレート
ファイナンス論

国際ローンを
ご購入される方へ

第 *1* 章　資産の流動化と株式会社の今日的役割

Structured Finance and Today's Corporation

1 ▶ 資産の流動化とは何か

　資産の流動化とは，もともと固定的・制度的と考えられていた資産を，さまざまな仕組みを使って，流動的・非制度的な資産にして，その機能を収益的・効率的に再構築していく手法をいう。

　したがって，この後述べる証券化商品はその典型だが，今日大きな話題になっている持株会社・会社分割制度，金庫株制度，トラッキング・ストックなど新たな財務手法も，収益性の再構築という点に着目するならば，資産流動化の一種の方法と規定することができる[1]。

（1）証券化商品

　証券化商品とは，収益を生み出す特定の資産をプールし，企業等のバランスシートからその資産を分離し，それから生み出されるキャッシュ・フローを裏づけとして発行される証券のことである[2]。

　証券化商品の利用による財務的意義は，次のとおりである。

① 有利子負債の返済
② 資　産　圧　縮
③ 固定費の変動費化

④　キャピタル・ゲインの獲得　など

　①有利子負債の返済は，証券化商品の発行で資金を早期回収し，それをもって利子負担の軽減を図ろうとするものである。例としては西武百貨店の3店の証券化，新宿住友ビルの証券化，森永製菓の本社ビルの証券化などが挙げられる。

　②資産圧縮型とは，証券化によって固定資産を圧縮し財務内容の改善を図ろうとするものである。例としては，森ビルのアークヒルズの証券化，コスモ石油のガソリンスタンドの証券化などが挙げられる。

　③固定費の変動費化は，証券化によって固定費である減価償却費を賃借料などの変動費的なものに転換し，売上などの増減にも柔軟に対応できるようにしようというものである。例としては，マツダの不動産の証券化などが挙げられる。

　ここまでの証券化商品が，現実のキャッシュ・フローや収益を前提としている非加工型のものであるとすると，現在，またこれから注目されるものが将来の改善されるキャッシュ・フローや収益を資本還元する加工型証券化商品である。これは④キャピタル・ゲイン型と呼ばれるもので，今後のコスト削減・利益の増加を当て込んで証券発行をするものである。例としては，英現地法人・野村インターナショナルのチェコ・ビール会社買収に見られるもので，売却価格から買収価格と資産価値改善コストを差し引いたものを資本還元している。また新生銀行におけるリップルウッドも改善されるであろうキャッシュ・フローや収益に期待して投資しているし，広くとらえれば，最近の「再生ビジネス」はこれに含めることができる。

（2）持株会社・会社分割制度

　持株会社とは，株式を保有することによって他の会社を支配することを目的として設立する会社だが，日本では第二次世界大戦前，財閥が傘下の主要会社を支配するために利用が一般化した。持株会社を頂点にピラミッド型に数多くの会社を支配することは，経済力を集中し市場に独占をもたらすだけでなく，

海外への侵略性という弊害をも併せもつとして、戦後「独占禁止法」が導入され純粋持株会社の設立は禁止された。しかし事業会社との兼営持株会社は容認されたため、実際は事業会社が株式の相互保有や一方的所有によって相互支配、傘下会社支配を展開し、企業集団が形成・確立された。

ところで近年、グループ企業を統括するために持株会社の設立が解禁された。これはグループ企業全体の効率的経営を目指すもので事業参入・撤退の柔軟性、異なった賃金体系の利用、リスクの分散などが目的で、戦前の家族的・閉鎖的な支配構造とは異質のものである。したがって、戦前の財閥と異なり、傘下の企業はその採算で売却されたり、縮小・撤退されたりする。

会社分割制度とは、企業の機動的な事業再編を可能にするため、事業の一部をスピーディーかつ簡素な手続きで分割できるようにする制度である。新会社をつくり、そこに分離部門の事業を移管する「新設分割」と、分離部門を既存の会社に移管する「吸収分割」がある。会社分割の意義は、企業の経営戦略の下に、不採算部門の縮小・切り捨てが可能であること、経営資源を高収益部門にシフトできること、さらに異なった労働条件でも事業を継続できること、などである。

このように持株会社・会社分割制度は、固定的・制度的な事業や子会社を流動化・非制度化して、効率化・収益化することができる。

(3) 金庫株制度

金庫株とは、会社がすでに発行した株式を買い戻し、保有することをいう。近年注目されている理由は、これが株価対策や経営安定政策など財務政策の一環として用いることができるためである。従来日本では、担保の差し押さえなど例外的な事例を除いて、自社株保有は禁止されていた。しかし近年、株価の低迷が株式の過剰発行などに起因するのではないかという認識や株式持ち合いを代替する受け皿づくりの経営安定策として限定的に導入された。償却のための原資は原則的に配当可能利益に限定されたが、時限的に資本準備金の範囲までとされたため、急速にこの制度を利用する会社も増加している。

しかし今日の国際的に展開されている自社株保有は，過剰資本を縮減するためのものである。企業に求められている効率経営は，たとえ自己資本であっても無駄の排除を要求しており，近年の利益率向上の有力な一手法となっている。そこで償却の原資など保有の制限を完全に自由化していこうという動きもある。

(4) トラッキング・ストック

トラッキング・ストックとは，ある事業部門を対象に発行する株式のことである。成長分野の事業を対象に議決権を気にせずに資金調達が可能である。アメリカでは1984年のゼネラル・モーターズを皮切りに約40銘柄が上場されている。日本でも2000年12月にソニーが発行を発表した。2001年2月に臨時株主総会で定款を変更し，種類株として発行を予定している。インターネット接続サービスのソニー・コミュニケーション・ネットワークを対象として，調達予定額は700から1,000億円といわれている。重厚長大型企業では情報通信事業など成長分野を持っていても成熟産業と見なされて株価が低迷し資金調達が不利であった。事業部門株の発行が可能になれば，成長事業を子会社化せずに資金調達でき，また不採算部門の整理，有利子負債の返済にも有効に対応で

図表1-1　トラッキング・ストックと子会社上場の違い

形　態	トラッキング・ストック	子会社上場
株　式	親会社の種類株	普通株式
経営権	親会社が100％支配	公開時の公募・売り出しで持ち分低下
子会社価値の顕在化	可　能	可　能
資金調達主体	親会社	子会社
資金調達使途	グループ全体	子会社事業に限定

出所◆『日本経済新聞社』2000年11月21日

きる³⁾（図表 1-1 参照）。

 ▶ 資産流動化の背景

（1）企業経営と株式市場との関係

　それでは次に，資産流動化の出現・一般化とその背景について考えてみよう。

　1980・90 年代を通じて最も注目しなければならないことは，企業と証券市場の関係の変化だと考える。

　1990 年までの企業と株式市場との関係は，企業のビジネス活動のため株式市場が資金を供給するというかたちで，株式市場は企業を財務面で支援する役割を担っていた。ここでの両者の関係は，企業が主体的存在であり，株式市場は従属的存在であったと考えられる。しかし，90 年以降はこの両者の関係は大きく変化した。企業は，従来とは異なり，自らの意思よりも株式市場の評価を強く意識してビジネス活動を展開するようになった。その結果，株式市場の評価を高めるために，これまでとは逆にビジネス活動を拡大ではなく縮小することも現象化してきたのである。企業は，株式市場から財務活動はもちろん，経営活動も監視されるようになったのである。こうして株式市場は，企業経営にとって支援から支配する役割に転換したといってもよい。

　株式市場の役割は，発行体の円滑な資金調達，投資家の有利な資金運用，そして有効かつ適切な資金配分だが，市場の主役が保険・年金・投信のような機関株主に変化すると，こうした機関株主の企業評価基準で，市場の現実は機能していくのである。

　「図表 1-2　市場・企業間関係の変化」で明らかなように，1990 年頃までは，企業経営の目的は，売上高・総資産・シェアの成長であった。こうした企業間の競争を支援するかのようなかたちで，株式市場は機能し，株主は大衆・零細株主に分散していった。しかし，機関株主が登場してくる 1990 年以降では，将来的な高配当，キャピタル・ゲインが求められるため，企業経営はキャッシュ・フローや株主資本コストを強く意識した経済的利益を追求するものに変化

図表1-2　市場・企業間関係の変化

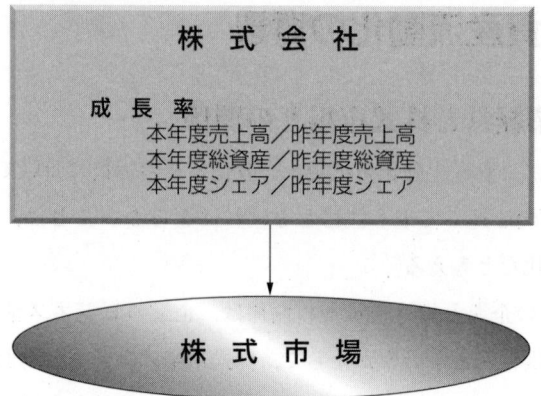

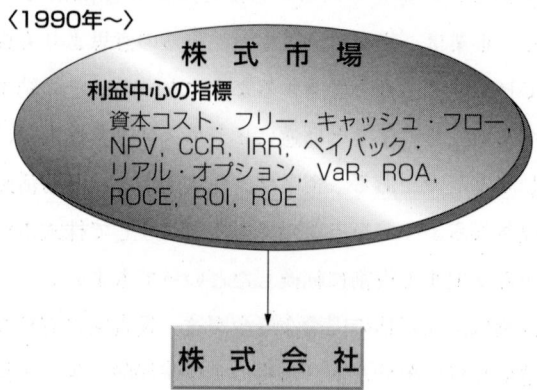

してくる。

　利益率を指向する経営では，資本は時として拡大が求められるが，今日のような成長の限られた経済・経営環境では資本の縮減が求められ，資産の流動化策が展開されるのである。

（2）機関株主の投資行動

　1980年代および90年前後までは，機関投資家は物言わぬ巨大な象のような

存在であった。沈黙の共同出資者ということで，サイレント・パートナーと呼ばれた。しかし，それにはそれなりの理由が存在した。1980年代は欧米は長期の経済の停滞期であった。こうした時代は，他に有力な投資の代替案が存在しないわけであるから，機関投資家は投資対象企業が倒産したり，経営破綻を起こさないことだけを祈るよりほかに方法がなかったのである。

しかし，1990年代に入ると欧米の経済も次第に回復軌道に入ってくる。いくつかの分野では高収益企業，高成長企業が現れてきた。こうなってくると，機関投資家も従来の投資先では不満足になってきた。当然のことながら，低リターンの株式は売却して高リターンを求めて投資先を変更することになった。こうした行動はウォール・ストリート・ルールと呼ばれて，機関株主の投資行動を説明する概念用語となった。

そしてこれに拍車をかけたのがERISA法（従業員退職所得保障法）のプルーデントマン・ルールである。このルールは，機関投資家は報酬をもらって業務を行うのだから，忠実に委託者の利益を図らなければならないというものだ。その利益追求のために，議決権の行使が許されている。企業価値を高められない経営者はその席に座り続けることはできないと，機関投資家の意思を伝えることができるようになったのである。

しかし，機関投資家をさらに積極的な行動に駆り立てたものは，1990年代半ばから如実に現象化してくる産業構造の変化・IT革命である。IT革命がもたらしたものは，代替投資の提案である。この投資代替案が顕在化するにつれて，機関投資家の眠っていた投資意欲が目を覚まし始めたのである。IT革命によって，さまざまな局面でコスト削減と収益増加が見られた。また新産業・新業種の勃興により高成長・高収益企業が出現した。こうして機関投資家の大量資金が移動したが，そのことは同時に低収益・停滞企業に経営改革・改善を促すものとなったのである[4]。

こうして企業においては，経営資源を収益的・効率的に構築していこうという動きが出現してくる。それこそが証券化商品であり，あるいはトラッキング・ストックなどの新たな財務手法なのである。したがって，資産流動化政策

は，機関株主のアグレッシブな投資行動に支えられ一般化しているのである。

3 ▶ 機関投資家支配下の利益率の引上げ競争

（1）資本性指標の重視

キャピタル・ゲインに強い関心を持つ機関株主による支配は，株式会社の現実資本にもさまざまな影響を与える。たとえば，経営者に現実資本的発想の排除が求められ，さらに，経営目標は株式資本の増殖（株主価値の極大化）に統制される。企業評価の指標も，生産性，安全性，流動性，収益性という従来の指標が後景に退き，投資価値を示す資本性指標が重視されてくる。こうした動きを表現すれば，これは人間的なもの，物理的なもの，つまり非資本的なものを排除する，資本運動の純化の動きと見ることができる。

その典型的な企業評価指標が，「経済付加価値（EVA）」である。これは，会計上の純利益ではなく，キャッシュ・ベースと株主資本コストを意識した新たな利益概念である。不確かな帳簿上の利益ではなく本当に現金収入があったかどうかというキャッシュ・ベースのほかに，機関投資家が台頭し株主資本価値を重視する考え方が定着してくると，株主資本コストをカバーする利益を上げることがきわめて重視されるようになる。もし株主資本を無コストと考えると株主資本は大きいほどいいことになり，バブル経済時のように無秩序な増資が展開され，過剰資本が大幅な株価暴落を招く。アメリカのスターン・スチュアート社はこうした過剰資本状態の再来のないよう，他の借入利子などと同様株主資本コスト（配当プラスキャピタル・ゲイン）を加味した利益概念を開発した。

機関株主支配下では，資本性指標の向上を目指して，企業間で利益率の引上げ競争が展開されるのである。

（2）利益率引上げの方法と資産流動化

言うまでもなく，今日において既存の産業分野はすでに過剰資本時代を迎えている。これは，一方における生産能力の顕著な増大と他方での消費や資源の

物理的・経済的限界から生じているのである。したがって，成長著しい新産業分野も今日のように資金力・技術力が高水準の時代では，すぐに過剰資本化の事態が生じてしまうのである。したがって，企業の利益率引上げ戦略は，資本および売上は一定もしくは低下するということを前提にして立案されている。

　利益率上昇戦略は，①リストラ，②固定費の変動費化，③特化，というかたちで展開される。

　まず①リストラ戦略は，費用の削減というかたちで行われる。人件費や経費などあらゆる費用の見直し，そして節約と削減が行われる。この見直しは従来は経営レベルで行われてきたが，現在は資本レベルで展開されている。例を挙げると，事業部門の清算・売却において，従来は不採算部門が対象になったが，現在は相対的に低収益の部門がリストラの対象になるのである。つまり，資本，換言すれば投資家から見て，その事業部門が絶対的には高収益であっても，他と比較して低収益であれば，削減や売却，または，経営資源の移転が行われる。近年導入された持株会社制度は，現在では多角化戦略の現象形態と見られているが，前述したように，リストラのために不採算部門を切り捨てる手段として利用されている。その際の不採算とは投資家から見た「相対的な低収益」というものが基準になっている。

　次に，②固定費の変動費化とは，費用の柔軟化，換言すれば，資産流動化による固定費の変動費化だということができる。設備にともなう減価償却費という固定費を，たとえば，賃借料のような変動費的なものに転換し，売上の変化に対応するかたちで損益分岐点を下げ，利益を創出していく手法である。

　この手法は固定費である人件費にも応用できる。たとえば，アルバイトや派遣労働者の利用であるが，さらに最近では単純労働だけでなく，研究労働者にも適用されている。産学連携として進められている大学のTLOは人件費という固定費の研究費への変動費化であり，雇用局面でも見られる現象である。

　③特化とは，資本に対する費用効果の向上を目指したものである。リストラの箇所で述べたように，事業部門を利益率で比較考量して，相対的に低収益部門は閉鎖し，高収益部門に経営資源を集中するというものである。これは株式

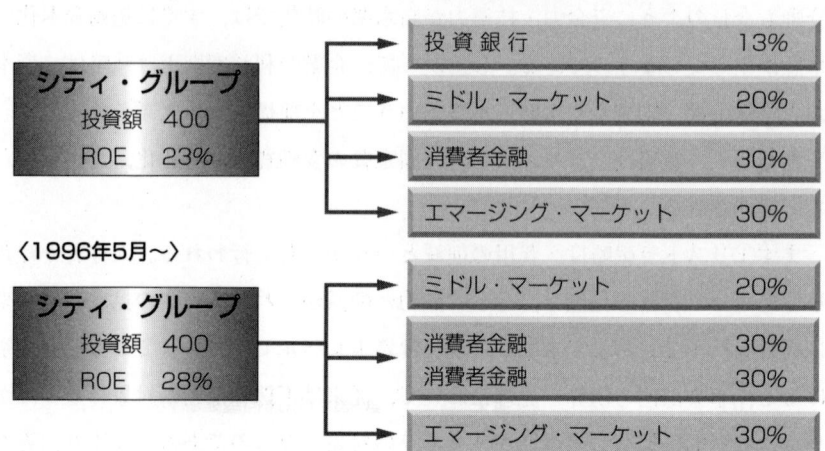

図表1-3　シティ・グループの特化戦略（モデル）

市場での評価の向上をねらったものであり，機関投資家を強く意識したものと言わざるを得ない。たとえば，シティ・グループの特化戦略は投資銀行部門を閉鎖しリテール部門へ経営資源を集中するものであった。これは，この典型例ということができる（図表1-3を参照）。

株式会社の今日的役割と企業集団の今後

（1）資本・支配集中とコスト削減機構

　機関株主・投資家に主導された株主価値・資本性指標優先の経営の下で，株式会社制度の機能・役割はどのようなものになってきているのであろうか。これまでの資本・支配集中機能とは違いがあるのであろうか。また成長指向・拡大経営を支えてきた日本の企業集団はどのような変貌を今後遂げるのであろうか。

　まず，ここでは資産の流動化という新たな機構を内在化させた株式会社がどのような特質をもった株式会社として21世紀初頭に存在し続けるのか検討してみよう（図表1-4参照）。

図表1-4 資産の流動化によるコスト削減機構としての株式会社

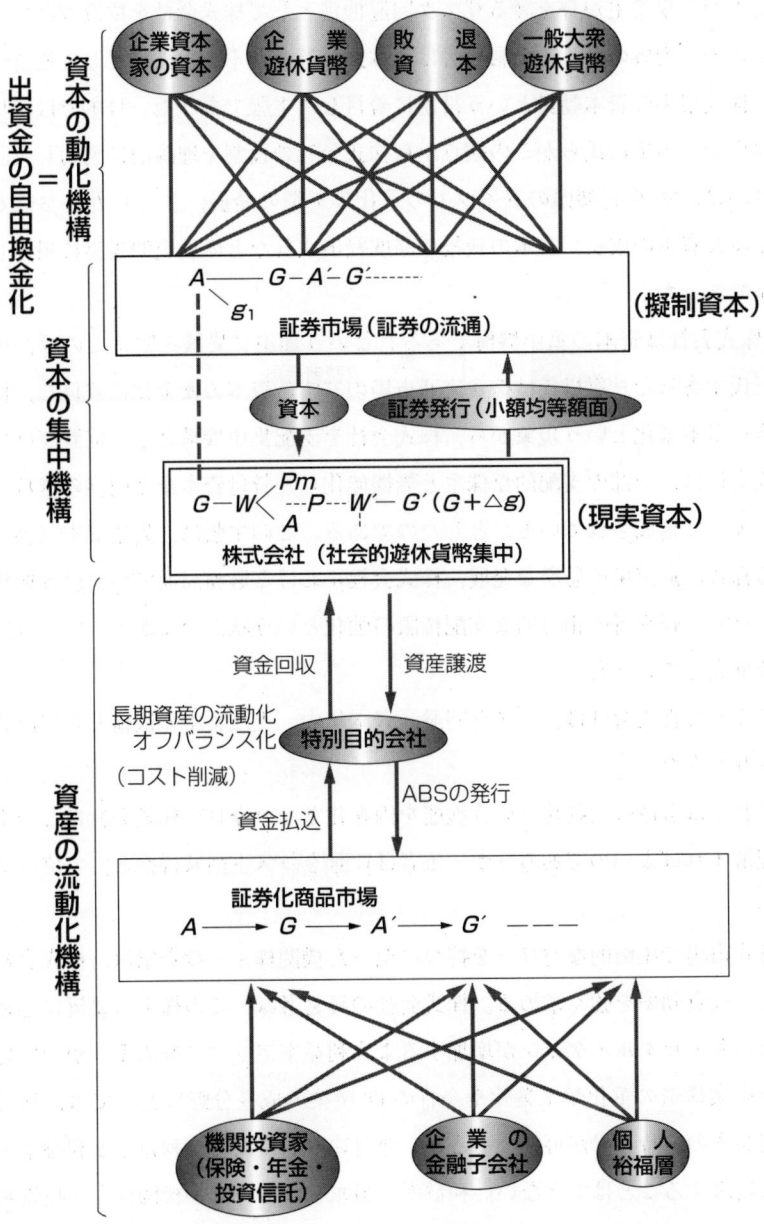

かつて大塚久雄氏は，株式会社の有限責任制度に着目し，債権者の無限の債務要求から事業主が身を護るリスク回避機構として株式会社を位置づけた。

　その後，内外の多くの金融論者は，株式会社を資本集中機構として位置づけた。株式市場の資本動員という役割に着目した主張であった。日本では，川合一郎氏や生川栄治氏らがこの観点から株式会社の役割を理論的に説明した。この理論は，20世紀初頭のドイツでの重化学工業の発展，アメリカにおける顕著な産業資本の成長，日本の戦後の高度経済成長などの歴史的現実に根差した理論であった。

　「株式会社は資本の集中機構である」という通説に異議を唱えたのは，馬場克三氏であった。馬場氏は株式流通市場の有する資本の換金化に着目し，株主の貸付資本家化という現象から，株式会社を支配集中機構として位置づけた。株式会社は，一部の支配的な株主と無機能化した貸付資本家と同様の無数の株主によって構成されている，としたのである。この主張は，先進資本主義における株式流通市場の急激な発展，株式会社における財務局面での自己金融化現象，そして経営者の相対的な支配権限の強化という状況のなかで，いっきに支持を拡大していった[5]。

　こうして株式会社は，リスク回避，資本集中，支配集中の機構として位置づけられてきた。

　それでは資産の流動化という機能を内在化させた今日の株式会社はどのように理解すればよいのであろうか。筆者はこれをコスト削減機構として位置づけたい。

　株式市場で圧倒的なパワーを持つに至った機関株主・投資家は，株式会社に対し，投資効率を強く求める。株式会社の経営者は，この株主の要望に応えるためにキャピタル・ゲインが増加するよう利益率アップに努める。かつて見られた産業構造の重化学工業化や今日のIT産業の成長分野においては，利益量と利益率の同時上昇が可能であるが，今日の既存産業では利益量と利益率を同時に追求することはできない。利益率の追求によってしか機関株主・投資家の投資効率の向上を図ることはできないのである。そこで利益率を上げるために

は，低収益の資産規模を移転や縮小して有効活用するか，高収益部門に経営資源を特化するしか方法は存在しない。

資産の流動化機構とは，株式会社で肥大化している資産を売却して資本効率を高めるためのものであり，巨大な減価償却費という固定費を売上高の増減に対応できる賃借料のような変動費的なものに転換していくシステムなのである。つまり，利益率やコスト・パフォーマンスの側面から評価し直し，過大な資本を縮小・移転するためのメカニズムなのである。筆者が，今日の株式会社をコスト削減機構として位置づける理由はここにある。

したがって，今日の株式会社は，リスク回避，資本集中，支配集中のほかに，コスト削減の機能も併せ持つ機構に変化したのである。

（2） 企業集団はどうなるか

さて，成長指向・拡大経営のために大きく貢献してきた企業集団は，資産流動化などが主流の利益率指向，効率経営のなかで，どのように変化するのであろうか[6]。

企業集団の今後を占ううえで特に注目すべきポイントの第一は，情報技術の発展などがもたらす産業構造の進展である。IT革命と呼ばれるこの分野での産業構造の転換は，企業集団の構造に大きな影響をもたらし，この面に対応した再編成が見られるであろう。

第二は株式市場を通じて監視を強める機関株主・投資家の動きである。アメリカを中心とする機関投資家は，日本の優良企業250社の20から30％の株式を保有しているといわれる。他方企業集団の法人保有株主は，株式持合いが崩れたとはいっても安定支配比率の30％前後を保有していると見られる。したがって，今後企業集団と市場（機関株主・投資家）の対立があらゆる局面で見られてくるが，たとえば，三菱自動車のリコール問題のように社会的責任を軽視するような不祥事が起きた場合，いっきに外国資本の軍門に下るようなこともあり得るが，こうした不祥事が起きないかぎりは外国資本支配に取って代わることはないであろう。しかし，欧米の機関株主・投資家の動向も考慮した，

この面での再編成も視野に入れて企業集団の今後の動きを見ていくことが必要であろう。

　第三はメイン・バンク・システムと系列融資に関わる問題だ。最近，優良企業のなかでメイン・バンク崩れが起きているといわれる。それはキャッシュ・マネジメント・システムの導入をめぐってである。キャッシュ・マネジメントは，広い意味での運転資本管理だが，今日では，この運転資本管理がなかなか難しい。なぜなら，今日の大企業は多くの子会社から成り立っている巨大グループ企業であるだけでなく，国際化してそれらが地球規模的に点在しているから，それらを一元的に管理することは至難の業である。組織も違い，通貨・税などの制度も異なるから，これを日常的に管理することは大変である。しかし，これを正確に管理できれば，資金も節約できるし，したがってコストも削減できる。この資金節約，コスト削減がキャッシュ・マネジメントだが，これが今日，大変注目されている。これをシステム化するには膨大な資金と作業が必要で，一企業では開発できない。大銀行しかできないといわれるが，シティ・コープやチェース・マンハッタン銀行はこのシステムを開発して，すでに大企業に売り込み，巨額の利益を得ているという。日本の大銀行でこれを手掛けているところは現在は皆無である。したがって，日本の優良国際企業ではメイン・バンクとは距離をおいて，シティ・コープやチェース・マンハッタン銀行との取引にウエイトを移したところも少なくない。このようにメイン・バンク・システムと系列融資関係は，部分的に風穴が空きかけており，メインバンクと外国銀行との対立からくる再編成も視野に入れておかねばならない。

　以上の３点を考慮に入れて企業集団の今後を考えると，今後は市場から監視される緩やかで，開放的な大企業連合に変化していくと見るのが妥当である。そして顕著な動きとしては，新産業，新技術における提携がさかんになり，子会社設立などが見られよう。また大企業では外国機関株主の増加にともない執行役員制度や社外取締役制度の導入が顕著に現象化するであろう。さらに縮小・移転・効率・収益・リスク回避のための連携強化が随所に展開されよう[7]。

第1章　資産の流動化と株式会社の今日的役割

注

1) 証券化「業務の黎明は，古く昭和恐慌下の地方銀行救済のための債権流動化策としての1931年の抵当証券法制定に溯ることができるし，住宅ローン債権の流動化を目的とした1974年の住宅抵当証書制度も存在した。しかしながら，いずれも間接金融に閉じた中でいわばその便法として誕生した経緯もあり，かつ証券市場の発達が充分でない状況下では米国型の証券化関連ビジネスのような発展は見られなかった。その後，バブル期において米国的ABSのスキームの研究・紹介が盛んとなり，官民あげての検討がすすめられ，他方不動産の小口販売の手法としての擬似証券化商品も登場した。しかしながら，これらもバブル崩壊に伴う弊害が先行し日本における証券化ビジネスの定着にはいまだ距離のあるものであった。斬くにして日本の証券化関連ビジネスが本格的な展開を示し，証券業者のコミットメントが強くなってきたのは90年代央以降，とりわけここ2・3年間である。その要因は第一に証券化ビジネスに関連する法的整備が急速に進んだこと，第二に発行体のニーズが増大したこと，そして第三に仲介業者が海外現地法人等で相当の経験・実績を積みこの業務への練度が増したこと，である。」(川村雄介「ポストビックバンの投資銀行業務の在り方について」『証券経済研究』日本証券経済研究，2000年9月号)。

2) 『詳説　現代日本の証券市場』日本証券経済研究所，2000年，110ページおよびFabozzi, F. Modigliani and M. Ferri, Foundations of Financial Markets and Instiutions, Pentice-Hall, Inco., 1994を参照。

3) トラッキング・ストックについては，池上恭子「事業再編と資金調達の新たな動き－米国の場合と日本の動向－」『日本経営財務研究学会第24回全国大会（2000.10.15)』の報告による。

4) 機関株主支配の歴史的変遷や実態については，アメリカの場合は三和裕美子『機関投資家の発展とコーポレート・ガバナンス』日本評論社，1999年，イギリスの場合は，ロンドン資本市場研究会編『機関投資家と証券市場』日本証券経済研究所，1997年などを参照。

5) 株式会社の経済的特質については，馬場克三『株式会社金融論』森山書店，1965年参照。

6) 日本における成長指向・拡大経営の歴史的変遷については，坂本恒夫『戦後経営財務史－成長財務の軌跡』T&Sビジネス研究所，2000年を参照。

7) 本章は，坂本恒夫「資産の流動化と株式会社の今日的役割」『年報　財務管理研究』(2001年3月)に加筆・修正したものである。

第2章 キャッシュ・フロー経営と財務管理

1 ▶ 会計基準の国際的な統一

　会計基準を国際的に統一して，企業の業績を正確に投資家に伝えるという要求が強まっている。日本でも国際基準（IAS：International Accounting Standard）の趣旨を取り込んだ改訂会計基準の適用が2000年3月期から始まった。企業が国際化し，海外の証券市場で株式が取引され，企業業績の動向が株価に大きく影響される。国際的な資金調達には日本基準を国際基準に合わせなければならない。退職給付会計，時価主義会計，税効果会計等は，各国の会計基準の違いで損益が大きく異なる部分であり，これを統一しないかぎり，企業業績が正確に把握できないという。

　「しかし現実として，会計制度は国によって異なり実務的なよりどころとする会計基準も各国各様という状態がある。こうした現状を統一の方向に向けようという試みが国際会計基準（IAS）の狙いだ。…世界はIAS採用に向かっているが，現状では多くの国が国内基準をIASに調和させる，もしくは一部採用するなどしており，完全採用している国は少ない。…米国の動きもはっきりしていないし…すべての国がIASによって統一されるのは10年から20年後だ，とIASCの評議員自身が語っている。」（岡部摩利夫他「グローバル経営と新しい企業金融の原理原則」リックテレコム社，111ページ。）

こうした事情を反映して，株式会社NTTデータが開発した純国産ERP（基幹業務システム）パッケージA. S. I. A.（Alternative Solution for International Accounting）は，各国の会計基準（リアル）と国際会計基準（バーチャル）の両方を作成する「多基準会計」方式を採用している。各国会計基準で正式版財務諸表を作成し，連結決算のために国際会計基準でバーチャルな財務諸表を作成する。

「悪く言えば二重帳簿であるが，よりどころとなる基準自体が複数ある場合には，既存の概念を破るようなシステムが必要となる。現に海外に進出した日系企業では，当然現地のルールと日本への報告用のダブルスタンダードが必要になり，この仕組みを活用しているユーザーも多い。」（前掲書，113ページ。）

しかし，ダブルスタンダードの形であれ，報告書として連結ベースで会計基準が国際的に統一されたとしても，連結損益計算書や連結貸借対照表が示す損益は絶対的なものとは言いにくい点がある。リスクをどう評価するかによって損益は大きく変わるからである。いわゆる引当金の存在である。在庫の評価や貸倒引当金，サービス保証引当金等は，企業の扱う製品，市場，顧客によって大きく左右され，監査を担当する公認会計士と企業財務の判断に依存している。この判断は理論的な計算を根拠としているが，リスクが高いと判断する場合は引当金を多く計上し，損益が悪化する。逆にリスクが低いと判断すれば，損益は良くなる。リスクの見方は国や地域によっても違ってくる。これは会計基準の問題ではなく，ビジネス環境の違いである。

財務会計では，すべての詳細な事項を正確に記帳し，公表すると一般には考えがちであるが，多くの要素が損益に影響を及ぼしている。「粉飾決算」という言葉を安易に使用する人が多いが，「粉飾決算」かどうかという基準は実はかなり曖昧な点が多い。明らかに会計帳簿を改ざんしている場合や各国の会計基準を逸脱している場合はともかく，引当金を計上するかしないかという基準は，明確に規定できないので，ビジネス環境の相違であって「粉飾決算」とは違う。こうした曖昧な基準に基づく損益では，たとえ会計基準を統一しても企業業績を判断しにくい。こうした背景からキャッシュという事実によって企業

業績を見ようとする考えが強くなってきた。

2 ▶ キャッシュ・フロー経営の重要性

　キャッシュ・フロー計算書は，ビジネス環境の違いや財務担当者の意見に左右されない客観性の高い財務諸表といわれている。損益計算書，貸借対照表にキャッシュ・フロー計算書を加えれば，企業財務の意思や思想，方針をも読みとれる。改訂日本基準でもIASとほぼ同じ基準でキャッシュ・フロー計算書の開示を2000年3月期から採用しており，今後，キャッシュ・フロー計算書の役割は益々高まるであろう。

　キャッシュ・フローの重要性は，企業業績を正確に投資家に伝えるというキャッシュ・フロー計算書だけではない。キャッシュ・フローの真の重要性は，経営判断にある。昔から「黒字倒産」とか「勘定あって銭足らず」といわれ，経営において「資金繰り」はきわめて重要な位置を占めてきた。損益計算書の損益がいくら黒字であっても，資金不足になれば経営は立ちゆかない。資金管理は，従来から「資金繰り」という形で行われてきたのであって，最近脚光を浴びているキャッシュ・フロー経営と異なるものではない。今まで中小企業の経営者が行ってきた「資金繰り」も資金の効率的運用・調達，回収ということなくして，資金ショートを防止し，小切手等の不渡りを未然に防ぐことはできない。大企業の場合，これまで銀行からの借入れはいくらでもできたので，資金繰りを気にしなくても経営に影響はなかった。90年代に入り，企業業績の悪化や倒産が多発し，財務諸表の不透明性を海外から指摘されるようになって，急にキャッシュ・フロー経営が注目され始めたのである。

　それでは，損益計算書，貸借対照表が赤字でもキャッシュ・フローが黒字なら，経営は続けられるだろうか。このケースでは，銀行借入れが困難になり，キャッシュ・フローもいずれ赤字になる可能性が高い。しかし，例外がある。インターネットの普及で急速に拡大してきた米国ドット・コム社の経営である。「インターネット小売最大手の米アマゾン・ドットコム社が発表した2000年

7～9月期決算は売上高が前年同期比79%増の6億3千8百万ドルになったものの、損失が前年同期比の1億9千7百万ドルから2億4千百万ドルに増えた。… 同社は海外で積極投資を続けているため、9月末で4億8千7百万ドル債務超過に陥っており、先行き不透明感から株価は昨年12月の113ドルから現在30ドル前後まで下落している。」（日本経済新聞　2000年10月25日夕刊）

　これまでの経営の常識からすれば確実に倒産である。しかし、9月末の現金および現金等価物残高は6億4千7百万ドルに達する。赤字経営でありながら、積極的な営業活動と投資を続けることができるキャッシュ・フローが存在する。株式市場から13億4千2百万ドル、債権市場から20億8千2百万ドルが調達されている。市場（投資家）は、この会社の将来性に期待してこの膨大な資金を提供してきた。しかし、赤字の拡大とともに株価は低迷を続け、これ以上市場から資金を求めることは限界に近づいているようだ。こうした経営の正否は今後の結果が語ってくれるだろう。ここでは、どんな形であれ資金が供給されるかぎり、会社は存続されるということが重要である[1]。アマゾン・ドット・コム社は、インターネットよる小売を独占することをターゲットとし、高収益を得るための投資や宣伝活動を積極的に行ってきた。移り気（投機）な市場が今、この会社の未来に疑問を持ちはじめ、株価はピーク時の4分の1にまで下落し、市場での資金調達が困難になってきている。この会社がどのような形で生き残るか、これまでに経験したことのない壮大な経営の実験が行われている。

③ ▶ フリー・キャッシュ・フローを増やす経営と財務

　今、キャッシュ・フローを改善する（フリー・キャッシュ・フローを増やす）ことが経営目標となっている。フリー・キャッシュ・フローとは簡易的に営業活動によるキャッシュ・フローから投資活動によるキャッシュ・フローを差し引いたものをいう。フリー・キャッシュ・フローが大きければ、それだけ自由に使える資金が多い。設備投資、M&A、株式購入などの投資に使える資

金があることを意味している。また，フリー・キャッシュ・フローは格付けの重要な判断基準にもなっていることから，有利な資金調達にも役立つ。経営の根幹に関わる重要な要素となっている。キャッシュ・フロー経営では，フリー・キャッシュ・フローの最大化というテーマと同時にキャッシュ・フローをいかに使うかということも重要なポイントになる。

キャッシュ・フロー重視の経営　1．フリー・キャッシュ・フローの最大化
　　　　　　　　　　　　　　2．フリー・キャッシュ・フローの効率的配分
朝日監査法人編『こう変わる日本の会計基準Q&A』16ページ。

（1）資金の効率的活用 (キャッシュ・マネジメント・システム：CMS)

　キャッシュ・マネジメント・システムとは，資金を効率的に活用しようとするシステムである。当初は，銀行が企業に対して口座の残高照会や送金サービスを提供することから始められた。企業側は自社のパソコンで資金残高を確認しながら，資金収支をチェックし，借入れをするか，預金をするかなどを判断できるようになり，資金の効率化を図った。これがCMSの基本機能である。さらに資金効率を上げるために，企業間の債権債務を相殺決済する「ネッティング」，グループ企業間の資金を集中管理する「プーリング」「ゼロバランス」へと進化し，さらにこれをグローバルに展開するグローバルCMSへと発展している。CMSで先行するシティ・バンクの戦略は，「CMSとは通常の企業の資金取引だけでなく，回収から支払い，運用調達，リスク管理まで総合的にとらえてネックになっているものを当社の製品を使って解決すること」という（「知られざるシティの法人戦略」『週刊東洋経済』2000年2月12日，95ページ）。

　図表2-1はCMSの発展過程を図示したものである。資金の効率を究極まで高め，無駄な資金を最小にしようとしている。しかし，CMSにしても問題がないわけではない。プーリング等によってグループ企業間で資金の集中化が行われると，グループ企業は借入金をまったく気にすることなく経営できることになる。子会社で独自に銀行から借入れを行っている場合，常に自社のキャッ

図表2-1 キャッシュ・マネジメント・システムの発展

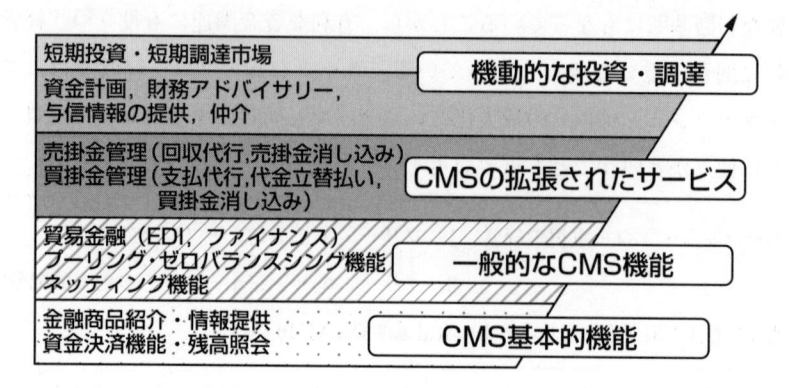

機能階層	カテゴリ
短期投資・短期調達市場 資金計画,財務アドバイサリー, 与信情報の提供,仲介	機動的な投資・調達
売掛金管理(回収代行,売掛金消し込み) 買掛金管理(支払代行,代金立替払い, 　　　　　買掛金消し込み)	CMSの拡張されたサービス
貿易金融(EDI,ファイナンス) プーリング・ゼロバランスシング機能 ネッティング機能	一般的なCMS機能
金融商品紹介・情報提供 資金決済機能・残高照会	CMS基本的機能

シュ・フローを気にしながら借入れを行う。CMSの採用でこの事務は削減されるわけだが，経営者に対するプレッシャーが働かない。資金が必要なだけ供給されることは，いわゆる「借金の規律」[2]が働かなくなり過剰借入れに陥るという問題が生じやすい。また，プーリングやゼロバランス[3]を実施する前提としてオーバドラフト（当座借越し）が必要になる。オーバードラフト金利は通常の銀行借入金利よりかなり高い。こうした問題点はあるとしてもCMS導入によって得られる資金の効率化メリットは大きい。CMSを採用する企業は日本で今後増加するであろう。

（2）資産の流動化によるキャッシュ・フローの改善

　資産の流動化は，固定化している資産をキャッシュに変えてしまうというスキームである。あらゆる資産の流動化が可能だが，いずれにしてもコストがかかることを認識すべきであり，実質的な意味では銀行借入れと変わらない。図表2-2は，資産の流動化をシティ・バンクのモデルで示したものである。資産の流動化は，固定化していた資産をいち早く資金化することで，資産回転のスピードを上げることを目的としている。資産の流動化による実質的なメリットは，有利なコストでの資金調達である。大手企業に対する売掛金を流動化すれば，信用力のある企業債権がバックになっているので自社で借り入れるより有

図表 2-2　証券化できる分野はこんなにある

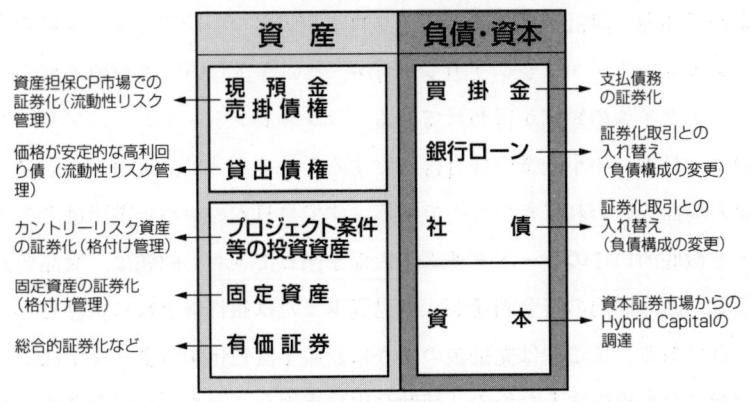

資　産		負債・資本	
資産担保CP市場での証券化（流動性リスク管理） →	現　預　金 売 掛 債 権	買　掛　金	← 支払債務の証券化
価格が安定的な高利回り債（流動性リスク管理） →	貸 出 債 権	銀行ローン	← 証券化取引との入れ替え（負債構成の変更）
カントリーリスク資産の証券化（格付け管理） →	プロジェクト案件等の投資資産	社　　　債	← 証券化取引との入れ替え（負債構成の変更）
固定資産の証券化（格付け管理） →	固 定 資 産	資　　　本	← 資本証券市場からのHybrid Capitalの調達
総合的証券化など →	有 価 証 券		

出所◆「知られざるシティの法人戦略」『週刊東洋経済』2000年2月12日，91ページ。

利になる。しかし，信用のない売掛債権を持っている場合は，自社借入れの方が有利な場合も多いので注意が必要である。また，銀行借入れが難しい場合でも，証券化によって資金を調達できる可能性がある。形式的なメリットとしては資産の証券化で B/S からオフバランスにできるので ROE や ROA を高めることになる。格付けが上がり，株価や資金調達に良い影響を与える。

（3）売掛金の回収促進

　支払条件を短縮することは顧客との関係があり，かなり困難である。たとえ顧客が合意したとしても，短縮した期間金利分は商品価格の値引きを要求される場合が多い。これでも支払条件を短くするメリットがあるが，コスト計算上は変わらない。そこで考えられるのは，支払遅延（Over due）を早期に把握し，代金回収を徹底することである。簡単ではないが，これを地道にやるしか真のキャッシュ・フローの改善は望めない。支払遅延（Over due）を早期に把握する技術としては F-EDI（Financial Electronic Data Interchange）の検討[4]が銀行や大手企業等で始まっている。

（4） 製品企画，開発，設計，試作リードタイムの短縮

　製品企画，開発，設計はキャッシュ・フローが入らない期間である。最近，米国でコンカレント・エンジニアリング手法[5]という新しい言葉が使われ，これらのリードタイムの短縮が行われている。コンカレント・エンジニアリングというのは，日本の中小企業の最も得意とする手法であって，従来から製品企画や開発の場面で行われてきたものである。すでに日本の中小企業ではこの手法を使って徹底的にこのリードタイムの短縮を図ってきた。問題は，製品企画，開発，設計，試作期間の資金調達が，自己資本または銀行借入れに依存しているという点にある。ここでは売掛金のように資産を流動化するような手法はない。政府補助金を獲得するための「補助金申請支援システム」や同業者組合などでつくる「エンジニアリング・ファンド」など考えられるが，未だアイデア段階にとどまっている。

（5） 棚卸資産（原材料，仕掛品，製品在庫）の低減，生産と流通リードタイムの短縮

　日本の大企業がもっとも得意としてきた分野である。原材料・部品という面からは，トヨタの「カンバン方式」に代表される JIT（Just in time production system）で，徹底して削減を図ってきた。JIT を逆にサプライヤー（納入業者）から見れば，部品不足でラインを止めてしまう危険や大量の部品在庫をかかえることなどの問題がある。日本ではケイレツや下請制度などが，こうした問題を解決する手段として活用されてきた。需要予測や生産計画等の情報がケイレツのなかであたかも一企業のラインのように流れ，瞬時に対応できた。米国でさかんにもてはやされるサプライ・チェーン・マネジメント（SCM：Supply Chain Management）は，すでに日本のケイレツ組織のなかに組み込まれていた。インターネットなどのIT技術の発達で，需要予測や生産計画等の情報が系列を組織しないサプライ・チェーン全体にも共有化され，さらに物流業者を中心に3 PL（Third Party Logistics[6]）等の手法の導入によって，需要の変動を的確にとらえた在庫計画ができるようになった。が，こうした情報の共有化で生産・流

通のリードタイムを短縮し，棚卸資産を最小化しても，一定の在庫はリスク対応や機会損失防止のために保有しなければならない。しかも在庫は資金力の弱いサプライヤーである中小企業に帰属する場合が多い。あらゆる資産の流動化が可能になった（図表2-2）なかで，在庫資産の流動化はまだ実現していない。

（6）在庫ファイナンス（在庫資産を流動化する）

資産の中で在庫（製品在庫，原材料在庫）は問題である。サプライヤー（納入業者）は，納期の変動に即時に対応するため売掛けにもならない在庫を一定範囲内でかかえていなければならない。この在庫を資金に変えて運転資金を捻出することはできない。売却できれば支払いは遅くてもすでに述べた方法で流動化ができるが，在庫のままではどうにもならない。結局，銀行借入れに頼らざるを得ない。一方でキャッシュ・フロー経営を重視し，在庫を最小限にするという戦略は，他方で，キャッシュ・フローの不足という事態を招いている。大企業組立てメーカーが部品在庫を圧縮すればそれだけ，納入業者の資金繰りが苦しくなり有利子負債を増やす。最近ではパソコンメーカーのデル社などが自社の倉庫（部品センター）に部品を納入させておきながら，納入業者の在庫のままにしておくモデルを進め，デル社が倉庫から部品を引き出すまで買い取らない（納入業者の売掛金とならない）というスキーム（VMI : Vendor Managed Inventory[7]）が普及している。こうした背景から在庫資産を流動化することが必要になっている。在庫資産を流動化する二つのモデルを紹介する。

① 在庫担保ローン

米国の金融機関を中心に在庫を担保にしたローンがある。なかでもサプライチェーンを握る物流系金融機関に実績があるようだ。UPSキャピタル社は米国最大の物流企業UPSの金融子会社で，豊富な資金力とトリプルAの格付けを背景に，在庫を担保とした融資を取り扱っている。UPSキャピタル社の在庫担保ローンがどれだけの規模実施されているか詳細はよくわからない。また在庫担保というのも陳腐化などによる評価リスクが高い。潤沢な資金と格付け，在庫管理の流れを把握できる物流会社と連携できるUPSキャピタル社にして

初めて可能になった仕組みともいえる。しかし，在庫担保ローンは，銀行借入れと同じもので，有利子負債という性格を変えるものではなく，単なる資金調達手段にすぎない。また在庫を所有する企業の信用に依存するので，売掛債権の流動化のように買い手の信用力を利用した有利な資金調達ができない (http : //www.capital.ups.com/capital/arfinancing/lending/html 参照)。

② 手形手法を使った在庫ファイナンス（SCF：Supply Chain Financing）

これは，問屋あるいは商社のような仲介会社における金融機能とグローバルな電子手形の機能を組み合わせた新しいモデルで，図表2-3はその仕組みの概要図である。仲介会社は，電子手形で決済するので，基本的に資金調達は不要だが，手形割引をよいレートにするため，高い信用力が必要とされる。取引関係者の倒産や在庫の陳腐化・価格低下には信用保険の仕組みや在庫買戻し契約などで対応する。売り手は納入部品が完成すれば仲介会社から電子手形を受け取るので，すぐに割引し資金化できる。資金に余裕があれば満期まで所有してもよい。割引電子手形をノンリコース（遡及権なし）にすれば，売り手のB/Sからのオフバランスも可能だ。

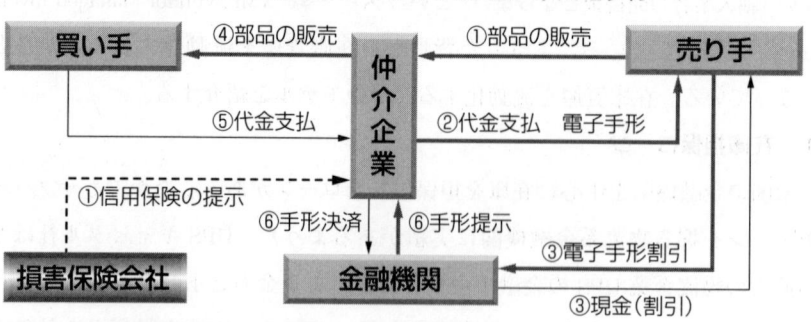

図表2-3 在庫ファイナンスのビジネスモデル

注) ①〜⑥は順序を示す。在庫ファイナンス期間①〜④
（日立製作所ビジネスモデル特許出願）

（7） 企業間電子取引における手形決済モデルの試み

　キャッシュ・フローを改善するには，代金回収を早くし，支払いを遅くすればいい。これは売り手と買い手の立場から相反する要求である。このニーズを解決する手段として古くから「手形」が用いられてきた。しかし最近「手形」の評判はあまりよくない。「手形」の欠点はそのハンドリングの煩雑さにある。紙による発行，押印，印紙税支払いなど多くの事務やコストがかかる。事務コストを削減するために大企業などではすでに手形を全廃し，金融子会社を使ったファクタリングで対応しているところもあり，そのメリットにもかかわらず発行は年々減少傾向にある。

　『日経コンピュータ』（2000.10.19号，70～71ページ）によると，「インターネットを使って世界中の企業と取引が活発化する一方で，問題になっているのが日本独自の商習慣である。これは主に支払いに関するものが多い。基本的には海外企業の場合は，納品後何日以内に支払うといったルールになっている。これに対し日本企業では，月末に支払内容を集計して翌月の決まった日に一括で支払う。あるいは3か月程度の一定期間後に支払うことを約束した『手形』決済する，というのが一般的だ。…手形決済という商習慣によって海外からの自由な調達ができないことも十分に考えられる…インターネットの普及で，さまざまな障壁が世界規模で崩れようとしている。決済方法が日本だけ特別なのは許されないだろう。」もちろん，手形決済は日本独自の商習慣ではない。現在の日本の手形制度は明治以降に欧米から輸入されたものだ。その歴史は，古く欧州では12世紀ごろイタリアに始まり，日本でも鎌倉時代から「替銭（かえせん）」として流通していたといわれる。手形は商取引における信用をベースとした決済手段として使われてきた。また，貿易取引に関する場合，「荷為替手形」「信用状」という仕組みが広く使われている。貿易手形は輸出者が発行する為替手形で，これを輸出地の銀行が買取りをする。国内で使われる手形割引と同じ効果を持つ「貿易金融」である。しかし，電子商取引市場での手形決済は，その事務手数の問題から，納品後何日以内の銀行振込または送金という決済が多くなり，資金調達は取引で生じる債権・債務を使ったストラクチャー

ドファイナンスに移りつつある。

　手形の仕組みを使った新しい決済手段の実験が，今，米国で始まっている。米銀大手シティ・バンクが計画をしている Orbian である。これは電子手形の一形態といえるもので，発行できる企業を一定の格付け以上に限定したり，会員制限等を行った新しいタイプの電子手形である。手形事務の煩雑さを電子化ということで排除し，そのメリット（売り手と買い手の資金ニーズを満足させる）を生かした点に特徴を持つ。Oribian.com 社によると米国，欧州，日本，シンガポールでこの決済サービスを開始する計画という。いまだサービスが開始されていないのでどこまで浸透するか未知数であるが，企業の資金ニーズをうまくとらえている点で新たな決済手段となる可能性もある。しかし，会計処理，手形法との関連をどうするかという問題もある。また，電子手形だけでは採算性に疑問とする声も聞かれる（http://www.Orbian.com 参照）。

　本来，手形の仕組みは日本の商習慣になじみやすい決済である。しかし，現行の手形の仕組みをそのまま電子化すると，セキュリティ対応も含め，かなり複雑なシステムになり，投資額も大きくなる。電子手形を使った決済サービスだけでは採算が合わない。ビジネスそのものを単純化して，特定の機能に限定した電子手形を活用する仕組みが必要になるだろう。たとえば，電子商取引市場のコミュニティだけで流通する電子手形，商取引を仲介する会社にだけに発行者を限定した電子手形，貿易取引と為替取引を結びつけた電子手形，買い手側にもファイナンスできる電子手形など，機能を限定すれば開発コストも安く，セキュリティや不正の不安もない単純なシステムになるはずだ。応用範囲を広げれば利益を生むビジネスに成長すると思う。今いろいろなニーズで電子手形を使ったビジネスモデルが企画されている[8]。しかし電子手形の普及にはもう少し時間がかかると思う。電子手形に手形法と会計基準をどう適用させるかという課題が残る。また，手形発行と同じ感覚で代金決済ができる「代金立替払い」などの決済サービス機能や債権・債務を使ったストラクチャード・ファイナンスとのコスト・利便性の比較もしなければならない。

（8）キャッシュ・フローの改善と与信を結びつけた決済

手形とは異なるが，商品を販売する際に与信できない顧客に対して，金融機関のローンやリースをネットで仲介するサービス（eCredit.com 社）が米国で注目されている。買い手は，仲介された金融機関のローンやリースを利用し，代金を売り手に支払うので，売り手から見れば現金決済と同じ効果が得られる。しかも，売り手の与信業務そのものが金融機関に移転してしまう。金融機関は商取引と結びついたファイナンス機会を得てビジネスを拡大することができる（ビジネスモデルの詳細 http://www.ecredit.com 参照）。

4 ▶ キャッシュ・フロー重視経営の問題点

キャッシュ・フローを重視する経営にはいくつかの問題点がある。すでに指摘したが，資産の流動化（証券化やファクタリング，リース，レンタル，手形割引など）は必ずコストがかかる。コスト面でいえば，流動化も銀行借入れも同じことである。銀行借入れの場合は，貸借対照表で有利子負債として認識されるので経営者や財務部門でもきっちり管理する。また金融機関による「借金の規律」も働くが，証券化などの流動化手法は，「市場の規律」[9]にゆだねられる。株価に代表されるように市場には投機という要素が必ず存在する。市場動向によって調達コストは大きく変動し，コスト高を招く。また調達できない場合もある。市場は，メインバンク制度のように企業の良い意味でも悪い意味でも理解者ではなく，短期的な企業業績だけに感心を持つ移り気な傍観者なのである。

資金の効率化，製品企画から販売までのリードタイム短縮，在庫の削減などが，フリーキャッシュ・フローを増やす経営の基本である。すでに，キャッシュ・フロー計算書はキャッシュという「事実」を記載すると述べ，その特徴と客観性についてふれた。しかし，資産の流動化（証券化，ファクタリング，リース，手形割引など）を進めると貸借対照表から資産がオフバランスされ，フリーキャッシュ・フローを増やす。利子コストは変わらないにもかかわらず，あたかも無借金経営をしているような錯覚が生まれる。事実を示すはずのキャッ

シュ・フロー計算書は，資産の流動化によって，誤解を招き，経営を誤まらせる危険性も持っている。

注

1) イギリスを除く欧州諸国（ドイツ，フランス，イタリア，スペインなど）では債務超過に対する規制が厳しい。国によって異なるが債務超過になった場合，裁判所に届け出を提出し，倒産または清算手続に入ることが要求される。累損が資本金の1/2になった場合届け出が必要（フランス）など厳しい規定を設けている国もあり，アマゾンドットコム社のケースは欧州（除くイギリス）では成立しない。
2) 「借金の規律」：企業集団研究会編『企業集団支配とコーポレートガバナンス』80ページ。特にメインバンク制の下で，企業の過剰投資を抑制する機能として働く。
3) ゼロバランスは，実際に資金不足する関連企業から資金余剰からへ資金移動する形態であり主に国内で活用される。プーリングは，資金移動はせず，銀行が仲介して資金不足企業に対してはローン，余剰企業に対しては預金の形をとるので，ノーショナル（仮想）プーリングとも呼ばれ国境を超える関連会社間 CMS（GCMS）に使用される。これは，親子間貸付に関する税務的な問題（源泉税や過少資本税制等）を避けるためといわれるが，グレーな部分も多く，実施にあたっては当該国税当局，会計事務所等と調整が必要である。
4) 都銀による「Ｂ２Ｂ電子市場向け決済サービス」は企業間電子取引市場での決済を行う際に売掛金の入金消し込みを自動的に行うシステム。支払遅延をリアルタイムで監視できる。富士通の「立会人システム」，日立製作所の「振込明細システム」は電子商取引だけでなくあらゆる取引に関わる請求情報を対象として売掛金消し込みを行うモデル。いずれもビジネスモデル特許出願。
5) 研究開発設計，試作をうまく同期させ並行的に進めてトータルの開発期間を短くしようという手法（橋本久義『町工場の底力—日本は僕たちが支えている！』PHP研究所，247ページ。）
6) 物流業務全体を一括して受託する第三の物流主体である。その業務は商社や問屋の機能の他，在庫から流通に至るすべての業務を行うことでコストの削減と流通リードタイムの短縮を目指すものである。
7) バイヤーは指定した倉庫から必要に応じて在庫を引き出すため，部品在庫を最小化できる。サプライヤーが自社の生産計画に合わせて自由に在庫を持つことができる。双方にメリットがある仕組み。

8) 『日本経済新聞』2001年12月3日記事
「信金中金が電子手形市場―振り出し・割引ネットで手続き　2003年めど

　信金中央金庫は2003年度にも，全国の信用金庫とともに電子手形市場を創設する。手形の振り出しや割引，裏書などの手続きをインターネット上で実施するもので，信金の取引先企業140万社が対象となる。取引相手の信用力の把握が難しかったネット上で電子手形を利用した決済が広がれば，電子商取引が活発になる可能性がある。

　信金中金は来年度から全国の商工会議所が運営しているインターネットサイトで実験を開始。現行の手形制度を基に電子手形市場のルール作りを進め，2003年度にサービスを開始する予定だ。実現すれば例のない仕組みで，既に日本と韓国でビジネスモデル特許を出願している。手形は中小企業が商品納入などの際に現金で決済する代わりに振り出す。民間金融機関が参加する全国の手形交換所で交換・流通してきた。信金中金が開発した電子手形システムは，電子手形を受け取る企業が発行企業の経営情報を閲覧できるほか，携帯電話から手形の振り出しや割引を通知することも可能になる。

　これまで取引がなかった企業を受取人として手形を発行する場合などに，信用金庫が取引先企業の手形に保証をつけることで，手形の流通を促進することも検討する。

　参加する中小企業にとっては，手形発行・受け取りの費用を従来より削減できる利点がある。信用金庫にとっても，保険料など新たな手数料収益の確保が見込めるという」。

9) 「市場の規律」：企業集団研究会編「コーポレートガバナンス論における株式「市場の規律」とその前提」『企業集団支配とコーポレートガバナンス』159ページ，第7章。

参 考 文 献

『グローバル経営と新しい企業金融の原理原則』リックテレコム社，2000年。

犬飼重仁，小森英哉，ALジョンソン，壬生米秋，大塚照夫，村上雅春，岡部摩利夫 著，朝日監査法人編『こう変わる日本の新会計基準』清文社，1999年。

井出保夫『入門の金融　証券化の仕組み』日本実業出版社，1999年。

岩崎　彰『キャッシュ・フロー計算書の見方・作り方』日経文庫，1999年。

坂本恒夫・佐久間信夫編，企業集団研究会『企業集団支配とコーポレート・ガバナンス』文眞堂，1998年。

福井　純 記者・中村　稔「知られざるシティの法人戦略」『週刊東洋経済』2000年2月12日。

大垣尚司『ストラクチャードファイナンス入門』日本経済新聞社，1997年。

福島美明『サプライチェーン経営革命』日本経済新聞社，1999年。

橋本久義『町工場の底力―日本は僕たちが支えている！』PHP研究所，2000年。

『日経経済用語辞典』日本経済新聞社, 1998年。
Oribian.com 社ホームページ（http://www.orbian.com）
UPS キャピタル社ホームページ（http://www.capital.ups.com）
eCreit.com 社ホームページ（http://www.ecredit.com）

第3章 株式所有構造の変化とコーポレート・ガバナンス

1 ▶「コーポレート・ガバナンス」という言葉

　本題に入るにあたり，まずコーポレート・ガバナンスという用語について，どのように認識しているかという点から明確にしておきたい。

　管見のかぎり7，8年前よりいろいろな学会でにわかに取り上げられ，議論されるようになったコーポレート・ガバナンスという用語については，論者によって，さまざまな認識があるように思われる。

　筆者はもともと支配論に興味を持って研究活動を始めたために，コントロールとガバナンスはどう違うのか，というところで悩んだ者の一人である。とりあえずこの場においては，「コーポレート・ガバナンス」という用語を「経営者に対して，効率的に経営させるための仕組み」としてとらえるものと理解して論を進めたい。したがって，おおよそ，バブル経済に入る前までは「メインバンク」の戦略的な経営の下，産業会社に対しコーポレート・ガバナンスがなされてきたととらえている[1]。

2 ▶ これまでの実証分析

　さて，本題に入るが，まず，ここ数年来，議論されてきたテーマの一つに，

日本企業の所有構造の特徴として挙げられる株式の持ち合いの「解消」についての議論が存在する。まず，この現象の認識について，事実を整理して，しかるのち，筆者の行った調査結果について報告したい。

　まず，株式の持ち合いの「解消」現象についての認識について，これは大きく二つの認識が存在するといえる。つまり，ことの善し悪しではなく，レベルの問題として「解消」現象を肯定的に評価するか，慎重，もしくは消極的にとらえるかというものである。ここまで，発行された文献を見るかぎりは，この慎重，もしくは消極的に評価する論者として代表的な研究者に，立命館大学の松村勝弘氏[2]，さらに流通経済大学の島田克美氏[3]がいると考えられる。

　一方，「解消」現象を肯定的にとらえている研究者には，東京証券取引所の寺沼太郎氏[4]や桃山学院大学の鈴木健氏[5]がいると考えられる。

　ここで注目しなければならない点が，鈴木氏の，この「解消」現象に対する評価の推移である。というのも1998年に刊行された鈴木氏の著書，『メインバンクと企業集団』が執筆された時点，つまり，1995年度までの株式持ち合いの「解消」についての記述においては「安定株主構造としての株式相互持ち合いの階層的構造に照らし，この構造の「崩壊」に連なるような株式相互持ち合い「崩れ」は依然として起こってはいない[6]」としているということである。その後，1997年度までの調査の結果において，鈴木氏は「企業集団内部における株式相互持ち合いの「解消」事例にも見られるように，大企業と大銀行の間の株式相互持ち合いの「解消」は，単に表層部分に生じているだけで，コア部分についてはまったく変動が生じていないとするだけでは株式相互持ち合い「解消」の評価としては十分ではない。コアの規定の仕方にもよるが，従来コア部分とされてきた持ち合い部分についても「解消」は生じていると見られる[7]」と，積極的に評価しているのである。

3 ▶ 今回行った調査

　この鈴木氏の分析により，筆者は1995年度を境にして，前後における時期

第3章　株式所有構造の変化とコーポレート・ガバナンス

図表3-1　三井系 1995-1998年度

		1	2	L	3	4	6	7	8	9	10	11	12	13	14	16	17	18	19	21	22	23
1	さくら銀行	×	○	○		○					●		○							●	○	
2	三井信託銀行	○	×	○	○		●	●		●		○	○	○	●	○	●	●	○			
3	三井海上火災	○	○	●	×	●											●					
4	三井物産	●		●	○	×				●			○									
5	三井鉱山		●			●							●							●		
6	三井建設	○	○	○	○	○	×	○		○			○	○	○	○				○		
7	三機工業		●				●	×														
8	日本製粉		●	●				×														
9	東レ		○	●						×			●									
10	王子製紙	○	●	●								×								●		
11	電気化学工業		○	●								×										
12	三井化学		●	●	○	●	○			●			×			●						
13	太平洋セメント	●	●	●									×									
14	日本製鋼所			●										×								
15	三井金属	○	○	●		○																
16	東芝		●	●								○			×							
17	三井造船	○	●	●		○				●						×		○				
18	石川島播磨		●	●													×					
19	トヨタ自動車		○			●								●			×					
20	三越		●			●																
21	三井不動産		●	●			●												×			
22	商船三井		●	●	○															×		
23	三井倉庫			●										●							×

注1) L は三井生命
　2) 王子製紙、三井化学、太平洋セメントの1995年度のデータはそれぞれ旧新王子製紙、旧三井石油化学、旧秩父小野田のもの

図表 3-2　三井系 1992-1995 年度

		1	2	L	3	4	5	6	7	8	9	10	11	12	13	14	16	17	18	19	21	22	23
1	さくら銀行	×	○	●													○						
2	三井信託銀行	●	×	●	●					●		○	●									●	
3	三井海上火災		●		×							●	●										
4	三井物産		●			×						●										●	
5	三井鉱山		●	●		●																	
6	三井建設		●					×															
7	三機工業		●						×														
8	日本製粉		●	○						×													
9	東　レ		●	○							×												
10	新王子製紙	○	●	●								×											
11	電気化学工業		●	●									×										
12	三井石油化学	○	○											×									
13	秩父小野田	●	●	●	●	●										×							
14	日本製鋼所		●	○												×					●		
15	三井金属	●	●	●																	●		
16	東　芝			○													×						
17	三井造船		●	●														×				●	
18	石川島播磨		●																×				
19	トヨタ自動車		○																	×			
20	三　越		●																				
21	三井不動産		●					●													×		
22	商船三井		●															●			●	×	
23	三井倉庫		●																				×

注 1) L は三井生命
　2) 秩父小野田の 1992 年度のデータは旧秩父セメントのもの

第 3 章　株式所有構造の変化とコーポレート・ガバナンス

図表 3-3　住友系 1995-1998 年度

		1	2	L	3	4	5	6	7	8	9	10	11	12	13	14	15	16	17	18	19
1	住友銀行	×	●		●	○								○							
2	住友信託銀行	●	×	●	●					●	●	●		●	●		●		●	○	●
3	住友海上火災	●	●	●	×	○											●				
4	住友商事	○	●	●		×				●							●				
5	住友石炭鉱業		●	●			×			■											
6	住友建設		●				●	×													
7	住友林業		●	●	○				×						○						
8	住友化学工業		○			●				×				○			■				
9	住友ベーク	●	●							●	×			○			■				
10	日本板硝子	●	●										×				●				
11	住友大阪セメント		●	○		●				●			×				■	○			
12	住友金属工業	●	○												×	●					
13	住友金属鉱山		●	●	●											×					
14	住友軽金属工業		●			●							○	●		×					
15	住友電気工業	●	○											○	●		×		●		
16	住友重機械工業		●	●		●									○			×			
17	NEC	●	●	●	●	●											○	×			
18	住友不動産		■	●													■		×		
19	住友倉庫	●	●	●																	×

注）L は住友生命

　の持ち合い状況を調べると，明瞭な形で持ち合い構造の「解消」現象を把握することができるかもしれないという仮定のもと，分析を試みた。

　調査分析の方法については，いくつかの方法のうちから東洋経済新報社の『企業系列総覧』に収められている各企業集団別の持ち合い比率を 1992 年度，1995 年度，1998 年度の 3 年度分からその推移を調査することとした[8]。

　結果として，まず，企業集団の社長会メンバー企業における持ち合い関係，

図表 3-4 住友系 1992-1995 年度

		1	2	L	3	4	5	6	7	8	9	10	11	12	13	14	15	16	17	18	19
1	住友銀行	×	○	●		●						●	○	●							
2	住友信託銀行	●	×	●		●						●		●				●			
3	住友海上火災		●	●	×	●								●	●						
4	住友商事			●	○	○	×							●							
5	住友石炭鉱業			●	●	●		×													
6	住友建設			●	●		●	●	×												
7	住友林業	○	○	●						×			○			○		○			○
8	住友化学工業				○						×										
9	住友ベーク				○			●				×		■							
10	日本板硝子	●	●	●									×								
11	住友大阪セメント	●	●	●	■	●	●	●	●	●	●	●	×	●	■	●		●	●	■	
12	住友金属工業		●	●									■		×						
13	住友金属鉱山	●														×	●		●		
14	住友軽金属工業		●	●		●								■			×				
15	住友電気工業	○	●	●		●												×	○		
16	住友重機械工業			○		●								■				×			
17	NEC		●	●		●							●						×		
18	住友不動産		●	●									●							×	
19	住友倉庫	○	●	●				○					●	○			○			○	×

注 1) L は住友生命
　 2) 住友大阪セメントの 1992 年度のデータは旧住友セメントのもの

これを本章においては企業集団の持ち合いのコア部分と規定するが，この部分においても持ち合い関係が消滅したり，不明となるケースが存在しており，しかも，それは 1995 年以降に増加するものの，1992～1995 年度においても存在していることが明らかとなる。これは松村氏や島田氏，鈴木氏の認識よりも早い時期から，コア部分における所有関係の解消が進んでいたことになる。実は

これこそが，量的な問題では明らかにならないものの，質的には重要な意味を持つ現象である。

もう一つ明らかなこととして，都市銀行に対する持株比率が消滅もしくは不明になったケースは存在しないということである。これは所有関係において事業会社が都市銀行＝メインバンクと株式を持ち合うのは他の事業会社と持ち合う場合と質的に異なる意味合いを持っていることを示唆していると考えられる[9]。

鈴木氏や松村氏が指摘されているように，株式を所有する行動の原理として，最も表層的な部分には株価の上昇にともなう含み益を期待した行動原理が存在すると考えられる。そしてその下，もしくは基本的な部分には松村氏のいわれる「戦略的な意義」に含まれる取引や信頼関係構築のための所有，鈴木氏がいわれる安定株主工作のための所有原理が存在するものと考えられる。ただ，もちろん，戦略的な意義をもち，また安定株主工作の意味も持ち合わせているのであるが，メインバンク関係構築のための所有原理もあえて付加することにより，現在の持合い「解消」現象がどのレベルまで進んでいるのかが明らかになると考えられるのである。

4 ▶ 6大企業集団体制の変容とコーポレート・ガバナンス

このような持ち合いの「解消」現象についての分析をふまえて，6大企業集団を中心にコーポレート・ガバナンスについて考えていきたいと思う。

そこでまず，ここ10年のいわゆる「失われた10年」において，6大企業集団におけるメンバー企業の再編について三つの側面から見ていきたいと思う。つまり，集団内における合併，子会社化，そして業界ごとの集団横断的な構造調整，外資の傘下への編入，である。

集団内における合併，子会社化の例としては，三井東圧と三井石油化学の合併による三井化学，三菱化成と三菱石油化学の合併による三菱化学が誕生し，日本信託銀行の東京三菱銀行子会社化，安田信託銀行の富士銀行子会社化，勧

角証券の第一勧業銀行子会社化が行われた。

　業界ごとの集団横断的な構造調整の例としては，王子製紙と本州製紙の合併による新王子製紙（現王子製紙），十条製紙と山陽国策パルプの合併による日本製紙，秩父セメントと小野田セメントの合併による秩父小野田，さらに秩父小野田と日本セメントの合併による太平洋セメントがある。さらにさくら銀行と住友銀行の合併や，日本興業銀行，富士銀行，第一勧業銀行の経営統合もこの範疇に含まれる。また造船分野における石川島播磨と川崎重工，三井造船，製鉄機械部門における三菱重工と日立製作所の事業統合もこの範疇に入るといえよう。

　外資の傘下への編入例としては，日産自動車のルノー，三菱自動車のダイムラーへの編入例がある。

　これら三つの側面のなかで，集団内における合併，子会社化は集団における組織の調整機能の現われとしてとらえることができるが，逆に，そして業界ごとの集団横断的な構造調整と外資の傘下への編入は，集団における調整機能の限界としてとらえることが可能であると思われる。

　これらの動きを総括すれば，集団としての構造調整機能は限界に達し，従来，企業集団の組織原理としていわれたワンセット主義の放棄はもとより，東京三菱銀行と三和・東海の合併への動きも報道されており，三つに収斂する可能性もあるが，現在のところ六つの企業集団が四つに収斂することとなった。

　また，制度改革による影響についてもふれておくと，時価主義会計の導入により含み損益を計上しなければならないこととなったため，2001年5月27日の日本経済新聞においては大手都市銀行の持ち合い株式の処分が大規模になされたとの報道がなされている。ただ，この株式の処分については前述の株式所有の行動原理においてふれたように，所有関係をすべて，もしくは質的に変化をもたらすレベルまで持ち合いを解消したのかどうかは量的な問題とは別に調べる必要が存在するのである。

　以上，6大企業集団における株式所有構造の変化を確認し，「失われた10年」における組織構造の変化を概観し，時価主義会計導入に向けた動きを見て

みたわけであるが，これらの流れが従来の日本企業のコーポレート・ガバナンスにいかなる影響を及ぼすと考えられるだろうか。

　株式の持ち合いを基礎に，相互信任の構造を構築しつつ，相対的に優位な持株比率を堅持し，融資，役員派遣などにより上位かつ中心に位置してきた都市銀行＝メイン・バンクによって，少なくともバブル経済までは機能してきたといえる戦略的コーポレート・ガバナンスはバブル経済期における直接金融の比率上昇をテコに次第に機能しなくなってきた。

　バブル経済崩壊後はさらにその機能を低下させ，6大企業集団体制までが三ないし四つの企業集団に統合されようとしているなか，ソニーのように海外機関投資家によって所有される比率が4割を超えるような企業においてはアメリカ型のコーポレート・ガバナンスを志向し，執行役員，外部取締役の招聘，CEO，COOなどの社内制度を導入し，注目を浴びているところもある。このような海外機関投資家の持株比率の高い企業に共通する特徴の一つに好業績に加え，無借金もしくはそれに近い財務体質がある。たとえば，ローム，富士写真フィルム，山之内製薬，TDKなどがこの例で，このことはとりも直さずメインバンクを必要とせず，つまりは，メイン・バンクの戦略下に置かれない環境を作っているがためにアメリカ型のコーポレート・ガバナンスの仕組みを導入することが可能となっていると考えることが可能であり，またそれが，会社の社会的評価を高めることに貢献していると思われる。

　しかし，都市銀行が合併，統合し，メガバンク化するなかで，多くの企業が都市銀行との所有関係を断ち切ることができない状況においては，財務的にアメリカ企業のレベルまで借入金による資金調達の比率が低くなるまでは，アメリカ型のコーポレート・ガバナンスを志向しつつも日本的ともいえるメイン・バンクによるコーポレート・ガバナンスの両建てによるコーポレート・ガバナンスが行われるのではないだろうかと考えている。

注

1) これは支配論の議論においていえば，都市銀行による支配の延長線上にあると考えてよい。
2) 松村勝弘「わが国企業における株式相互持合いの戦略的側面」『証券経済学会年報』第35号，証券経済学会，2000年を参照。
3) 島田克美「「持ち合い解消」過程の法人資本主義」『証券経済学会年報』第35号，証券経済学会，2000年を参照。
4) 寺村太郎「株式持ち合いの現状について」『証券』東京証券取引所，1998年10月を参照。
5) 鈴木 健「株式相互持ち合いの「解消」について」『証券経済学会年報』第35号，証券経済学会，2000年を参照。
6) 鈴木 健『メインバンクと企業集団』，ミネルヴァ書房，1998年を参照。
7) 鈴木 健「株式相互持ち合いの「解消」について」『証券経済学会年報』第35号，証券経済学会，2000年。
8) というのも，当初，個別に有価証券報告書に収められている保有有価証券明細書により集計を試みたものの，この方法には，いくつかの問題が存在したからである。

　一つは銀行業等が保有有価証券について，個別情報の記載が少ないということである。東洋経済新報社の『企業系列総覧』における保有株式の調査においても，大株主に登場していることを基準にしているのであるが，これも同じ理由であると考えられる。また，二つの年度を比較して得られる株式数の増減がそのまま評価につながらないということである。たとえば，持株を100万株減らした場合でも，減らした比率は発行済株式数に依存することや，たとえ100万株その持株を減らしても，残った株式数，正しくはその持株比率によって相手先との関係はまったく変わってしまうためである。

　前述の寺沼氏が株式分布調査をもとに推計したのは同じような理由である。ただ寺沼氏のデータによる調査では個別の所有比率が出てこないという短所も併存するために，多少の基準のばらつきはあるものの，大株主を基準にした所有比率のデータを採用した。このデータは昔からその相互持ち合いの度合いを示す例として，数々の文献にそのまま登場しており，デジタルな数値として研究上の価値をそのまま求めることはできないものの，保有比率の変動を図形，塗りつぶしで表現するという方法により，一定のトレンドをつかむには最も効果的であると判断した理由である。

　白丸は当該期間において持株比率を0.1ポイント以上増加させたケース，黒丸は逆に当該期間において持株比率を0.1ポイント以上現象させたケース，白の塗りつぶしは所有関係自体は存在するものの，その持株比率の変動がなかったか，あってもその変動が

わずかであったケース，グレーの塗りつぶし，この領域は当初より所有関係が消滅もしくは不明であったケースである。最も注目しなければならないケースは黒く塗りつぶしたケース，つまり，当初は所有関係が存在したにもかかわらず，当該期間に所有関係が消滅，もしくは不明となったケースである。これは従来の研究において主になされてきた減少した株式数によって持ち合いの解消を論じるいわば量的な問題とは異なり，少なくとも大株主としては存在しなくなり，所有関係そのものも消滅していることにつながる質的な問題に発展していることを表している。

9) 図表には紙面の都合もあって，6大企業集団のうち旧財閥系の2企業集団を載せてあるが，残る4企業集団におけるものもグレーの領域が相対的に増えるものの，基本的に黒の塗りつぶしのケースが1992–1995年度に比べ1995–1998年度の方が増加するという点においては共通するものであった。

第4章 M&Aとターゲット企業の株主の売却判断
—アメリカのTOBにおける機関投資家の場合—[1]

1 ▶ M&Aにおけるターゲット企業の株主の売却判断

　近年，日本において多くのM&Aが利用されてきており，経営手法の一つとして，すでに定着しはじめている。M&Aは，二つ以上の企業が形式的あるいは実質的に一つの企業に結合するための方法の一つである。M&Aの典型的な方法は株式の買収であり，買収される側の企業は一定比率の株式（たとえば過半数）を所有されることによって，買収する側の企業の実質的な支配下に入る。ここで明らかなことは，まず，M&Aには買収する側と買収される側の二つの主体があること，そして，買収を提起するのは買収する側の企業であるが，提起された買収が成功するか否かを決定するのは，買収される側の企業（ターゲット企業）の株式を所有している株主であること，である。

　本章では，後者の側面，つまり，買収を決定する役割を担うターゲット企業の株主が持株を買収側の企業に売却するかどうかという側面に注目する。特に，M&Aの先進国といわれるアメリカの状況をとり上げ，ターゲット企業の株主がどのような売却判断をするのかを考察する。

　現代のアメリカの証券市場における主要な株主は，いわゆる機関投資家である[2]。機関投資家の影響力の大きさは，これまでしばしば市場の不安定化や投資先企業の短期主義化への懸念を生じさせてきた。これらの懸念は，必ずしも

完全な実証をともなうものではないが[3]，市場および個別の企業への影響力をもちうる機関投資家の利益獲得への敏感な取引姿勢を反映しているともいえる。つまり，機関投資家，特に実際に投資を行うファンド・マネージャーは，受託資産の運用者として，四半期といった短期の運用成績をチェックされるため[4]，それが彼らの報酬や地位に影響しうる。したがって，ファンド・マネージャーは必然的に利益機会を探し出してそれを敏感に獲得し，短期利益を追求せざるを得ない。

このような機関投資家の短期利益を追求する取引姿勢は，M&Aにおける株式取引においても適用されうる。実際に，1980年代のM&Aブーム期において機関投資家は多額のプレミアムを目当てに容易に持株を売却すると批判された。これは，以上の機関投資家の姿勢がM&A取引にも適用されたとみなすことができる。しかし，M&A取引は支配権の形成・移転の点で通常の取引と異なり，単にプレミアム獲得によってのみ機関投資家の取引姿勢が説明されるかは疑問の余地がありうる。

以上のような視点から，本章は，現在のアメリカ証券市場において大きな影響力をもつ機関投資家がターゲット企業の株主として，M&A取引においていかなる売却判断を行うのかを考察することである。具体的には，機関投資家の売却判断には，従来当然と思われてきたプレミアムの獲得という側面だけでなく，流動性あるいはポートフォリオ構成への配慮という側面がありうることを提起する。なお，以下ではM&Aの種々の手法のなかでも，その性質上，ターゲット企業の株主の判断にその売却姿勢が反映されやすい公開買付け（以下，TOB）を対象とする。

2 ▶ 売却動機としての買収プレミアム

ターゲット企業の株主がTOBに際して売却を望む動機・判断材料としてまず挙げられるのは，プレミアムの高さである。たしかに，ほとんどのTOBにおいて，TOB発表前の株価よりも高い価格が提示される。したがって，株主

はTOBに応じて持株を売却すれば，TOBがなかった場合に市場で売却するよりも高い対価を得ることができ，より多くのキャピタル・ゲインを得られる。

しかし，必ずしもプレミアム額のみを株主が売却判断の材料としているとは言い切れない。その理由の第一は，必ずしも高いプレミアムを提示したTOBが成功するとはいえないことである。従来，M&Aの研究ではプレミアム額はしばしば注目されてきたが，どの時点の価格を基準にするかによってプレミアム額も変動するため，統一的な分析結果が得られてこなかった。たとえば，Hoffmeister and Dyle は，SECへの提出日から2週間前の株価を基準としてプレミアムを算定したとき，プレミアムの規模はTOBの成功確率に影響を与えないとの結果を示した[5]。一方，Walkling は，TOBの新聞発表から2週間前の株価を基準にして，買収プレミアムはTOBの成功と正の関係があるとの結果を示した[6]。このように相反する結果が生じる最大の原因と思われるものは，プレミアム額の算定には大きな困難がともなうことにある。概念的には，買付者が提示するTOB価格とTOBがかけられる前のターゲットの企業価値（株価）との差額がプレミアム（bid premium）であり，したがって，TOB前の企業価値を反映する株価を確定する必要がある。ただし，買収の情報はしばしば事前に漏洩し，それにともなってTOBが公表される以前からターゲットの株価は上昇し始める。このため，直前ではなく，ある程度の期間をさかのぼってTOB前の株価を確定する必要があるが，どの時点の価格を用いるのが妥当かについては明確ではない。

この問題の解決を試みたのが Flanagan, D'Mello and O'Shaughnessy の研究である。彼らは，プレミアム額算定の基準日の相違による影響を明確にするため，TOB発表前の1日，1週間，4週間という3時点での株価に基づいて分析した。結果は，いずれの株価を基準としても，プレミアム額はTOBの成否を決定する要因ではないというものであった[7]。したがって，これによればターゲット企業の株主はプレミアム額の規模によって売却判断を行っているとはいえないことになる。

第二の理由は，プレミアムがあまり大きくないものやマイナスのプレミアム

が存在することである。図表4-1からわかるように，TOBにおけるプレミアムの比率をやや詳細に見ていくと，10％以下という小さいものや，なかには0％以下のマイナス・プレミアムがあることがわかる。さらに，図表4-2はこれらのマイナス・プレミアムのついたTOBの事例であるが，成否が明らかなものについてそのほとんどが成功している。したがって，TOBでのターゲット企業の株主がプレミアムのみを売却の判断材料としていると仮定すると，これらの事実は件数が少ないとはいえ，うまく説明できない。加えて，図表4-3に示されるように，TOBが失敗した場合の理由として，TOB価格の低さ（すなわち，プレミアム額の小ささ）を直接示すものは少ない[8]。

以上より，TOBにおいてターゲット企業の株主が必ずしもプレミアムの獲得のみを判断材料としているわけではないことがわかる。したがって，ここでプレミアム獲得以外の要因を追加的に探る余地が生じる。

図表4-1　TOBにおけるプレミアムの比率とその分布

プレミアム	1995		1996		1997		1998		1999	
	件数	％	件数	％	件数	％	件数	％	件数	％
100％＋	7	4.5	6	3.9	6	2.9	0	0	27	9.3
75.1−99.9％	7	4.5	6	3.9	13	6.3	16	7.8	27	9.3
50.1−75.0％	23	14.8	22	14.3	33	15.9	30	14.7	61	21.1
25.1−50.0％	39	25.2	31	20.1	62	29.8	55	27	72	24.9
10.1−25.0％	8	5.2	15	9.8	31	14.9	34	16.7	23	8
0.1−10.0％	4	2.6	9	5.8	9	4.3	8	3.9	10	3.5
＜0％	3	1.9	4	2.6	7	3.4	11	5.4	10	3.5
不明	64	41.3	61	39.6	47	22.5	50	24.5	59	20.4
合計	155	100	154	100	208	100	204	100	289	100

注）プレミアムは発表の4週間前の株価を基準として算出。
原資料◆SDC Mergers & Corporate Transactions Database.
出　所◆Tender Offer Update, *Mergers & Acquisitions*, 各年より作成。

第4章　M&Aとターゲット企業の株主の売却判断

図表4-2　マイナスのプレミアム額のついたTOB（1995–1998年）

年	買付者	ターゲット会社	プレミアム	成否の別
1995	American Home Products Corp.	SciGenics Inc.	−1.8%	n. a.
	Diebold Inc.	Griffin Technology Inc.	−6.1%	成功
	Agrium Inc.	Nu-West Industries Inc.	−8.7%	成功
1996	GreenGrass Holdings	Swing-N-Slide Corp.	−36.6%	n. a.
	Genzyme Corp.	Neozyme II Corp.	−34.1%	成功
	Cie. de Saint-Gobain SA.	Bird Corp.	−21.1%	失敗（撤回）
	Pfizer Inc.	Corvita Corp.	−2.4%	成功
1997	Spacetec IMC Corp.	Spatial Systems Ltd.	−32.6%	n. a.
	Micron Electronics Inc.	NetFrame Systems Inc.	−20.0%	成功
	Tyco International Ltd.	Homes Protection Group Inc.	−13.9%	成功
	Family Golf Centers Inc.	MetroGolf Inc.	−11.1%	成功
	Compass Group PLC	DAKA International Inc.	−7.7%	成功
	GRR Holdings LLC	Ground Round Restaurants	−5.7%	成功
	Manor Care Inc.	Vitalink Pharmacy Services Inc.	−4.2%	成功
1998	IG Holdings Corp.	Universal American Financial	−60.0%	n. a.
	IG Holdings Corp.	TJT Inc.	−59.4%	n. a.
	Network Associates Inc.	Dr. Solomon's Group plc	−32.5%	成功
	IG Holdings Corp.	American Residential Investment Trust Inc.	−28.2%	n. a.
	IG Holdings Corp.	Station Casinos Inc.	−25.2%	n. a.
	Stone Rivet Inc.	Envirotest Systems Corp.	−16.9%	成功
	Ames Department Stores Inc.	Hills Stores Co.	−11.1%	n. a.
	Lucent Technologies Inc.	SDX Business Systems plc	−4.8%	n. a.
	Omnicom Group Inc.	GGT Group plc	−0.5%	n. a.
	EM Industires Inc.	CN Biosciences Inc.	−0.5%	成功

注）プレミアムは発表の4週間前の株価を基準として算出。
原資料◆SDC Mergers & Corporate Transactions Database.
出　所◆Tender Offer Update, *Mergers & Acquisitions*, 各年より作成。

図表 4-3　TOB が失敗した理由（1996 年）

理　　　　由	件　数
協議，協定の終了	366
より高値をつけた買付者の登場	14
敵対的 TOB の撤回	5
株式市場の変化	4
友好的 TOB の撤回	3
TOB の拒否	3
株主の反対	2
株主の拒否	1
反トラスト法の抵触	1
資金調達問題	1
裁判所の停止命令	1
戦略の変更	1
合　　　計	402

出所 ◆ *Mergers & Acquisitions*, March/April 1997, p. 22.

3 ▶ 機関投資家の流動化動機と支払い手段

　TOB を含む M&A における特徴の一つは，買収者がその支払い手段として現金と株式の二つの選択肢をもっていることである。したがって，ターゲット企業の株主にとっては，TOB 価格（プレミアム額）の規模だけでなく，その支払い手段も売却判断の材料となりうる。

　M&A の支払い手段に関する従来の研究では，買収企業のリターンの問題として考察されることが多かった。そこでは，株式交換の買収は発表時において買収企業の株価リターンに負の効果をもたらすか，現金支払いの買収よりもリターンが低いことを示す実証研究であるが[9]，これについて，株式交換は過剰支払いの回避であるとか，ターゲット企業の買収後価値を買付者が低く評価す

るシグナルであるなどの理論的説明を提起するものであった[10]。また，TOBについては競合する買付者が出現する可能性がある場合，買付者は競合者に先行しようとして現金によるTOBを好むとの見解もある[11]。これらは買付者側の視点に立つものであり，ターゲット企業の株主の視点に立つものではない[12]。

ここで，ターゲット企業の株主，特に機関投資家の立場に立ったとき，支払い手段として株式よりも現金が選好されると推測される。これは次の2点にかかわる機関投資家固有の姿勢による。

① 機関投資家は，その保有証券の流動性を維持する必要がある。特に，ミューチュアル・ファンド，保険会社はその出資者，保険加入者への支払い準備を求められる[13]。また，年金基金もERISA法（従業員退職所得保障法）の制定以降，保有証券の流動性への配慮を強めてきた。図表4-4に示されるように，ERISA法の制定後に，私的年金基金に行われた「ERISAの結果，資産の種類によってその取得に関して何らかの政策を設けましたか」とのアンケート結果によれば，流動性に問題のある証券の取得（公開市場のない普通株の新規発行，エネルギー産業との関連のないベンチャー・キャピタル，エネルギー産業と関連のあるベンチャー・キャピタルに対する取得）に関して，多くの機関投資家が完全に禁止したことがわかる[14]。したがって，機関投資家はその固有の制約により流動性のある証券としての現金を選好する傾向があると推測しうる。

② 機関投資家は，リスク低減のためにポートフォリオの分散を求められる[15]。通常，分散は業種や規模，安定性や成長性などで振り分けられており，リスク低減のために新たな銘柄を取得する際には，手持ちのそれとの重複を避けようとするであろう。また逆に，何らかの理由である銘柄が損失した場合，そのすき間を埋めようとするであろう[16]。したがって，TOBである企業の株式を売却した場合，機関投資家は，それがそれまでポートフォリオにおいて占めていた位置づけと同様の株式を選択して取得する必要が生じる。これについて，現金支払いの場合では，それに見合う株式を選出して取得する際に，売却の対価として受け取った現金を充てることが

図表4-4　ERISA法の制定にともなう企業年金基金の対応
（各種証券の取得について）

取得する証券の種類	企業年金基金			外部の運用機関
	プロフィット・シェアリング型	確定拠出型	確定給付型	
公開市場のある普通株の新規発行				
完全に禁止	12.5%	4.2%	7.6%	4.8%
パーセント・ガイドライン設置	5.6%	20.8%	10.7%	12.1%
公開市場のない普通株の新規発行				
完全に禁止	41.6%	45.8%	31.2%	51.9%
パーセント・ガイドライン設置	1.1%	8.3%	8.6%	2.4%
エネルギー産業に関連のあるベンチャー・キャピタル				
完全に禁止	39.8%	33.3%	27.4%	46.3%
パーセント・ガイドライン設置	1.1%	8.3%	8.1%	6.3%
エネルギー産業に関連のないベンチャー・キャピタル				
完全に禁止	39.8%	33.3%	27.4%	41.3%
パーセント・ガイドライン設置	1.1%	8.3%	8.1%	7.5%
転換社債				
完全に禁止	5.7%	0.0%	4.2%	0.0%
パーセント・ガイドライン設置	12.5%	17.4%	14.3%	9.5%
優先株式				
完全に禁止	4.6%	4.2%	4.2%	1.2%
パーセント・ガイドライン設置	10.3%	20.8%	14.3%	10.7%

注）数値は、「ERISA法の結果、いずれかの資産の取得に関して政策を設けましたか」に対する回答率。企業年金基金については、1978年7月と10月に、2,131の企業年金基金の運用責任者に郵送で行われたアンケートの結果の回答率。外部の運用機関については、年金資産の運用を積極的に行っている最大規模の銀行、保険会社、投資顧問会社のそれぞれ50社に対して、1978年6月および数週間後（回答を得られなかった機関にもう一度に送付された）に郵送されたアンケートでの同じ質問の結果。返答数100のうち、87が有効回答。内訳は、銀行42、投資顧問業29、保険会社16。
出所◆Cummins, Percival, Westerfield and Ramage, "Effects of ERISA on the Investment Policies of Private Pension Plans: Survey Evidence," *Journal of Risk and Insurance*, vol. 47, no. 2, June 1980, p. 464, table 5. より作成。

できる。しかし，株式交換の場合，受け取った対価は買付会社の株式である。したがって，それは必ずしもターゲット会社の株式がこれまでターゲット会社の機関投資家のポートフォリオにおいて占めていた位置と同様であるとは限らない。むしろその場合，対価としての買収会社の株式は，それを受け取った機関にとってはポートフォリオのなかで重複を発生させる可能性があり，それまでの最適な分散状態を悪化させる危険がある。このように，ポートフォリオ調整の容易性において機関投資家は株式より現金を選好する傾向があると推測しうる。

以上の2点より，機関投資家は株式よりも現金を選好することが推測される。この推測から，次の二つの仮説が導き出される。

（1） 機関投資家は，対価として取得した株式を市場で売却しやすい。
（2） 支払い手段が現金か株式かを選択できる場合，機関投資家は現金を選択しやすい[17]。

この二つの仮説について，以下で，若干の実証分析を行う。

4 ▶ 株式支払いTOBと受け取り株式の流動化

分析対象は1996年から1998年までに行われた株式支払いTOBである。これには，支払い方法として株式のみ，現金＋株式，現金か株式かの選択，の三つが含まれる。図表4-5に示されるように，対象期間にSECに14ｄ1を提出された株式支払いTOBは13件である。このうち成功したのは8件であり，失敗は5件である。成功したTOBの支払手法の内訳は，株式のみが4件，現金＋株式が2件，現金か株式の選択が2件である。

次に，この8件について，ターゲット会社の機関投資家がどれだけターゲット会社の株式を売却し，その後対価として受け取ったと推測される買付会社の株式をどれだけ売却あるいは取得したかを明らかにしたのが図表4-6である。これは，まずターゲット会社の株式を所有している機関投資家の所有株式数（ターゲット会社株式数と買付会社株式数）の変化を見たものである（TOB終了日

図表 4-5　株式支払い TOB の全事例（1996 年～1998 年）

買付会社→ターゲット会社（上場取引所）	TOB 開始日	TOB 終了日	経営者の反応	成功/失敗	支払手法
Western Resources, Inc.(NYSE) 　→ Kansas City Power & Light Co. (NYSE)	96/07/08		反対	失敗 （中止）	株式のみ
Electromagnetic Sciences, Inc.(Nasdaq) 　→ LXE, Inc.(Nasdaq)	96/11/27	96/12/03	賛成	成功	株式のみ
ServiceMaster Limited Partnership（NYSE） 　→ Barefoot Inc.(Nasdaq)	97/01/17	97/02/21	賛成	成功	現金か株式の選択
Western Resources, Inc.(NYSE) 　→ ADT Limited.(NYSE)	97/03/17		反対	失敗 （撤回）	現金＋株式
Ahmanson H. F. & Co.(NYSE) 　→ Great Western Financial Corp. (NYSE)	97/05/19		反対	失敗 （撤回）	株式のみ
J. W. Charles Financial Services, Inc. (AMEX) 　→ Americas Growth Fund, Inc. (Nasdaq Small Cap Securities)	97/08/19	97/09/22	中立	成功	株式のみ
Price Communications Corp.(AMEX) 　→ Palmer Wireless, Inc. (Nasdaq Small Cap Securities)	97/09/05		中立	失敗	株式のみ
Comforce Corp.(AMEX) 　→ Uniforce Services, Inc.(AMEX)	97/10/27	97/11/25	賛成	成功	現金＋株式
Laidlaw Environmental Services, Inc. (NYSE) 　→ Safety—Kleen Corp.(NYSE)	98/01/16	98/03/31	（賛成）	成功	現金＋株式
SPX Corp.(NYSE) 　→ Echlin, Inc.(NYSE)	98/04/03		反対	失敗 （撤回）	現金＋株式
Banner Aerospace, Inc.(NYSE) 　→ Fairchild Corp.(NYSE)	98/05/11	98/06/09	中立	成功	株式のみ
99 Cents Only Stores（NYSE） 　→ Universal International, Inc.(Nasdaq)	98/08/07	98/09/16	中立	成功	株式のみ
Seagram Col., Ltd.(NYSE) 　→ Polygram N. V.(NYSE)	98/11/04	98/12/06	（賛成）	成功	現金か株式の選択
合計件数	13				
成　功 失　敗	8 5	（成功例のみ）	（失敗例のみ）		
賛　成 中　立 反　対	5 4 4	(5) (3) (0)	(0) (1) (4)		
株式のみ 現金＋株式 現金か株式の選択	7 4 2	(4) (2) (2)	(3) (2) (0)		

注）TOB 開始日は，SEC への 14 D 1 提出日。したがって，実際の開始日とは必ずしも一致しない。TOB 終了日は成功例のみ記入。Laidlaw Environmental Services による Safety—Kleen への TOB では当初ターゲット企業の取締役会は反対を表明していたが，後に賛成に変更した。変更直前の時では買い付け最低限度の株数は集まっていなかったが，変更後にこれを超えたため（賛成）とした。Seagram による Polygram への TOB では，取締役会による意見表明を確認できなかったが，ターゲット企業が金庫株を売却する協定を買付会社と結んでいることから（賛成）とした。失敗（中止）とは，撤回されずに TOB 締め切り日を過ぎても買収が実施されないことを意味する。
出所 ◆ 14 D 1, 14 D 9 などに基づいて作成。

の2日後を基準としてその前後の四半期末の変化)。機関投資家(図表4-6では投資マネージャー)の所有株式数のデータは,EDGARシステムを通じて入手可能なSECに提出された13fを資料とした。得られた機関投資家ごとの売却事例は合計で46件(のべ46者)である。図表4-6中のAはターゲット会社株式の所有数の変化であり,すべて売却(マイナス)である[18]。Bは交換比率である。Cはターゲット会社の株式を売却した機関投資家がその対価として受け取ったと推測される買付会社の株式数である。Dは同じ機関投資家の買付会社株式の所有数の変化である。Eは,CおよびDをもとに,この機関投資家が受け取った株式をその後どれだけ売却(マイナス)したか,あるいは取得(プラス)したかを売却比率として示したものである。Fは,この機関投資家が対価として受け取る以前にすでに買付会社の株式を所有していたかどうかを区別したものである。ここでの課題として重要なものはEの売却比率であるが,これを集計したものが図表4-7である。これによれば,機関投資家のべ46者のうち,受け取った株式を売却したのは37者(80.4%),売却しなかった(変化なしまたは取得した)のは9者(19.6%)である。

したがって,受け取った買付会社株式を少なくとも部分的にでも売却して流動化した機関投資家が8割を超えていることがわかる。これは,株式を受け取った機関投資家の大多数が流動性を求めており,したがって,対価の受け取り形態として株式よりも現金を選好する姿勢をもっていることを示唆しているとみなしうる。

さらに,TOBの開始以前に,ターゲット会社の機関投資家が買付会社の株式を所有していたかどうかで分けて見てみると(図表4-7の右),以前に買付会社の株式を所有していた機関投資家では,売却したのが18者,売却しなかったのが7者であり,売却した方がしない方より約2倍多い。一方,所有していなかった機関投資家では,売却したのが19者で売却しなかったのがわずか2者である。つまり,売却した方がしない方より約10倍多い。

したがって,この区別からは,以前に買付会社の株式を所有している機関投資家よりも所有していない機関投資家の方が,TOBで受け取った買付会社株

図表4-6 成功した株式支払TOBにおける機関投資家のターゲット会社株式および買付会社株式の所有株数の変化と売却比率

				A	B	C (=A×B)	D	E	F
1	ターゲット会社	LXE, Inc. (Nasdaq)					TOB終了日	96/12/30	
	買付会社	Electromagnetic Sciences, Inc. (Nasdaq)					調査対象四半期	96/12/31〜97/3/31	
	支払い方法	株式のみ							
		投資マネージャー		ターゲット会社株式の保有数の変化	交換比率	交換による受け取り株式数	買付会社株式の保有数の変化	売却比率 (%) ((D−C/C)×100)	TOB終了日以前のターゲット会社株式の保有の有無
		Mellon Bank, N. A.		−13,500	0.75	10,125	10,125	0.0	有
		Dimensional Fund Advisors, Inc.		−171,000	0.75	128,250	0.0	0.0	有
2	ターゲット会社	Barefoot, Inc. (Nasdaq)					TOB終了日	97/02/21	
	買付会社	ServiceMaster Limited Partnership (NYSE)					調査対象四半期	96/12/31〜97/3/31	
	支払い方法	現金か株式の選択							
		投資マネージャー		ターゲット会社株式の保有数の変化	交換比率	交換による受け取り株式数	買付会社株式の保有数の変化	売却比率 (%) ((D−C/C)×100)	TOB終了日以前のターゲット会社株式の保有の有無
		Franklin Portfolio Associates Trust		−270,000	0.6297	170,021	0	−100.0	無
		Mellon Bank, N. A.		−57,500	0.6297	36,208	28,259	−22.0	有
		Mellon Capital Management		−30,200	0.6297	19,017	0	−100.0	無
		J. P. Morgan Investment Management, Inc.		−15,600	0.6297	9,823	0	−100.0	無
		State of Wisconsin Investment Board		−592,000	0.6297	372,788	0	−100.0	無
		Fidelity Puritan Trust		−428,000	0.6297	269,515	235,815	−12.5	無
		Dimensional Fund Advisors, Inc.		−259,200	0.6297	163,220	0	−100.0	無
3	ターゲット会社	Americas Growth Fund, Inc. (Nasdaq Small Cap Securities)					TOB終了日	97/09/22	
	買付会社	J. W. Charles Financial Services, Inc. (AMEX)					調査対象四半期	97/6/30〜97/9/30	
	支払い方法	株式のみ							
		投資マネージャー		ターゲット会社株式の保有数の変化	交換比率	交換による受け取り株式数	買付会社株式の保有数の変化	売却比率 (%) ((D−C/C)×100)	TOB終了日以前のターゲット会社株式の保有の有無
		Fidelity Puritan Trust		−37,900	0.431	16,334	33,634	105.9	有

第4章　M&Aとターゲット企業の株主の売却判断

	ターゲット会社	Uniforce Services, Inc. (AMEX)					TOB終了日	97/11/25	
	買付会社	Comforce Corp. (AMEX)					調査対象四半期	97/9/30~12/31	
4	支払い方法	現金＋株式	A	B	C (=A×B)	D	E ((D−C/C)×100)	F
		投資マネージャー	ターゲット会社株式の保有数の変化	交換比率	交換による受け取り株式数	買付会社株式の保有数の変化	売却比率（%）	TOB終了日以前のターゲット会社株式の保有の有無
	Mellon Bank, N. A.		−7,382	0.5217	3,851	−1,523	−139.5	有
	Bankers Trust Company		−200	0.5217	104	104	0.0	無
	Dimensional Fund Advisors, Inc.		−221,400	0.5217	115,504	105,068	−9.0	有
	ターゲット会社	Safety-Kleen Corp. (NYSE)					TOB終了日	98/03/31	
	買付会社	Laidlaw Environmental Services, Inc. (NYSE)					調査対象四半期	98/3/31~6/30	
5	支払い方法	現金＋株式	A	B	C (=A×B)	D	E ((D−C/C)×100)	F
		投資マネージャー	ターゲット会社株式の保有数の変化	交換比率	交換による受け取り株式数	買付会社株式の保有数の変化	売却比率（%）	TOB終了日以前のターゲット会社株式の保有の有無
	Boston Safe Deposit and Trust Company		−500	2.8	1,400	1,549,500	110,578.6	無
	Mellon Bank, N. A.		−317,360	2.8	888,608	467,722	−47.4	有
	Mellon Capital Management		−67,893	2.8	190,108	145,869	−23.3	有
	Mellon Equity Associates		−35,150	2.8	98,420	0	−100.0	無
	The Dreyfus Corp.		−26,750	2.8	74,900	2,512,600	3,254.6	無
	Dean Witter Intercapital Inc.		−4,264	2.8	11,939	0	−100.0	無
	Morgan Stanley & Co. Inc.		−7,707	2.8	21,579	25,080	16.2	有
	Morgan Stanley & Co. International Limited		−7,550	2.8	21,140	−74,600	−452.6	有
	Fidelity Devonshire Trust と Fidelity Variable Insurance Products の合計		−792,500	2.8	2,219,000	0	−100.0	無
	Fidelity Management Trust Company		−130,200	2.8	364,560	0	−100.0	無
	Bankers Trust Company		−1,712,102	2.8	4,793,885	1,488,790	−68.9	有
	BT Alex. Brown Incorporated		−85,100	2.8	182,280	114,000	−37.5	無
	Dimensional Fund Advisors, Inc.		−7,200	2.8	20,160	−216,800	−2,150.8	有
	GMO Trust		−757,500	2.8	2,121,000	1,133,860	−46.5	無
	UMB Bank, N. A.		−194,750	2.8	545,300	525,420	−3.6	無
	M. H. Davidson & Co. L. L. C.		−1,029,000	2.8	2,881,200	0	−100.0	無
	Fidelity International Ltd.		−1,600	2.8	4,480	0	−100.0	無

						TOB終了日	98/06/09	
	ターゲット会社	Banner Aerospace, Inc.(NYSE)				調査対象四半期	98/3/31~6/30	
	買付会社	Fairchild Corp.(NYSE)				D	E	F
	支払い方法	株式のみ				買付会社株式の保有数の変化	売却比率 (%) ((D-C/C)×100)	TOB終了日以前のターゲット会社株式の保有の有無
	投資マネージャー		A ターゲット会社株式の保有数の変化	B 交換比率	C (=A×B) 交換による株式受け取りの株式数			
6-1		The Boston Company Asset Management, Inc.	-25,700	0.6045949	15,538	-23,000	-248.0	有
		Boston Safe Deposit and Trust Company	-675,000	0.6045949	40,810	30,268	-25.8	有
		Mellon Bank N. A.	-11,450	0.6045949	6,922	7,811	12.8	無
		Miller Andersen & Sherrard LLP	-75,000	0.6045949	45,344	0	-100.0	有
		Morgan Stanley and Co. Inc.	-900	0.6045949	544	-4,400	-908.8	無
		Morgan Stanley Asset Management, Inc.	-4,900	0.6045949	2,962	0	-100.0	有
		Morgan Stanley Capital Services, Inc.	-3,018	0.6045949	1,824	0	-100.0	有
	ターゲット会社	Banner Aerospace, Inc.(TOB後の合併による株式交換)				TOB終了日	99/04/08 (合併日)	
	買付会社	Fairchild Corp.				調査対象四半期	99/3/30~6/30	
	支払い方法	株式のみ				D	E	F
	投資マネージャー		A ターゲット会社株式の保有数の変化	B 交換比率	C (=A×B) 交換による株式受け取りの株式数	買付会社株式の保有数の変化	売却比率 (%) ((D-C/C)×100)	TOB終了日以前のターゲット会社株式の保有の有無
6-2		Mellon Bank. N. A.	-45,798	0.7885	36,111	-36,875	-202.1	有
		Mellon Capital Management	-7,484	0.7885	5,901	5,301	-10.2	有
		J. P. Morgan Investment Management, Inc.	-18,100	0.7885	14,271	0	-100.0	無
		Dimensional Fund Advisors, Inc.	-1,449,700	0.7885	1,143,088	1,049,781	-8.2	有
	ターゲット会社	Universal International, Inc. (Nasdaq)				TOB終了日	98/09/16	
	買付会社	99 Cents Only Stores (NYSE)				調査対象四半期	98/6/30~9/30	
	支払い方法	株式のみ				D	E	F
	投資マネージャー		A ターゲット会社株式の保有数の変化	B 交換比率	C (=A×B) 交換による株式受け取りの株式数	買付会社株式の保有数の変化	売却比率 (%) ((D-C/C)×100)	TOB終了日以前のターゲット会社株式の保有の有無
7		Mellon Bank, N. A.	-59,400	0.0625	3,712	7,052	90.0	有

第4章 M&Aとターゲット企業の株主の売却判断

8	ターゲット会社	Polygram N. V.(NYSE)				TOB終了日	98/12/06	
	買付会社	Seagram Co., Ltd.(NYSE)				調査対象四半期	98/9/30〜12/31	
	支払い方法	現金か株式の選択						
	投資マネージャー	A	B	C (=A×B)	D	E ((D−C)/C×100)	F
		ターゲット会社株式の保有数の変化	交換比率	交換による受け取り株式数	買付会社株式の保有数の変化	売却比率(%)	TOB終了日以前のターゲット会社株式の保有の有無
	Mellon Bank, N. A.	−4,600	1.3772	6,335	−4,419	−169.8	有
	Alpine Associates, A Limited Partnership	−116,210	1.3772	160,044	0	−100.0	無
	M. H. Davidson & Co. L. L. C.	−5,000	1.3772	6,886	0	−100.0	無
	Loeb Arbitrage Management, Inc.	−60,000	1.3772	82,632	−2,500	−103.0	有

注:ターゲット会社株式の保有数の変化とは、TOB終了日の2日後を基準としてその直前後の四半期末の所有株式数の変化。
 5のMellon Equity Associates と The Dreyfus Corp. のターゲット会社株式の所有数には、両者による共同所有分をそれぞれに1/2ずつ分配された株数が含まれている。マイナスは売却、プラスは取得を表す。
 Eの計算式においてマイナスが付加されている理由は、TOBでターゲット会社株式を買付会社に提供すれば、ターゲット株式が減少すると同時に買付会社株式が増加することによる。
 6の事例は、TOB後に行われる合併での交換比率がTOBでのそれと異なり、実施されたた四半期も異なったうえ、それぞれにおける機関投資家の所有株数がAドルまででてきたため、TOBにおける合併とその後の合併における場合を区別した。
 2の買付者であるServiceMaster Limited Partnershipは厳密には会社ではないが、その持分 (share of interest) がNYSEに上場されているため、市場流通性のある点で上場株式と同様とみなしうる。
 それ以外については13F、それ以外については14D1をもとにした。

出所 ◆ 機関投資家 (投資マネージャー) の所有株式数については13F、それ以外については14D1をもとに作成。

図表4-7　株式支払いTOBのターゲット企業株式から交換された買付会社株式の機関投資家による売却比率の分布

	ターゲット会社の機関投資家による買付会社株式の売却・非売却件数の分布			TOB開始以前に，ターゲット会社の機関投資家が買付会社株式を所有していたかどうかの区別			
	売却比率の範囲	売却／非売却の件数（比率）	内訳	所有していた内訳機関投資家("有")	内訳	所有していなかった機関投資家("無")	内訳
売却	－100%未満	37 (80.4%)	8	18 (39.1%)	8	19 (41.3%)	0
	－100%		17		2		15
	－50%未満～－100%超		1		1		0
	0%未満～－50%以上		11		7		4
非売却	0%	9 (19.6%)	3	6 (13.0%)	2	3 (6.5%)	1
	0%超～50%未満		2		2		0
	50%以上～100%未満		1		1		0
	100%以上		3		1		2
合計		46 (100.0%)		24 (52.2%)		22 (47.8%)	

注）売却比率（図表4-6のE）＝D－C/C×100。C：TOB終了日前後の四半期末における機関投資家の所有しているターゲット会社株式数の変化×交換比率。D：TOB終了日前後の四半期末における機関投資家の所有している買付会社株式数の変化。
出所 ◆ 表4-6に同じ。

式を売却しやすいことがうかがわれる。なかでも，売却比率の範囲のなかで17（全体46に占める比率37.0%）という件数のもっとも多い売却比率の－100%には，この傾向が典型的に反映されている。すなわち，売却比率－100%とは，対価として買付会社の株式を受け取ったとすれば，それをそのまま売却したとみなしうる事例であり，したがって，機関投資家の流動化志向の姿勢が端的に現れた事例といえる[19]。このような－100%の事例の内訳は，以前に買付会社

の株式を所有していた機関投資家がわずか2者，所有していなかったのは15者に及んでいる。以上から，ターゲット会社の機関投資家は，TOB以前に買付会社の株式をポートフォリオに組み込んでいなかった場合の方が，組み込んでいた場合よりも，交換によって受け取った買付会社の株式を売却しやすいことがわかる。つまり，機関投資家がポートフォリオ構成を重視するために受け取った買付会社株式を売却する姿勢をもつことが示唆されうるといえる。

　以上は，（1）の仮説がある程度実証的に裏づけられたこと，そして，それが流動性あるいはポートフォリオ構成への配慮から生じたものであることを示唆している。

　次に，支払い手段（受け取り形態）が現金か株式かを選択できる場合，機関投資家はいかなる選択をするかについて考察を試みる。ただし，この選択方式の事例は少なく，図表4-6では事例2と8のみである。このうち，ターゲット会社の株主の持株売却データの得られた事例2（ServiceMaster Limited Partnership による Barefood, Inc. への TOB）をとりあげる（ServiceMaster L.P. は持分（share of interest）を NYSE に上場している。したがって，厳密には株式ではないが，流動性の点では変わらないため，以下では「株式」と記す）。この事例では，現金であれば1株16ドルで，株式交換であれば23ドルかTOB期間中の一定期間の平均値かのどちらか高い方で16ドルを割って求められる交換比率に従って，ターゲット会社の株主に買付会社の株式を割り当てられる。つまり，現金でも株式でも同じ16ドルの価値をターゲット会社の株主は得ることとなる。株主の売却判断の結果は図表4-8のとおりである。すなわち，受け取り形態を現金としたものは5,021,258株（35.5％），株式としたものは9,127,011株（64.5％）である。この結果から，ターゲット会社の株主は全体としては，株式を選好していることがわかる。

　これに対して，図表4-6の事例2での機関投資家7者の売却比率（E）を見ると，いずれも売却を示しており，特に，このうち5者は100％の売却である。受け取り形態を株主が選択できることから，この5者はTOBに提供した時点で現金を選択したと推測される。したがって，ターゲット会社の株主全体とし

図表 4-8　ServiceMaster L. P. による Barefoot への
　　　　 TOB に提供された株式数

支払い方法による区別	提供された株数	提供された株数の合計に占める比率
現金支払いによる売却株数	5,021,258 株	35.5%
株式交換による売却株数	9,127,011 株	64.5%
TOB に提供された合計株式数	14,148,269 株	100.0%

注）提供された合計株式数（14,148,269 株）は発行済株式数の 97.44% である。
出所◆ServiceMaster L. P. の提出による 14 D 1/A より作成。

ては株式を選好しているにもかかわらず，多くの機関投資家はそれとは反対に現金を選好しているといえる。以上は，（2）の仮説の妥当性を示唆する事例結果であるといえる。

5 ▶ M&A 研究の今後とターゲット企業の株主

　本章は，プレミアムの獲得に加えて，機関投資家の TOB への売却判断として流動性およびポートフォリオ構成への配慮の側面がありうることを提起した。今回行った分析は，機関投資家は TOB においてそれまで所有していたターゲット企業の株式を提供した対価として株式支払い TOB で受け取った買付会社株式を，その後どの程度市場で流動化するかに注目したものである。この結果として，多くの機関投資家がそれらを市場で流動化するか，あるいは提供する時点で受け取り対価の形態を現金と株式で選択できる場合にはより流動性の高い現金を選ぶという傾向がある程度浮かび上がってきたといいうる。このような機関投資家の現金への選好は，固有の制約による流動性の重視，あるいはポートフォリオ調整への配慮という機関投資家独自の傾向があるためと考えられる[20]。

　このように，TOB への売却判断は，単にプレミアムの獲得の側面だけでなく，さらに，保有証券の流動性やポートフォリオ構成という側面も考慮に入れ

たうえで行われていることが推測されると同時に、今度の TOB および M&A の研究において、ターゲット会社の株主の売却姿勢にさらに注目する必要があると思われる。

注

1) 本章は、筆者稿「アメリカの M&A と機関投資家」『証券経済学会年報』第 36 号、2001 年 5 月、35〜38 ページ、を加筆修正したものである。
2) アメリカにおける投資家別の株式保有金額の比率をみると、機関投資家合計の保有比率は、1996 年にそれまで最大だった家計のそれを超え（家計：45.3%、機関投資家合計：47.5%）、1998 年から機関投資家合計の比率が 50% を超えた(1998 年：50.7%、1999 年：50.6%)。
3) たとえば、Jones, Jonathan, Kenneth Lehn, and J. Harold Mulherin, "Institutional Ownership of Equity : Effects on Stock Market Liquidity and Corporate Long-Term Investment", in Arnold W. Sametz ed., *Institutional Investing : Challenges and Responsibilities of the 21 st Century,* New York Univ., Business One Irwin, 1991, ch., 8. を参照。
4) "Pension Forum : Dismay over Short-Termism", *Institutional Investor,* March 1991, p. 139. を参照。
5) Hoffmeister, R. A. and E. A. Dyle, "Predicting Outcomes of Cash Tender Offers", *Financial Management,* vol. 36, winter 1981, pp. 27-36.
6) Walkling, R. A., "Predicting Tender Offer Success : A Logistic Analysis", *Journal of Financial and Qualitalive Analysis,* vol. 20, no. 4, 1985, pp. 461-478. ただし、Walkling は SEC 提出日基準での測定も行っている。
7) Flanagan, D. J., J. P. D'Mello and K. C. O'Shaughnessy, "Completing The Deal : Determinants Of Successful Tender Offers", *Journal of Applied Business Reseach,* vol. 14, no. 3, summer 1998, pp. 21-32.
8) ただし、失敗の理由の最大である「協議、協定の終了」のなかに、プレミアムの小ささが含まれていることは否定できない。この点は、神奈川大学の小林康宏先生にご指摘いただいた。
9) Travlos, S. and R. Wessels, "Corporate takeover bids, methods of payment, and bidding firms' stock returns", *Journal of Finance,* vol. 42, no. 4, September 1987, pp. 943-963. など。
10) Hansen, R. G., "A theory for the choice of exchange medium in mergers and acquisi-

tions", *Journal of Business,* vol. 60, 1987, pp. 75-95. など。

11) Fishman, M. J., "Preemptive bidding and the role of the medium of exchange in acquisitions", *Journal of Finance,* vol. 44, pp. 41-57.

12) また，買収の支払い手段と機関所有比率の関係を分析したものもあるが，これについても買収者の機関所有比率が対象となっている。Martin, K. J., "The Method of Payment in Corporate Acquisitions, Investment Opportunities, and Management Ownership", *Journal of Finance,* vol. 51, no. 4, Sept. 1996, pp. 1227-1246. を参照。

13) Coffee, J. C. Jr., "Institutional Investors as Corporate Monitors : Are Takeovers Obsolete?", in J. H. Farrar, ed., Takeovers, Institutional Investors, and the Modernization of Corporate Laws, Oxford University Press, 1993, pp. 60-65. を参照。特に，近年ミューチュアル・ファンドは解約金の準備を迫られている。たとえば，Tam, Pui-Wing, "Index Funds, Selling Stocks to Meet Redemptions, Play Role in Down Market", *Wall Street Journal,* Apr. 5, 2000, p. C 20, Luccentti, Aaron, and Karmin, Craig, "Volatility Spurs Fund Managers to Raise Cash Reserves to Highest Level Since '98", *Wall Street Journal,* Nov. 17, 2000, p. C 1, Block, Sandra, "Investors Cash in Stock Funds Outflows Top Inflows for First Time in 30 months", *USA Today,* Mar. 22, 2001, p. B 1, Lauricella, Tom, and Lucchetti, Aaron, "Wary Fund Managers Take a Cautious Route on Tech", *Wall Street Journal,* Apr. 19, 2001, p. C 1. を参照。

14) Cummins, Percival, Westerfield and Ramage, "Effects of ERISA on the Investment Policies of Private Pension Plans : Survey Evidence", *Journal of Risk and Insurance,* vol. 47, no. 2, June 1980, p. 470, table 8.

15) Longstreth, B., *Modern Investment Management and the Prudent Man Rule,* Oxford University Press, 1986, p. 16, 208-209. を参照。

16) Coffee, J. C. Jr., "Shareholders Versus Managers : The Strain in the Corporate Web", in J. C. Coffee, Jr., L. Lowenstein, and S. Rose-Ackerman eds., *Kights, Raiders, and Targets : The Impact of the Hostile Takeover,* Oxford University Press, 1988, p. 100.

17) もう一つの仮説として，「機関所有比率が大きいほど株式支払いTOBは失敗しやすい」が挙げられる。しかし，この仮説は事例数の制限から検証が困難である。

18) 6-1の事例は全株取得ではないため，取得（プラス）である機関投資家が確認された。しかし，これはTOBの際に売却していないとみなされうるので，図表4-6には含まれていない。

19) ただし，17のうち5は現金か株式の選択方式の事例に含まれているので，必ずしもすべてが対価として受け取った買付会社株式を売却したかどうかは断定できない。

20) 別の売却動機として，「有利な売却機会の獲得」があげられうる。すなわち，TOBでは一般的に，売却にかかわる取引コストは買付者側が負担するので，株主は，通常の市場

での売却よりも有利になる。さらに，大量の株式を市場で売却した場合，マイナスのマーケット・インパクトが生じる可能性があるが，TOBではその可能性を想定する必要はない。後者は特に，大口取引を行う機関投資家にとって重要と思われる。

第5章 業績指標としての *ROA* の有効性について

1 ▶ *ROE* 重視の経緯とその根拠

（1） 株価と *ROE* の関係

　1990年代における株価の暴落および低迷という事実に基づき，80年代後半の株高基調に乗じて調達された資本が有効活用されていないとの反省から，株主利益重視の企業経営が声高に叫ばれている[1]。また，財務分析上，株主資本の運用効率を示す指標である株主資本利益率（Return on Equity；以下，*ROE* という）が長期的低下傾向にあり，近年その低位性が顕著となっていることから，株主利益重視（最大化）の企業経営を *ROE* 重視（最大化）の企業経営と同義であるとの見解をもつ論者も少なくない[2]。

　上にいう「株主利益重視（最大化）」とは，財務論の立場からいうと株価最大化あるいは株式投資収益率の最大化を意味するが，これと *ROE* の関係を論じる前に株価と *ROE* の関係を確認する必要がある。この関係を論じる場合の枠組みとして一般的に配当割引モデル（Dividend Discount Model；以下，*DDM* という）が用いられるが，実証レベルでは株価純資産倍率（Price–Bookvalue ratio；以下，*PBR* という）を *ROE* に回帰する方法が試みられている[3]。前者の枠組みと後者の実証方法に見る表面上の相違は，株主資本簿価を用いるか否かだけであるため，一定成長 *DDM* を用いて株価と *ROE* の関係を考察したうえで *PBR*

を用いる意味を明確にし，株価最大化を志向する企業が ROE を業績指標とすることの意義を本節で明らかにしよう。

まず，調達資本が株主資本のみからなる企業を想定し，この企業の株式時価総額を一定成長 DDM に従い，次のように表記する。

$$V_0 = \frac{D_1}{r-g} \quad (r > g) \qquad \cdots\cdots\cdots ①$$

ここで，V_0 は期初の株式時価総額，D_1 は期末の期待配当総額，r は株式投資収益率の期待値（以下，株主資本コストという），g は期待配当成長率である。当期において期待される株主資本利益率を ROE_1 とし，これが今後とも持続的に達成されると仮定する場合，g をサスティナブル成長率で示すと，

$$g = (1-f) * ROE_1 \qquad \cdots\cdots\cdots ②$$

となる[4]。ここで f は配当性向，貸方はすべて株主資本であることから，税引前の ROE_1 は総資産利益率（Return on Total Assets；以下，ROA という）ROA_1 でもある。この②式を①式に代入すると，

$$V_0 = \frac{D_1}{r-(1-f)*ROE_1} \qquad \cdots\cdots\cdots ③$$

③式を見てわかるように，ROE_1 の水準が高いほど，株式時価総額は高い水準でプライシングされる。ROE と株価の関係は③式にて端的に示されることになる。

次に，実証研究において見られる PBR を ROE に回帰させることの根拠を検討しよう。③式右辺の D_1 は期待当期純利益をベースとして支払われる期待配当総額であることから，これを $E_0 * ROE_1 * f$ と書き換え両辺を E_0 で除すと，

$$\frac{V_0}{E_0} = \frac{ROE_1 * f}{r-(1-f)*ROE_1} \qquad \cdots\cdots\cdots ④$$

④式の E_0 は期初の株主資本簿価であることから左辺は PBR そのものであり，PBR は DDM を用いて説明可能なことがわかる。ここで $r = ROE_1$ を仮定できれば株式時価総額と株主資本簿価は一致することから $PBR = 1.0$ となり，$r > ROE_1$ ならば $PBR < 1.0$，そして $r < ROE_1$ ならば $PBR > 1.0$ となる関係も理

解されよう[5]。株主は有限責任ながらも出資額がゼロになるリスクを負担し，資本を拠出していることから，PBR が1.0程度やそれを下回ることは当然許容し得ないはずである[6]。ROE_1 が株主資本コストを超過する程度に比例しPBR は上昇するが，PBR が1.0を超過する部分は ROE から株主資本コストを減じた超過収益の割引現在価分に相当することから，拠出資本の運用効率を示す ROE に時価と簿価の乖離度を示す PBR を回帰することで株価最大化の程度を測定することにさしたる問題はないと考える。

（2）株式投資収益率と ROE の関係

しかしながら，株式投資収益率と ROE の関係はこれほど単純に説明しうるものではない。PBR を ROE に回帰することの目的が相対的高（低）ROE が実現されれば，相対的高（低）PBR となる関係が成立するという仮説の検証にあることからわかるように，特定の ROE 水準が特定の PBR 水準を一意的に決定するわけではない。ゆえに，ある企業の ROE が上昇する場合，この企業の PBR は不変，上昇あるいは低下とさまざまに変化する可能性がある。このことは，ROE の上昇低下に関係なく株式投資収益率はプラス，マイナスどちらの値もとり得ることを意味する。

ROE の水準に関係なく株式投資収益率がさまざまな値をとる理由としては，ROE は株価形成に影響を与える独立変数の一つにすぎないため，その上昇はプラスの株式投資収益率を達成するための必要十分条件たりえない点が挙げられよう。現実の市場での株価形成に影響を与える独立変数は多種多様であることから，それらすべてを把握し，本章で考察の対象とすることには無理がある。そこで，DDM の枠組みから導かれる利益（配当）と株主資本コストの二つを対象に考察を進めよう。これら二つの独立変数のうち，企業の経営成果である利益水準には，マネジメント能力がある程度反映されると思われるが，それが必ずしも株価に反映されない理由は株主資本コストの水準および変動に求められよう。ROE の上昇が予想されたとしても，金融市場において決定される株主資本コストも上昇すれば，株価上昇の程度は ROE のそれよりも低くなり，

株主資本コスト上昇の程度がROEのそれを上回れば，株価は下がることになる。企業側が株主資本コストを何らかの方法およびデータに基づき推計し，それを上回る投資収益率をもたらす投資案件のみ実行することが，株価最大化を達成するうえでより望ましいことは言うまでもない。しかし，株主資本コストについての定義が統一されているとは言いがたい面があることから[7]，推計作業を行う者により推計値に相違が生じる可能性は高い。加えて，それが元来期待値であることから，過去の実現値をデータとする推計値には近似値程度の意味しかないだろう。

本章においてこのPBR－ROE関係に注目する理由は，株主資本コストを推計することなく，ROEがそれを超過する，もしくは，それを下回る程度をある程度把握しうる点にある。株主資本コストが所与である以上，企業側は経営成果たる利益額の増加に努め，その結果株主資本コストを上回るROE水準を達成することが望ましいことは言うまでもないだろう。このことは，ROEは経営成果を表す指標であり，それに対する評価がPBR（株価）であるということ，そして経営者が出資者たる株主から高い評価（株価上昇）を得るためには，経営成果たるROE向上に努めざるを得ないことを意味する[8]。

以上の考察を整理すると次のようになる。

まず，相対的高（低）ROEが相対的高（低）PBRとなる関係が一応認められるとしても，株主資本コストの変動およびその他諸要因の影響を受けることから，ROEと株式投資収益率の間に強い相関は認められないだろう。この点で，ROEには株式投資指標としての限界が存在することになる。しかし，収益性を高める企業努力なくして株価最大化は達成できないことから，ROEを業績指標としその向上を経営目標とすることに問題はない。つまり，ROEは株式投資指標として限界はあるが，株価最大化を志向する企業がこれを業績指標とすることの意義は認められるとの結論に達するのである。

2 ▶ ROE は業績指標として適切か

（1） 負債を利用する場合の ROE と ROA の関係

1 での考察から，株価最大化を志向する企業が収益性引上げを意図することの合目的性は明らかだが，企業の収益性を測る指標として ROE が適切かという点については一部論者から疑問が提示されている。すでに述べたように，ROE 重視の背景には株価の下落および長期的低迷，それにともなう ROE の長期的低下傾向という現実があった。それゆえ，株主資本の運用効率を重視するという考えが広汎したわけだが，企業収益性を測る指標として ROA がより適切であることは，つとに知られている。その主たる理由としては，企業は一般に負債を利用するため，税引前 $ROE \neq ROA$ が常態であり，加えて複数の財務数値に影響を受ける点が挙げられよう。負債を利用する企業の ROE と ROA の関係は，次に挙げる ROE 分解式にて示すとおりである[9]。

$$ROE = \left[ROA + (ROA - I)\frac{D}{E} \right](1-T) \qquad \cdots\cdots\cdots ⑤$$

⑤式は ROE の分解式として利用頻度が高いものの一つであり，ここで I は負債利子率，D は負債，E は株主資本，そして T は税率を示す。この式から，ROE は ROA，負債利子率 I，そしてデット・エクイティ・レシオ (Debt Equity Ratio；以下，財務レバレッジという) の影響を受けることが理解されよう。

ROA を重視する第一の根拠は，株主資本だけでなく負債も含めた総資本（総資産）の収益性を高めることが企業の存続・発展の条件でもあることから，ROE の向上以前に ROA の向上こそが優先されるという見解に求められる。この見解の妥当性は⑤式の構造を見ても明らかだろう。第二の根拠は，ROE が ROA 以外の財務指標から影響を受けることで，その水準が大幅に変動する可能性を有する点に求められる。⑤式から明らかなように，ROE が ROA を超過する条件は $ROA > I$，それを下回る条件は $ROA < I$ であるが，ROA を基準とした場合の上昇／低下の幅は財務レバレッジに依存する。この財務レバレ

ッジ効果により ROE が ROA の水準を大幅に超過する状況が起こり得るが，収益性低下により逆に大幅低下する状況も当然起こりうる。

（2） ROE の問題点

　以上の説明から明らかなように，ROE の水準は，ROA の変動だけでなく財務レバレッジ効果による変動にも影響される。そして後者の変動は，株主に対し財務リスクという名の新たなリスクを追加的に負担することを要求する。追加的に負担するリスクの継続的な増加は結果的に期待収益率の上昇を招くことから，相対的高 ROE でも株価は低くなる状況の出現も当然ありうることになる。ROE は財務レバレッジの影響を受けるにもかかわらず，その水準自体からはどの程度影響を受けているかを読みとることができない。それゆえ，ROE を独立変数とし，PBR に対する説明力を検証する場合，次のような問題が生じる。それは，相対的高（低）ROE ならば相対的高（低）PBR となる関係が明確に把握できない状況が出現する可能性が，換言すれば，財務レバレッジの影響を受けない収益性指標を独立変数とした場合と比較してその説明力が低くなる可能性が生じる点である。

　この種の問題発生を回避するには，財務レバレッジの影響を受けない，ROE に代替しうる資本収益性の指標を用いる方法が考えられる。その収益性指標として妥当なものは ROE の分解式に見る ROA である。これを独立変数とし，PBR に対する説明力が ROE と同等もしくはそれ以上であることが確認されれば，業績指標としての妥当性はより確たるものとなる。財務分析の論理から導かれる結論のみに依拠することなく，株式市場におけるその説明力を若干のデータを観察することを通じて，ROA の業績指標としての有効性に関する検討を，ROE との比較という観点から ❸ にて行う。

3 ▶ PBR に対する ROE, ROA の影響

(1) 観察方法

　本章における観察方法は **1** で展開した DDM と異なる点があるため，その理由も含めて若干の説明を加えておく。

　1 ③式から明らかなように，分子の ROE は将来の期待利益に基づくが，それを正確に知ることは困難である。その代替的なデータとしてアナリストが公表する予想利益を用いることも考えられるが，株価が将来の利益成長を反映し形成されると考える場合，複数期間にわたる予想 ROE のデータが必要となり，これは ROA についても同様である。この複数期間における予想利益データの入手には制約があり，なおかつ，それが期待利益に代替しうるかという問題もあることから，過去の実現値を用いることにした。加えて，過去の実現値を用いても会計処理の方針に影響されることから[10]，Higgins の分析方法にほぼ従い[11]，1997 年から 1999 年をデータ期間とし，単独決算の数値をベースに1997 年～1999 年の期初 ROE，期初 ROA（利払い前総資産経常利益率）の単純平均を求め，1999 年期末の PBR をこれに回帰することにした。

　観察データは 1999 年 9 月 1 日時点で日経 500 種平均株価に採用されていた銘柄をベースとし，銀行，証券，保険，その他金融，商社を除いて，業種別銘柄数が 20 を超える建設，食品，化学，機械，電気機械の 5 業種を選んだ。なお，今回は 3 月決算企業のみを対象としたことから小売業は含めなかった。さらに ROE，ROA がマイナスとなる銘柄を除いた結果，観察データ数は 136 となった[12]。

(2) 観察結果

　図表 5-1 から図表 5-10 は業種別の PBR－ROE 関係および PBR－ROA 関係を示す散布図である。これら図表から PBR－ROE，PBR－ROA 関係ともに正の相関関係が存在することを視覚的に読みとることができる。分布の形状から

二変数の関係を線形回帰で近似することにさしたる問題はないと考え，単回帰式で回帰係数，決定係数，t 値そして p 値を算出した。その結果は以下のとおりである。

図表 5-1　PBR と ROE の分布（建設 14 社）

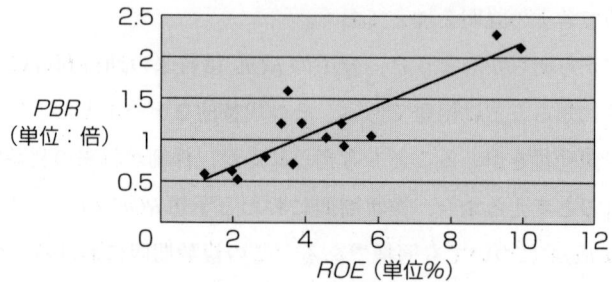

注）ROE ＝税引後当期利益／期初株主資本 ＊ 100．PBR ＝ 99 年 3 月末の株式時価総額／99 年 3 月末の株主資本簿価．以下の図についても同様。

資料 ◆『会社財務カルテ』2000 年版，東洋経済新報社より作成。以下の図についても同様。

図表 5-2　PBR と ROA の分布（建設 14 社）

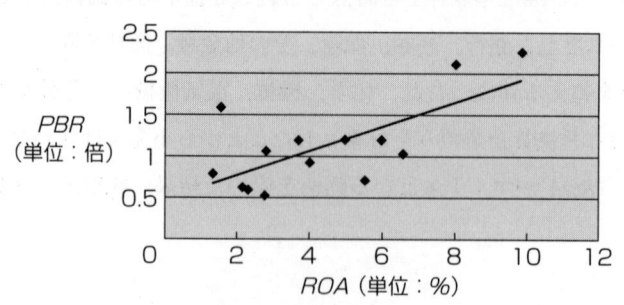

注）ROA ＝（金融費用＋経常利益）／（期初総資本＋割引手形）＊ 100．以下の図についても同様。

第5章 業績指標としての *ROA* の有効性について

図表 5-3 *PBR* と *ROE* の分布（食品 16 社）

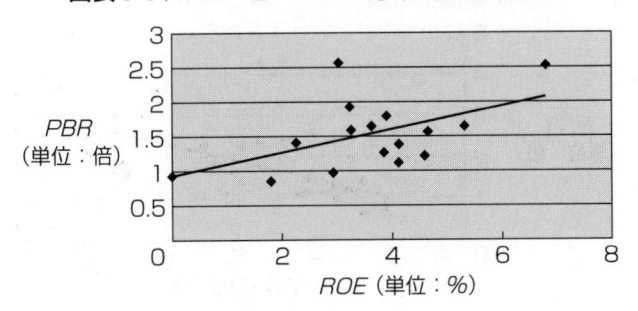

PBR（単位：倍） / *ROE*（単位：%）

図表 5-4 *PBR* と *ROA* の分布（食品 16 社）

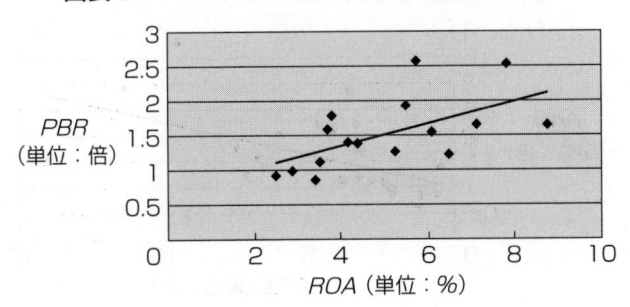

PBR（単位：倍） / *ROA*（単位：%）

図表 5-5 *PBR* と *ROE* の分布（化学 33 社）

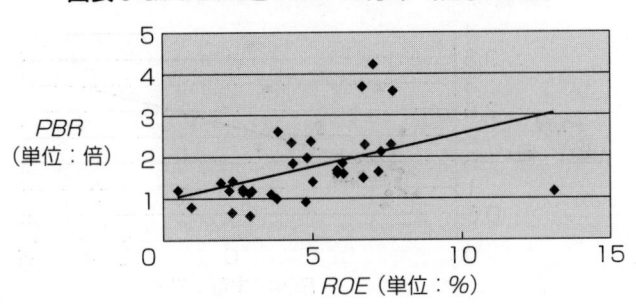

PBR（単位：倍） / *ROE*（単位：%）

図表 5-6　*PBR* と *ROA* の分布（化学 33 社）

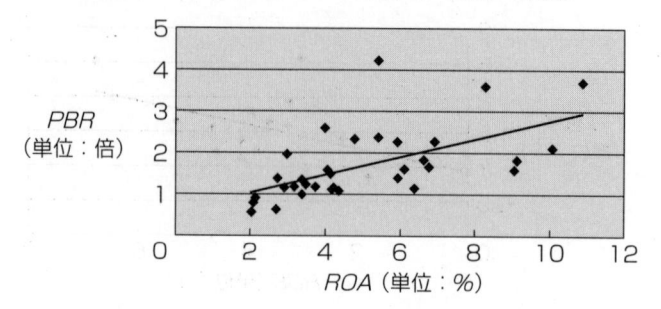

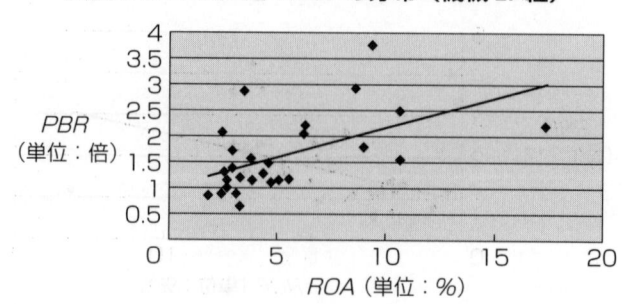

図表 5-7　*PBR* と *ROE* の分布（機械 27 社）

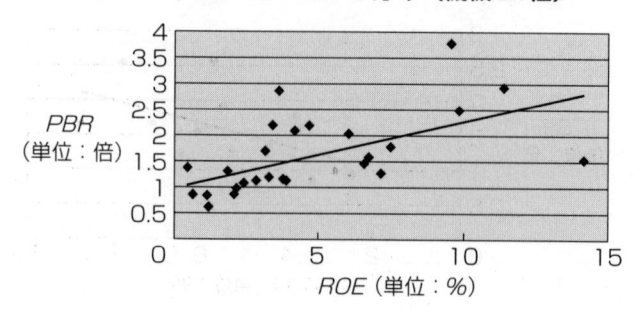

図表 5-8　*PBR* と *ROA* の分布（機械 27 社）

第5章 業績指標としての ROA の有効性について

図表 5-9　PBR と ROE の分布（電気 46 社）

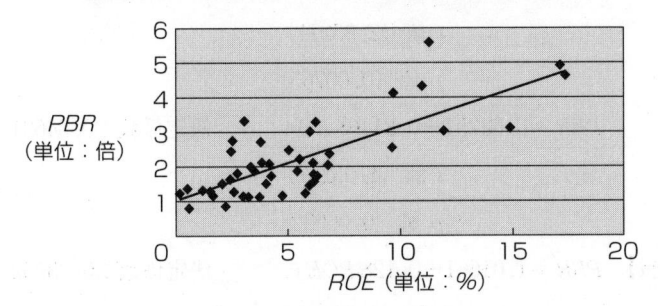

図表 5-10　PBR と ROA の分布（電気 46 社）

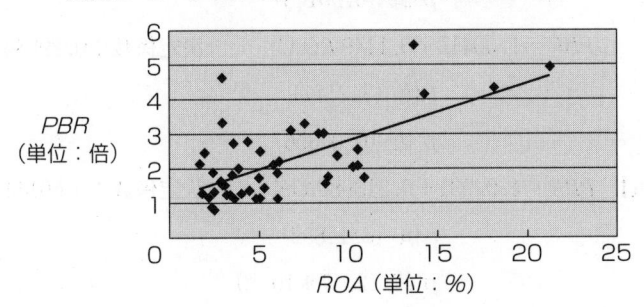

【建　設】　$PBR = 0.30919 + 0.18588\, ROE$　　決定係数：0.75877

　　　　　　t 値（6.14362）

　　　　　　p 値（0.00005）

　　　　　$PBR = 0.48718 + 0.14768\, ROA$　　決定係数：0.48565

　　　　　　t 値（3.36603）

　　　　　　p 値（0.00561）

【食　品】　$PBR = 0.91168 + 0.17203\, ROE$　　決定係数：0.26961

　　　　　　t 値（2.2733）

　　　　　　p 値（0.03929）

　　　　　$PBR = 0.70981 + 0.16163\, ROA$　　決定係数：0.34172

　　　　　　t 値（2.69585）

　　　　　　p 値（0.0174）

【化　　学】　$PBR = 0.96083 + 0.15706\ ROE$　　　決定係数：0.20793
　　　　　　　　　t 値（2.85271）
　　　　　　　　　p 値（0.00765）
　　　　　　$PBR = 0.62251 + 0.21468\ ROA$　　　決定係数：0.34631
　　　　　　　　　t 値（4.05257）
　　　　　　　　　p 値（0.00032）

【機　　械】　$PBR = 1.01661 + 0.128\ ROE$　　　決定係数：0.33952
　　　　　　　　　t 値（3.58484）
　　　　　　　　　p 値（0.00143）
　　　　　　$PBR = 1.00412 + 0.1149\ ROA$　　　決定係数：0.29286
　　　　　　　　　t 値（3.2177）
　　　　　　　　　p 値（0.00356）

【電気機械】　$PBR = 1.02931 + 0.21398\ ROE$　　　決定係数：0.60144
　　　　　　　　　t 値（8.14852）
　　　　　　　　　p 値（$2.47 * 10^{-10}$）
　　　　　　$PBR = 1.15626 + 0.16634\ ROA$　　　決定係数：0.41120
　　　　　　　　　t 値（5.54331）
　　　　　　　　　p 値（$1.58 * 10^{-6}$）

　まず，計算結果を業種ごとに検討してみよう。ROE，ROA ともに決定係数が高い業種は建設業，電気機械業の二業種であるが，他の機械業，食品業そして化学業については，共通の傾向は認められなかった。ROE が相対的に高い説明力を有する業種は電気機械業，建設業そして機械業であり，ROA については化学業，食品業である。ただし，ROE，ROA ともに説明力が相対的に低い業種ほど ROA の説明力が ROE より高い点に注目すると，これらの業種には他に有力な独立変数が存在する可能性がある。次に業種全体を見ると，ROE を用いた回帰式の説明力が ROA のそれより高いことから，今回の観察結果をもって ROE の優位性を否定することはできない。しかし，ROA を独立変数とする回帰式に見る回帰係数の t 値は 2.6 から 5.5 の水準にあり，p 値も 0.05

未満であることから，PBR 水準を説明するうえでの ROA の有効性も示唆されると解されよう。

4 ▶ 今後の課題

　今回の観察結果からは ROA の優位性を結論できなかったものの，業種によっては ROA がより高い説明力を有することが示された。しかし，観察データの寡少性という問題があることから，より多くのデータを利用した広範な実証分析による裏づけが必要であることは言うまでもない。また，ROA が ROE の水準に多大な影響を与えていることは ROE の分解式からも明らかであり，「全社的には ROE による数値目標が掲げられる場合でも，事業部目標では ROA が使われる[13]」状況も確認されることから，今回の観察結果は業績指標としての ROA の妥当性に疑念を呈するものではないことを付言しておく。なお，本稿における対象データの選択・観察方法についての問題点および課題はデータ数だけではないため，それについて二点ほどふれておこう。

　第一点はデータとして用いる利益を将来の予想値とするか過去の実現値とするかにかかわる問題である。1節③式における ROE はあくまで将来の予想 ROE であるが，本章では過去の実現値を用いている。過去の実現値を用いた理由はすでに述べたとおりだが，予想 ROE を基礎データとして用いる場合の結果も確認する必要があろう[14]。

　第二点は，使用する基礎データを単独決算に求めるか，連結決算に求めるかという問題である。本章では単独決算の数値を基礎データとして用いたが，連結決算の数値による株価説明力が前者のそれを上回っているという報告もある[15]。連結決算の数値と単独決算のそれとを比較・観察する作業は今後必須となろう。

　近年，ROE や ROA 以外にもさまざまな収益性指標が考案されている。会計利益の問題点を克服するためのキャッシュ・フロー指標や残余利益法に基づく指標など枚挙にいとまがない。複数の収益性指標が考案される背景には，企

業財務の領域における研究の進展もさることながら，企業評価を行ううえで最適な収益性指標が存在しないという事実も大きく影響している。収益性指標の株価説明力を検証する作業は，それが考案された経緯，理論的基礎および従来の収益性指標との異同を把握する作業と相まって今後ますます重要となろう。

注

1) 久保英也・砂川和彦「企業経営　株主資本利益率重視を」(『日本経済新聞』1993 年 6 月 11 日朝刊)。
2) 代表的論者は渡辺〔1994〕，批判的論者は仁科〔1995〕，倉澤〔1995〕である。
3) 米国におけるこの種の実証分析は 1980 年代前半にすでに行われている (Wilcox〔1984〕)。わが国では佐藤〔1997〕などがある。
4) 徳増・阿部・力丸〔1997〕，207 ページ。
5) $ROE_1=r$ が仮定できれば，分母の ROE_1 を r に置き換えると③式は $V_0/E_0=ROE_1/r$ となり，当然のことながらその値は 1.0 となる。
6) 高野〔1992〕，28 ページ。
7) 和田〔1994〕，11〜17 ページ。
8) これと類似の意見が次の文献にある。Higgins〔1995〕，p. 58.
9) 徳増・阿部・力丸，前掲書，111〜112 ページ。
10) 津森〔1999〕，173〜174 ページ。
11) Higgins〔1995〕, pp. 57-60.
12) ROA および ROE がマイナスの値をとる企業を観察データから省いた理由は，それら企業の株主資本コスト等がマイナスに計算されるためである。
13) 小谷野・宮下〔1998〕，66 ページ。
14) これについては八坂・田原〔1995〕による実証分析がある。
15) 大和 SBCM〔1999.2〕参照。

参考文献

倉澤資成「ROE の限界」『QRI REPORT』QUICK 総合研究所，VOL. 15, 1995 年 1 月。
小谷野薫・宮下　修「市場型ガバナンス実践への視座」『財界観測』野村證券金融研究所，1998 年 6 月。

第5章　業績指標としての ROA の有効性について

佐藤　猛「最近の時価発行増資規制の展開―時価発行ルールの ROE テストを中心に―」『経営分析研究』第 13 号，1997 年 3 月。

大和 SBCM 運用システム開発部編「連結データの有効性」『Daiwa Quants Report』Vol. 7，1999 年 2 月 23 日。

高野　真「株主資本利益率（ROE）と株式の評価」『証券アナリストジャーナル』日本証券アナリスト協会，1992 年 9 月。

津森信也『企業財務　戦略と技法』東洋経済新報社，1999 年。

徳増佻洪・阿部大輔・力丸　洋『証券アナリストのための企業分析―定量・定性分析と投資価値評価―』第 2 版，東洋経済新報社，1997 年。

仁科一彦『財務破壊』東洋経済新報社，1995 年。

Higgins, R. C., "*ANALYSIS FOR FINANCIAL MANAGEMENT*", Fifth Edition, Irwin/McGraw-Hill, 1995.

広田真人・奥田千恵子「最近の ROE 論議をめぐって」『証券アナリストジャーナル』日本証券アナリスト協会，1992 年 12 月。

八坂圭吾・田原一彦「PBR に対する ROE，財務レバレッジの影響」『証券アナリストジャーナル』日本証券アナリスト協会，1995 年 11 月。

渡辺　茂『ROE［株主資本利益率］革命』東洋経済新報社，1994 年。

和田良子「資本コストの定義および最近の議論に関する一考察」『ファイナンス研究』No. 18, August 1994.

Wilcox, J. W., "The P/B-ROE Valuation Model", *Financial Analysts Journal*, January–February 1984.

第6章 日本における不動産証券化

1 ▶ 不良債権処理の手段

　1990年代のバブル崩壊で多額の不良債権をかかえた銀行は，この不良債権処理の手段として，①貸出資産の流動化，②担保不動産の売却処分，③資産・負債の圧縮を図る目的として証券化を進めてきた。特に担保不動産を処分する方法として導入した不動産証券化は，不良債権を早期に回収するための有効な手段として導入されたが，その後の法的インフラの整備や地価の低迷で遅々として進んでいない。

　日本の銀行は，1980年代に米国で開発されたABSを導入した後，引き続いてABCP，CMBS，不動産投資信託（日本版REIT）などの取扱い解禁を政府に要請してきた。その結果，2000年11月に個人金融資産の受け皿と期待されている不動産投資信託が解禁され，翌年3月には東京証券取引所に不動産投資信託の専門市場が開設された。

　このように，銀行の不良債権処理を目的とした資産の証券化は，流動資産から固定資産へと証券化の対象範囲を拡大することによって金融システムの変革を推し進めてきた。この章では不動産の証券化が，日本の金融機関や会社財務にどのような影響を及ぼしているかについて検討する。

2 ▶ 金融自由化と証券化の背景

　日本における金融の自由化，国際化，証券化の進展は，1960年代から徐々に進展してきた。東京オリンピックが開催された1964年4月，日本はIMF（国際通貨基金）8条国に移行し，OECD（経済協力開発機構）への正式加盟が承認された。これは高度経済成長が持続するなかで，欧米主要諸国から貿易の自由化，資本取引の自由化を強請されていたためである。政官財が一体となって貿易の拡大と輸出競争力の強化を目指して，生産技術の向上，経営の合理化に邁進してきた日本は，この時期から段階的に貿易および資本取引の自由化を進めてきたのである。

　1971年8月，ニクソン米大統領がドル防衛政策を採ったことで，IMF体制が崩壊することになった。東京外国為替市場は，世界の主要外国為替市場と同じく一時的に閉鎖したが，1973年2月に再開して為替の変動相場制を採用することになった。日本の貿易収支はそれ以降も着実に黒字を累積し，20余年間に右肩上がりの円高傾向を続けてきた。

　1970年代後半，日本企業は円高対策として欧米諸国やASEAN諸国に生産・販売拠点を新設し，現地法人の設立や海外設備投資を積極的に展開するようになった。こうした海外への資本投資が企業経営のグローバル化を進展させ，内外資金取引の拡大を促した。1980年代に入って，欧米主要国の金融自由化・証券化が急速に進展したのにともなって，日本と主要国の金融制度との間に齟齬が生じて，東京金融市場の空洞化が指摘されるようになった。政府は東京金融市場を世界三大市場に復権させるために金融システムを再構築する必要性に迫られた。

　1975年以降，日本政府は財政資金不足をまかなうために毎年大量の赤字国債を発行し続けており，2000年末には発行残高が370兆円を超えた。こうした国債の大量発行は，日本の債券市場を急速に拡大して金融の証券化をうながす結果となった。80年代の銀行による国債の窓口販売やディーリング業務の

認可は，銀行の証券業務参入への足掛かりとなった。また，BIS（国際決済銀行）の銀行監督委員会が，銀行の経営健全化に向けた国際的統一基準として自己資本比率規制（8%以上を維持すること）を定めたことから，日本の都市銀行は，自己資本比率規制をクリアーするためにリスク資産を圧縮する必要に迫られ，その対策として貸出資産のオフ・バランス化を進めることになった。

1990年代には，バブル経済の崩壊によって金融機関は膨大な不良債権をかかえる事態に陥ったが，21世紀になった現在も不良債権の償却は遅々として進んでいない。対策の遅れた大手銀行や証券会社は経営危機に陥り，破綻に追い込まれた金融機関も少なくない。そして現在も，銀行は新たな不良債権をかかえる事態を招いているために，金融システムの不安定化は改善できない状況にある。こうした事態に陥った主な原因は，資産価格の暴落によって担保不動産の大幅な評価不足が生じていること，不良債権の担保不動産は流動化が進んでいないこと，長引く不況の影響で企業収益の低迷が続いていること，リストラ（企業の再構築）が先送りされて経営改革が立ち遅れていること，企業の倒産が続出して新たな不良債権が発生していることなどである。

金融機関が不良債権を早期に回収する有効な方法として，担保不動産の価格を上昇させ流動化のために不動産証券市場を開設することが提言された。そして，米国で開発されたABS（assets backed-securities：資産担保付証券）を導入して，ABCP（資産担保付CP），CMBS（commercial mortgage-backed securities：商業不動産担保付貸付証券），不動産投資信託（日本版REIT）の解禁を政府に要請してきたのである。こうした業界の強請に対応して，政府は担保不動産を流動化し，銀行の不良債権を早期に償却して金融システムを安定化させるために，本格的な不動産証券化政策を展開することになった。

3 ▶ 資産証券化の意味

不動産の証券化は，米国で1980年代に多額の住宅ローンなどの不良債権をかかえて倒産したS&L（saving and loan association：貯蓄貸付組合）を整理統合

する過程で生まれた金融商品である。米国政府は，S&Lのかかえた多額の不良債権を回収する手段としてRTC（Resolution Trust Corporation：整理信託公社）を設立し，MBS（mortgage-backed securities：住宅ローン債権付証券）やCMBSなどの金融商品を開発・販売することを承認した。その結果，1990年代初頭には不良債権・担保不動産の証券化が，REIT（Real Estate Investment trust：不動産投資信託）市場を生み出して急速に進展し，米国における金融機関の不良債権問題は収束していったのである。

このように不動産の証券化は，基本的に金融機関の貸出債権・担保不動産を流動化する手段として開発された。この不動産を含めた資産の証券化については，一般的に二つの意味で使われている。一つは証券形態による資金調達が増加していることを意味し，他の一つは資産（債権・不動産）流動化の手段として証券を発行することの意味である[1]。

証券形態による資金調達とは，日本政府が1975年から現在まで大量の赤字国債を発行し続けて財源不足をまかなってきたこと，一般企業や不動産開発会社が株式，転換社債，新株引受権付社債，CP（commercial paper）などの有価証券を発行して資金を調達していることなどを意味している。すなわち政府は，1975年以降大量に発行してきた赤字国債を流動化するために債券市場を拡充するための法整備を行ってきた。特に銀行が大量に引き受けている国債を流動化するために，1983年4月に国債の銀行窓口販売を認可し，翌年5月には銀行に国債のディーリング業務も解禁したのである。また，大企業の資金調達の証券化を推進するために，1981年10月に商法を改正して新株引受権付社債制度を導入し，1987年11月には優良企業に対して国内CPの発行を解禁した。

資産（債権）を流動化するための手段としての証券化とは，1988年7月にBIS（国際決済銀行）バーゼル銀行監督委員会が銀行の自己資本比率規制（8％以上とすること）を国際的統一基準に定めたことに対応して，日本の銀行が自己資本比率を向上させ，資本構成を是正するために資産圧縮の手段として貸出債権のオフ・バランス化を進めてきたことを指している。日本の銀行は海外におい

ても低金利で貸出資産を増大させる規模拡大の経営戦略を展開したが，こうした拡大戦略を転換しなければならない状況に迫られた。貸出債権および担保不動産を流動化してリスク資産を圧縮し，スプレッド貸出によって収益性を向上させ自己資本比率を上昇する経営に改革することが不可避となったのである。

4 ▶ 資産証券化の過程

　日本で資産の証券化が始まったのは，金融機関の貸出債権を証券化することが認められた1970年代である。1973年6月に信託方式による住宅ローン債権の証券化が認可され，翌年9月には譲渡方式による住宅抵当証書の発行が解禁された。その後，1989年に譲渡方式による地方公共団体に対する貸付債権の証券化が認められ，その翌年には一般貸付債権の証券化（貸付債権を指名譲渡方式により譲渡する方式）が解禁された。

　1990年代に入ってからは，ノンバンクや不動産開発会社にも証券化による資金調達の手段が解禁されるようになった。1993年6月に「特定債権等に係る事業の規制に関する法律」（通称「特債法」という）が施行されて，リースおよびクレジット債権の証券化が認可された。また，1995年4月には「不動産特定共同事業法」が施行され，賃貸ビルなどの不動産に対する小口投資が可能となった。さらに翌年3月には，「特債法の施行令」が改正されてリースおよびクレジット債権を担保としたABS（資産担保付証券）およびABCP（資産担保付CP）の発行が解禁された。

　1998年9月には「特定目的会社の証券発行に関する特定資産流動化に関する法律」（通称「SPC法」という）が施行され，資産担保付証券一般に適用できるSPC（特別目的会社）の設立が可能となった。そして同年10月には「債権譲渡の対抗要件に関する民法の特例等に関する法律」が施行され，債権譲渡の第三者対抗要件を個別の通知によらず登記によって取得できるようになった。また，12月には「証券投資信託及び証券投資法人に関する法律」が施行されて，会社型投信（証券投資法人）の販売が可能となり，ABSなどの発行による資金

調達の法的整備が進められた。

このように証券化のための法的インフラ整備が進められてきたが，企業倒産の続出や担保不動産価格の下落，錯綜した権利関係などで金融機関の不良債権および担保不動産の流動化は進捗しなかった。そこで政府は，99年2月に「債権回収業に関する特別措置法」(通称「サービサー法」という)を制定して不良債権回収を目的とした専門会社の設立を解禁した。さらに2000年5月には不動産投資信託（通称「日本版REIT」という）の導入に向けて「資産の流動化に関する法律」および「投資信託及び投資法人に関する法律」などの法案を成立させ，同年11月に施行して不動産投資信託の販売を本格的に解禁したのである。

5 ▶ 不動産証券化の意味

不動産の証券化は，金融機関が貸出債権・担保不動産を流動化する手段として開発されたが，この不動産証券化についてもその意味を確認しておきたい。一般的に不動産の証券化とは，不動産の所有権を証券化することと，不動産を裏付けとする債権を証券化することの二つの意味に解されている。前者は，マンションやオフィスビルなどの不動産の所有権を小口化して個人投資家を中心に販売する方法である。この方法は，1980年代に三井不動産販売が信託方式による商品として最初に販売した事例がある。

この信託方式は，投資家がディベロッパーから買い受けた不動産の共有持分権を信託銀行に共同信託（不動産信託）し，信託銀行は受託者として当該物件を運営・管理・処分し，賃料収入から経費や信託報酬を差し引いた残額を投資家に配当する仕組みである（図表6-1を参照）。そして信託期間が終了すると，信託銀行は信託財産である対象物件を不動産市場で一括売却して売却資金を投資家に支払うというものである。しかし，実際はバブルの崩壊による地価の暴落で投資家が予定の信託報酬や売却益が還元されないなどの損害を被る事態が生じた。このため政府は，一般の投資家が不測の損害をこうむることのないよ

第6章　日本における不動産証券化

図表6-1　共同持分権の不動産信託スキーム

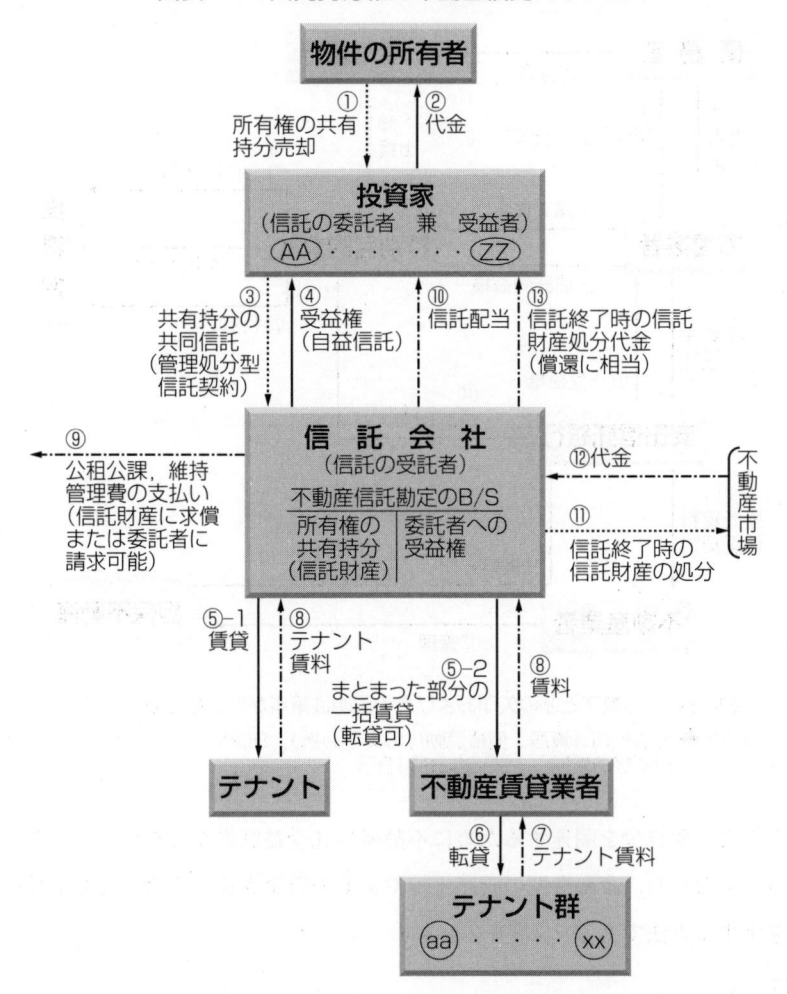

```
                    物件の所有者
          ① 所有権の共有    ② 代金
             持分売却  ↓    ↑
                    投資家
              (信託の委託者 兼 受益者)
               AA ・・・・・・ ZZ

    ③共有持分の    ④受益権   ⑩信託配当   ⑬信託終了時の信託
     共同信託     (自益信託)            財産処分代金
    (管理処分型                      (償還に相当)
     信託契約)
         ↓        ↑         ↑         ↑
   ⑨                                              ⑫代金      不
←────      信  託  会  社                ←────      動
  公租公課, 維持     (信託の受託者)                              産
  管理費の支払い    不動産信託勘定のB/S              ⑪         市
  (信託財産に求償  ┌──────┬──────┐          信託終了時の    場
   または委託者に  │所有権の  │委託者への│       ────→    信託財産の処分
   請求可能)      │共有持分  │受益権    │
                 │(信託財産)│          │
                 └──────┴──────┘
       ⑤-1    ⑧                ⑤-2      ⑧
       賃貸  テナント          まとまった部分の  賃料
             賃料              一括賃貸
                               (転貸可)
         ↓      ↑                ↓        ↑
      テナント              不動産賃貸業者
                                  ⑥ 転貸 ↓ ↑ ⑦ テナント賃料
                                  テナント群
                                  aa ・・・・・ xx
```

出所 ◆ 三国仁司『資産・債権流動化の実務必携』, 86ページ。

うに投資家を保護する規制法として, 1994年6月に「不動産特定共同事業法」を制定し, 翌年4月に施行した。

　後者の意味は, 金融機関が保有する不動産担保付貸付（貸出債権）を流動化するために債権を証券化すること, あるいは不動産事業者が不動産開発プロジ

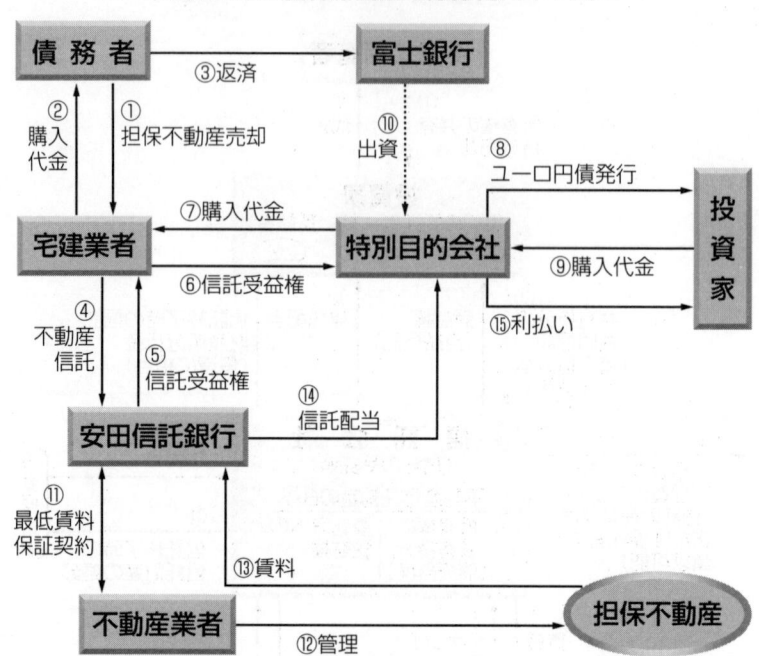

図表6-2 担保不動産の証券化スキーム

```
債務者 ──③返済──→ 富士銀行
  ↑↓                    ┊⑩出資
  ②購入代金              ┊              ⑧ユーロ円債発行
  ①担保不動産売却        ↓         ┌──────────────→ 投資家
  宅建業者 ←⑦購入代金── 特別目的会社 ←⑨購入代金──
          ──⑥信託受益権→           ⑮利払い
  ④不動産信託
  ⑤信託受益権
  安田信託銀行 ─⑭信託配当→
  ⑪最低賃料保証契約
              ⑬賃料 ──────────→ 担保不動産
  不動産業者 ──⑫管理──────────→
```

注）図のマル数字と⑩の矢印およびその説明は筆者が付したもの。
出所◆ 三国仁司『資産・債権流動化の実務必携』，90ページ。
日本経済新聞　1996年8月19日

ェクトの所要資金を調達するために不動産信託受益証券などを発行することである。すなわち，金融機関の資産圧縮や企業の資金調達の手段として不動産を証券化する方法である（図表6-2を参照）。

6 ▶ 不動産証券化の目的

不動産を証券化する目的は，金融機関と一般企業および不動産開発会社では多少異なっている。

（1） 金融機関が不動産を証券化する目的

金融機関が不動産を証券化する主な目的として，次の五つが挙げられる[2]。

① 不良債権（不動産担保付貸付金）を早期に償却すること。
② 住宅ローン債権（長期貸出資産）を流動化し，資金の調達・運用のミスマッチを解消すること。
③ 資産・負債を圧縮することで自己資本比率を上昇させ資本構成を是正すること。
④ 証券化ビジネス，フィー・ビジネスなどによる役務収益の増大を図ること。
⑤ 新しい金融商品を開発すること。

（2） 一般企業が不動産を証券化する目的

一般企業が不動産を証券化する主な目的としては，次の四つが挙げられる。

① 企業のリストラクチャリング（経営の再構築）を進めるために保有資産を売却したい。
② 一時的に発生した損失を早期に償却する資金・利益を捻出したい。
③ コスト削減のために資産を圧縮し，有利子負債を返済して金融費用を節約したい。
④ 財務体質を改善して長期債務の格付けをランクアップさせたいなど，財務体質の強化を図ること。

（3） 不動産開発会社が不動産を証券化する目的

不動産開発会社が不動産の証券化を進めている目的としては，主に次の四つが挙げられる。

① 金融機関からの借入れが難しくなっていることから資金調達の多様化を図りたい。
② 超低金利が続くなかで，金利自由化にともない金利反転によるリスクを回避したい。

③ SPCの格付けが親会社の経営状態と切り離して当該プロジェクトの収益性を判断して決められるので，収益が低迷している開発会社でも有利な資金調達ができる。

④ フィー・ビジネスの開発による安定収益の確保や証券化のノウハウを蓄積して新しい証券化ビジネスに参入したい。

このように不動産の証券化は，金融機関のほかに一般企業や不動産開発会社にとっても有効な資金調達の手段として注目されている。また，不動産の証券化が導入される過程で，証券化が金融機関や企業の目的を実現するだけではなく，個人金融資産の効率的な運用や政府・地方自治体の公共事業を推進するためにも有効な手段であるとの認識が高まってきている。その背景には日本銀行の超低金利政策が，個人投資家に高利回りの金融商品を求めるニーズを強めてきたことがある。特に，不動産投資信託が金融商品の多様化と個人金融資産の効率的運用の受け皿として期待が高まっている。

バブル崩壊によって暴落した地価が景気回復局面に入って底値感を強めてきたために，大都市の中心地域で外国人投資家による用地買収の取引件数が増加している。このため首都圏では，一部の都市再開発地域の地価が値上がりの傾向を示している。したがって，不動産取引が活性化して担保不動産価格が回復することの期待感が強まっていること，政府が財政構造改革の手段として公共事業の一部をPFI（Private Finance Initiative）方式によって実行したいという意向を表明したことなどから不動産の証券化に対するニーズが高まっている。

7 ▶ 不動産証券化の仕組み

不動産の証券化は，金融機関のみでなく一般企業および不動産開発会社においても積極的に活用されるようになってきた。バブル崩壊後，金融機関は不良債権（不動産担保付貸付金）を早期に回収するために，1993年2月共同債権買取機構を設立し，買取機構に売却した不良債権の担保不動産を処分して不良債権を回収することに努めてきた。ところが共同債権買取機構は，不良債権の買

第6章　日本における不動産証券化

取資金を売却銀行からの融資に依存する仕組みになっていることから売却銀行の資金負担を増加させる結果を招いた[3]。そして地価が下落している時期に担保不動産を処分すると売却額が債権の買取価格を下回るために，担保不動産の処分価格との差額が拡大した。その差額部分が銀行の損失を拡大するなどの要因となって，共同債権買取機構の不良債権買取と担保不動産の処分は当初期待された成果を上げることができなかった（図表6-3を参照）。

　一般企業が不動産を証券化している事例では，累積赤字や不採算部門を清算したり，関連会社の損失などを保有不動産の売却益で穴埋めしたり，売却代金で有利子負債を返済して金融費用を節減するなどのケースである。たとえば，住友不動産は，時価約1,000億円の東京・新宿にある「新宿住友ビル」を証券

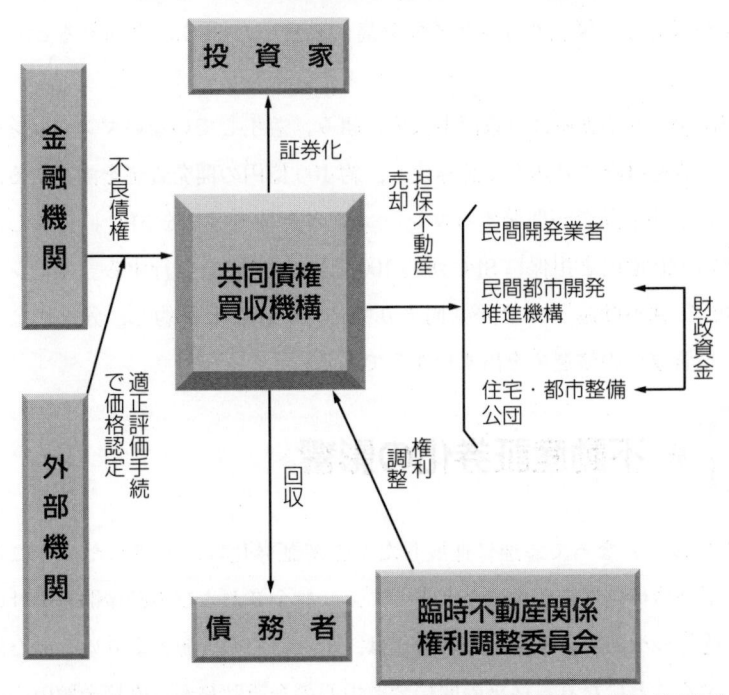

図表6-3　共同債権買収機構の不良債権処理

(日本経済新聞98年5月3日)

出所 ◆ 大島・西村『不良債権流動化の仕組みと税務』，90ページ。

化し，約600億円の売却益を捻出し，売却代金の全額を負債の返済に充当した。また，NECは，東京・港区にある本社ビルを住友信託銀行に信託譲渡し，子会社のSPCを通じて証券化した信託受益権をグループ企業に売却した。NECは，約900億円で売却して600億円の売却益を生み出したが，2000年3月期に計上した1,000億円の特別損失の穴埋めに充当した[4]。

また，不動産開発会社の場合は，賃貸ビルやマンションの建設資金を調達するために債券を発行している。具体的には保有資産を信託銀行に信託し，信託受益権を優先受益権と劣後受益権に分け，海外のSPCや関係会社，機関投資家などに売却している。たとえば，大手不動産開発会社の森ビルは，東京・六本木6丁目地区の再開発事業費2,500億円のうち240億円を「アークヒルズ」の住宅棟を証券化して資金調達する計画である。森ビルが所有する部分を住友信託銀行に信託し，信託受益権を優先受益権と劣後受益権に分け，劣後部分は森ビルが保有し，優先部分はケイマン島に設立したSPCに売却するとしている[5]。

このほか三井不動産は東京海上火災と組み，着工していないマンションの分譲代金を償還原資に見込んで証券化し，約100億円の開発資金を調達する計画である。三井不動産が開発するマンションの土地・建物をSPCに分譲し，分譲代金約140億円を担保にSPCが約100億円のABSを発行する。マンション販売は，三井不動産とSPCが共同売り主として顧客と契約し，分譲代金からABSの投資家への償還金を出す仕組みである[6]。

8 ▶ 不動産証券化の影響

90年代後半になって急速に進展した不動産証券化は，前述したように金融機関の不良債権処理の手段にとどまらず，一般企業および不動産開発会社の財務に浸透しつつある。不動産の証券化は，金融面での資源のより効率的な配分に寄与することになり，従来の間接金融中心の企業財務から直接金融中心の財務に移行することを示唆するものである。その主な要因は，不動産の証券化が

長期的に見て，個人金融資産を運用する対象として株式や債券よりも安定した利回り，高い運用益が期待されているからである。それは不動産の証券化が，不動産を小口化して「不動産の所有と経営ないしは利用の分離」によって生じるキャッシュ・フローの証券化を意味するものであり，金融機関及び会社財務に大きな影響を与える[7]。

（1）日本版 REIT の上場

2003年3月期から長期保有不動産の時価評価会計が導入される計画であるので，今後さらに不動産の証券化が進展するものと考えられる。従来の企業財務は保有不動産の含み益を担保にした資金調達であったが，今後は市場原理で金融が機能する証券化商品を開発・拡充すること，および金融商品の発行・流通市場を開設することによって不動産を経営から分離した財務戦略が展開されるようになるであろう。企業が保有不動産を証券化することは，固定資産を流動化するだけでなくオフバランス化もできるのである。したがって，証券化商品が市場で個人投資家などに積極的に投資される対象になるためには，

① 証券化の種類や発行形態を多様化すること
② 不動産投資信託の専門市場を開設すること
③ SPC や投資家への税制上の優遇措置を講じること

など，個人投資家が市場に参入しやすいインフラの整備が必要である。

不動産投資信託の専門市場を開設することは，不動産証券化を従来のデッド（債券）型中心からエクイティ（株式）型に募集形態を転換していくことを意味する。既存の ABS・MBS はデッド型で投資単位が大きく，少数の機関投資家が引き受ける私募方式である。個人投資家の市場参加を容易にするためには，不動産を小口化したエクイティ型の投資信託商品が開発されなければならない。1998年12月に会社型投資信託が解禁され，2000年11月には不動産投資信託（日本版 REIT）が解禁され，運用対象は徐々に拡大されている。

2000年5月には，「資産の流動化に関する法律」や「投資信託及び投資法人に関する法律」など不動産証券化に関する法律が改正され，同年11月末日に

施行された。これらの法律改正に基づいて不動産投資信託を取り扱う法人（ファンド）として次の三つの方式が導入された。
① 法人格を持つ投資ファンド（投資法人）が資金を集めて運用会社に運用を委託する方式
② 証券会社などが投資家から資金を集めて信託銀行に運用を指図する方式
③ 信託銀行が自ら資金を集めて運用する方式

今後，これらの投資法人が公正な競争を展開すること，透明性の高い情報を投資家に提供することが，重要な課題である。2001年3月に東京証券取引所は不動産投資信託市場を開設し，同年9月には上場が実現した。今後，投資法人によって不動産投資ファンドが組み立てられ，多様なREITの上場が期待されている。

（2）不動産担保主義からの脱却

高度経済成長期は間接金融優位の時代であったので，金融機関の基本的融資姿勢は，不動産を「有担保原則」に基づく信用リスクヘッジの最終的な拠り所であるという考えであった。したがって，銀行の貸出審査においては不動産担保は二次的なものであり，融資先の収益性と成長性を担保する経営情報の分析・評価を基本的な判断基準としてきた。そのために担保不動産の評価方法は，不動産業者や近隣の所有者からの売買事例の聞き取りを中心とした「取引実績事例法」ないしは公示価格（路線価）を基準にした算出方式を採用してきた。

ところが，70年代に入って銀行が不動産金融や住宅ローンを拡充するようになってから，担保不動産の評価方法に変化が生じてきた。特にバブル経済の時代には，不動産を商品化して「担保不動産さえあれば……」という考え方に支配されてしまったために，担保評価の適正化を見失ってしまった。バブルが崩壊して担保不動産の地価が大幅に下落したことや全国銀行協会が「不動産担保の評価基準」を提示したことから，最近になって担保評価額の変更が実行されるようになった[8]。

不動産の証券化が進んで企業の資金調達が間接金融から直接金融に移行して

くると，銀行の不動産評価基準はさらに客観性と透明性を強く求められるようになってきた。貸出先が保有不動産を証券化する場合，個別プロジェクトの収益性を担保として格付けされた金融商品が証券市場を通じて機関投資家に販売されることになるので，銀行は担保不動産の評価額を算出する場合に従来の取引実績事例法ではなく，個別プロジェクトの収益性を基準とした収益還元法によって厳正に評価することが必要になってきた。

不動産投資信託市場が開設されると，個人投資家は日本版REITへの投資が簡便になる。政府は，高齢化対策として2001年10月に確定拠出型年金制度を導入したので，今後企業は資金調達の手段を不動産担保による銀行借入から不動産証券化による直接金融にシフトする傾向を強めるであろう。それにともなって，個人金融資産の不動産投資信託市場への流入が徐々に進むことが予想される。そうなると個人投資家保護の観点から投資対象である不動産の個別プロジェクトについての情報公開を投資法人に義務づける必要がある。

ところが，投資ファンドは，個別プロジェクトの収益性を基準に格付けされるので，個別に採算性が確保され，親会社の影響を受けない仕組みであるといわれる。しかし，親会社の経営状態が個別プロジェクトの管理・運営や投資法人の財務及び販売活動に反映することは避けられないであろう。

また，企業の資金調達が多様化すれば個別プロジェクトが増加して投資ファンドも多様化してくることが予想される。したがって，今後，銀行は不動産担保主義による融資姿勢から脱却して，本来の収益性・将来生を柱とした信用格付けに基づく個別貸出の審査基準を確立することが必要である。

（3）メインバンク機能の変化

不動産の証券化は，融資額の優位性と経営に対するモニタリング機能を拠り所としてきたメインバンク機能の変化をうながしている。従来，メインバンクは貸出先の信用情報を生産・提供することでモニタリング機能を果たしてきたが，持ち合い株式の放出やディスクロージャーおよびインサイダー取引規制の強化などによって，融資先と経営情報の非対称性が生じてきたために，従来の

メインバンク機能が徐々に低下しつつある。これはメインバンクでも融資先の有価証券を購入すれば市場リスクの管理費用が増大することを意味する。

最近，大手銀行は信用格付け制度を導入して，不良債権を早期に処分するための判断基準にしたり，業績不振の融資先に対する取引条件変更の交渉や定期的に取引方針を見直すための選別基準の資料などに活用するようになった。銀行は2001年9月中間決算から長期保有株式（持ち合い株式）に時価会計が導入されたので，収益重視の経営が一層重視されるようになった。今後，キャッシュ・フローを重視した信用リスク管理と取引採算の向上を図る経営戦略に転換せざるを得なくなった。したがって，担保不動産が充足していても将来性が乏しく業績が改善できない融資先は選別融資の対象となることが予想される。

不動産の証券化は，資金仲介機能としての役割を経営の主柱としてきた銀行に資金を貸出債権として運用する方法から証券市場において証券投資による運用に軸足を変えることをうながしている。これは銀行が従来の間接金融の担い手から間接金融型市場経済の金融システムを構築する担い手に変化していることを意味する。したがって，メインバンクは，従来の大口債権者として信用リスク情報を生産・提供するモニタリング機能を縮小して，今後は機関投資家として市場リスク情報を収集し，一般投資家にもそれらの情報を提供することになると考えられる[9]。

注

1) 全国銀行協会連合会編『わが国の銀行』財経詳報社，1995年，104～105ページ。
2) 伊藤忠治「わが国における資産証券化の動向と課題」『創価女子短期大学紀要第27号』2000年，12～15ページ。
3) 大島恒彦・西村善朗『不良債権流動化の仕組みと税務』中央経済社，1999年，22～23ページ。
4) 日本経済新聞，2000年4月11日，朝刊。
5) 日本経済新聞，2000年1月27日，朝刊。
6) 日本経済新聞，2000年2月2日，朝刊。

7) 上林敬宗「資金調達の多様化と金融機関の役割」『月刊金融ジャーナル』2001年4月号、9～13ページ。
8) 伊藤忠治「求められる不動産担保評価基準の適正化」『経理情報』1999年9月10日号、21～23ページ。
9) 本章は、伊藤忠治「わが国における不動産証券化の現状と課題」『証券経済学会年報第36号』(2001年5月31日) に加筆・修正したものである。

参 考 文 献

大島恒彦・西村善朗『不良債権流動化の仕組みと税務』中央経済社、1999年。
岡内幸策『担保不動産流動化ビジネス』東洋経済新報社、1998年。
金子栄作『二つの証券化』東洋経済新報社、1989年。
全国銀行協会連合会編『わが国の銀行』財経詳報社、1995年。
全国銀行協会連合会編「不動産金融研究会報告」、1992年。
大和證券経済研究所編『金融の証券化』東洋経済新報社、1986年。
監査法人トーマツ編『債権の流動化』清文社、1998年。
日本興業銀行産業調査部編『不動産証券化ビジネス』東洋経済新報社、1996年。
福光 寛「資産証券化の意義について」『金融構造研究』21号、1999年。
三国仁司『資産・債権流動化の実務必携』きんざい。
全国銀行協会連合会編『金融』2001年4月号。
金融ジャーナル社編『月刊金融ジャーナル』2001年4月号。
伊藤忠治「わが国における資産流動化の動向と課題」『創価女子短期大学紀要27号』2000年。
『日本経済新聞』1999年11月15日、2000年1月19日、1月27日、2月2日、2月12日、4月11日。

第7章　日本における社債担保証券の意義と問題点

1 ▶ CBOの現状

現在，日本の証券化商品市場は急激に拡大している。長い証券化の歴史を持つ米国と比較すると小規模であるものの，2000年度の実績を見ると2兆円以上の証券化が行われた（図表7-1参照）[1]。自動車ローン，リース，不動産担保ローン（Commercial Mortgage Backed Securities，以下CMBS），住宅ローン（Resi-

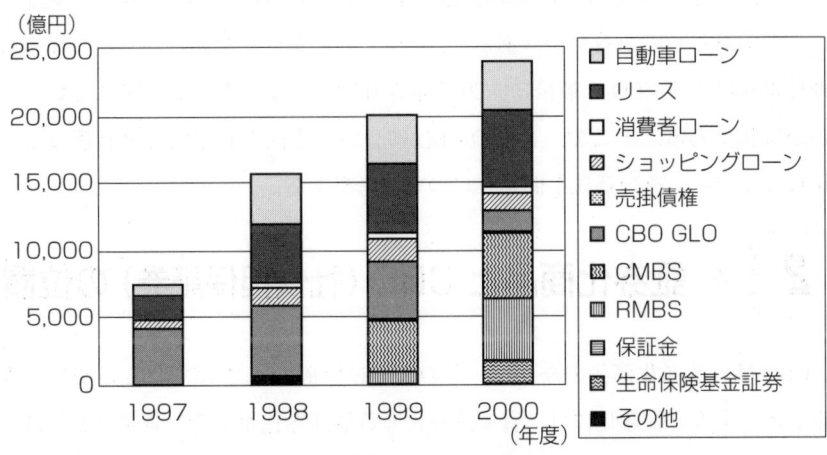

図表7-1　証券化の市場規模

（億円）

凡例：自動車ローン／リース／消費者ローン／ショッピングローン／売掛債権／CBO GLO／CMBS／RMBS／保証金／生命保険基金証券／その他

資料 ◆ 「日本経済新聞」2001年7月5日を参考に作成。

103

dential Mortgage Backed Securities, 以下RMBS) の証券化が大きな割合を占めている。そのなかでもCMBS, RMBSが急激に拡大している。これらの証券化商品が導入されたことによって証券化市場が拡大したという見方が強い[2]。

日本の証券化は，1973年の住宅ローン債権の証券化から始まった。しかしながら，流動性に関する問題があり，証券化を活性化することができなかった。その後，証券化をうながすための法整備が行われた。1996年に，資産担保証券（Asset-Backed Securities；ABS）の発行が可能になった。続いて，1998年にSPC（Special Purpose Company）法（「特定目的会社の証券発行に関する特定資産流動化に関する法律」）が施行された。そのため，社債担保証券（Collateralized Bond Obligation, 以下CBO）が発行されるようになった。

CBOとは，複数企業の社債を裏づけに発行される債券[3]をいう。単独で起債するには困難である低格付企業，そして社債を発行したことがない無格付企業は，CBOに参加することによって社債を発行することができる。CBOの参加企業は，単独で起債するよりも低コストで，そして高い格付けで社債を発行することができる。さらにCBOは，優先劣後構造をとる債券のため投資家のニーズに見合うことができる。

1998年末に，富士証券によるCBOが発行されてから相次いで12本のCBO（総額6865億円）が発行された（図表7-14参照）。そのため，CBOは資金調達の一つの手段として定着しつつある[4]という見方がなされていた。しかしながら，野村證券によるCBOを最後に，2000年5月以降，まったく発行されていないのが現状である。そこで，日本のCBOについて米国の利用実態と特徴などを比較しながら，その意義と問題点について考察する。

2 ▶ 証券化商品とCBO（社債担保証券）の位置

CBOは，証券化商品のなかで，どのように位置づけされているのか見てみることにする。証券化には，資産証券化と負債証券化がある。資産証券化は，さらに二つに分類される。自動車ローン，クレジットローン，リース債権など

図表7-2 金融の証券化

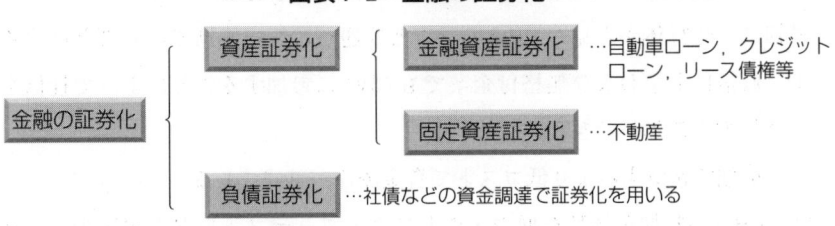

```
                    ┌─ 資産証券化 ─┬─ 金融資産証券化 …自動車ローン，クレジット
                    │              │                  ローン，リース債権等
 金融の証券化 ─────┤              └─ 固定資産証券化 …不動産
                    │
                    └─ 負債証券化 …社債などの資金調達で証券化を用いる
```

出所 ◆ 原田喜美枝「わが国の資産証券化」『証券レビュー』1997年第37巻第10号．30〜40ページを参考に作成。

を裏づけとする金融資産証券化，そして不動産を裏づけとする固定資産証券化である。これらの資産証券化は，当該企業のバランスシートからその資産を分離することによってオフ・バランス化が可能になる。そのため，資産証券化は，有利子負債の削減，資産圧縮などの財務的意義をもたらしている[5]。たとえば，全日本空輸，ニチメン，大成建設などは有利子負債を圧縮するために，そしてコスモ石油などは資産圧縮とともに借入金を減少し，財務体質の改善を図るなどの事例が挙げられる。

　他方，負債証券化とは，資金調達のために社債などを発行し証券化することをいう。CBOは負債証券化にあてはまる[6]。また，CBOは，証券である社債をさらに証券化するという意味で再証券化（Resecuritization）の典型例[7]ともいわれている。企業は，社債を発行するということから負債を膨らませることになる。仮に，社債による資金調達で有利子負債を返済したとしても，社債の発行金額分だけ負債の金額が増加することになる。このことから，CBOは資産証券化とは異なり，有利子負債の削減，資産圧縮というような財務的意義をもたらすとは必ずしも言えない。現在，日本では企業のバランスシートを改善することが求められている。そのため，財務的意義をもたらす資産証券化が証券化市場で大きな割合を占めている。

　そこで，発行体，投資家，証券会社から見たCBOの意義と問題点について見ていくことにする。

（1） 発行体から見た CBO の意義と問題点

最初に，発行体から見た CBO の意義と問題点について見ていくことにする。

① 低格付企業および無格付企業でも CBO に参加することによって社債を発行することができる。
② 単独で起債するより低コストで資金調達が可能である。
③ CBO の参加企業数を増やすことによって，デフォルト率が減少し，高格付けを取得することができる。また，日本では，投資適格債も CBO に組み込まれているため，デフォルト率が減少し，より高い格付けを取得できる。
④ 無担保・無保証で社債を発行することができる。
⑤ 今まで発行された CBO（13本）の期間は3年間である。参加企業は，3年間という短い期間で，償還時にどのように返すのかが問題になってくる。

以上，五つの意義と問題点が一般的に述べられている。

（2） 投資家から見た CBO の意義と問題点

続いて，投資家から見た CBO の意義と問題点について見てみると以下の六つが挙げられる。

① 他の金融商品以上のハイリターンを追求，そして期待することができる。
② 優先劣後構造をとっているため，投資家のさまざまなニーズに見合うことができる。
③ 多くの社債を一つにプールしリスクを分散しているため，単独で起債されている社債に投資するよりもデフォルトする可能性が低いため安全性が高い。
④ 機関投資家である生保の社債購入には上限（運用規制・内規）があるため，低格付けおよび格付けがない劣後債を購入することができない。
⑤ IT 技術が発展し，ネット売買，アセットマネジメント・ソフトの普及により，個人投資家がより参入しやすい市場になった。しかしながら，その個人投資家とは高齢者が主体であるがために，難しい金融商品は許容で

きないのではないか。ハイリターンという期待だけで劣後債を購入することになるのではないか。
⑥ 投資家にとって、ストラクチャーが複雑であり、なおかつ複数の企業が参加しているため一つ一つの評価方法（参加企業の個々の業績推移、業界分析など）が困難になるのではないか。

（3）証券会社から見た CBO の意義と問題点

次に、証券会社から見た CBO の意義と問題点について見ていくことにする。
① 多業種多企業の社債を裏づけとしているため、リスク分散投資が可能であるということがセールスポイントとなっている。
② 低格付企業の社債を活性化させる機会・無格付企業にも社債を発行させる機会
③ 新しい収益源
④ 優先債の投資家を確保することができるが、劣後債の投資家を確保することができない。そのため、劣後債の消化にかなりの時間を費やすことになる。証券会社は劣後債の投資家を確保できないため、CBO の取組みに対して消極的になっているのではないか。

以上四つの意義と問題点が一般的に述べられている。これまで見てきたように、発行体、投資家、そして証券会社の立場によって CBO の意義と問題点が異なる。それぞれの立場によってメリットもあればデメリットもある。そこで、実際に日本における CBO の実態はどのようなものであるのか、そしてどのような意義と問題点をもっているのかについて考察することにする。

3 ▶ 日本の CBO（社債担保証券）の実態と意義

最初に、CBO の仕組みについて見ていくことにする。CBO の参加企業が同時に社債を発行する。発行された社債を SPC がすべて買い入れる。SPC は買い入れた社債を一つにプールし、それを裏付けとして CBO を発行する。CBO

図表 7-3　CBO の仕組み

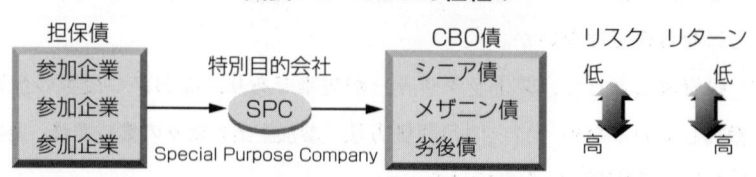

```
担保債                          CBO債        リスク  リターン
参加企業   特別目的会社       シニア債       低      低
参加企業  →  SPC    →       メザニン債      ↕      ↕
参加企業   Special Purpose     劣後債        高      高
           Company
```

はシニア債，メザニン債，劣後債というように優先債と劣後債に分けて発行される。シニア債は，格付けが高いため，ローリスク，ローリターンの商品となる。一方，劣後債は，格付けがないため，ハイリスク，ハイリターンの商品となる。

そこで，実際に実例として富士証券が発行した CBO の仕組みについて見ていくことにする。国内の参加企業 17 社がユーロ市場で私募債を発行した。発行された 17 社の社債をすべて引受会社であるフジ・インター・ナショナル・ファイナンスが引き受け，その引受会社を経由してケイマン島に設立された

図表 7-4　富士証券の CBO の仕組み

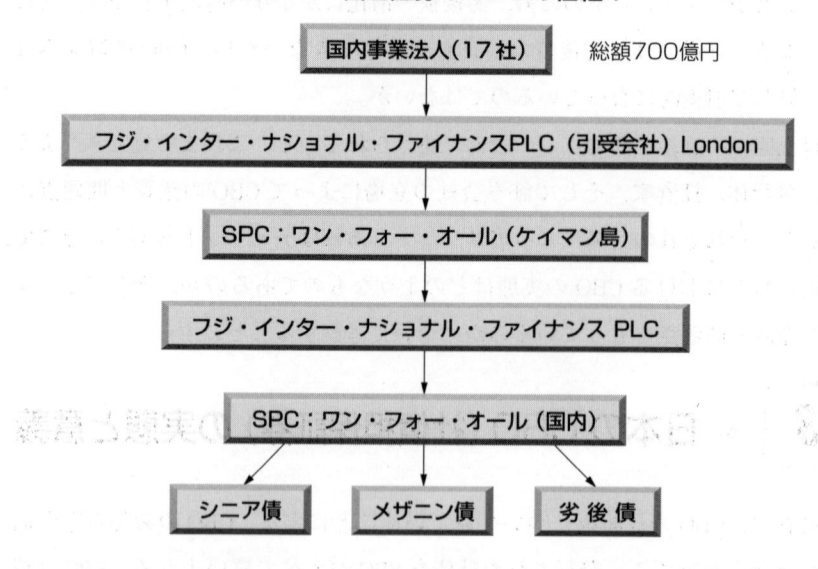

```
      国内事業法人（17社）      総額700億円
              ↓
  フジ・インター・ナショナル・ファイナンスPLC（引受会社）London
              ↓
      SPC：ワン・フォー・オール（ケイマン島）
              ↓
      フジ・インター・ナショナル・ファイナンス PLC
              ↓
      SPC：ワン・フォー・オール（国内）
         ↙      ↓       ↘
    シニア債   メザニン債   劣後債
```

注）フジ・インター・ナショナル・ファイナンスPLC（金融業）は，富士銀行の連結子会社である。資本金または出資金は，1億英ポンドである。

図表7-5　ワンフォーオールJ債の概要

発　行　日		1998年12月28日		
償　還　日		2001年12月21日		
社債管理会社		農林中央金庫		
事務管理会社		富士信託銀行		
カストディアン		チェース・マンハッタン・バンク		
	発行金額(億円)	格付け	利　率	信用補完[9]
シニア債	500	AAA	1.10%	メザニン債85億円，劣後債115億円（劣後比率28.5%）の設定
メザニン債	85	A	2.07%（予定利率）	劣後債115億円（劣後比率16.4%）の設定
劣 後 債	115	なし	半年毎に異なる（予定利率）	なし

注）シニア債の発行金額は，700億円－(700億円×28.5%)＝500億円
　　メザニン債の発行金額は，200億円－(700億円×16.4%)≒85億円
　　劣後債の発行金額は，200億円－85億円＝115億円
出所◆『R&Iレーティング情報』1999年3月号，11ページ。

SPCが買い取ることになった。SPCは，17社の社債を一つにまとめリパッケージ債を発行した。そして，再度，引受会社を経由し日本に設立されたSPCがそのリパッケージ債を買い取った。買い取ったリパッケージ債をシニア債，メザニン債，劣後債に分類し，公募債として海外および国内投資家に販売した。

シニア債はトリプルAで500億円，メザニン債はシングルAで85億円，劣後債は格付けなしで115億円で発行された。続いて，参加企業の格付けを見ると，投資適格債（トリプルB以上）がほぼ90%を占めている。また，二部上場企業（株式会社ジョナサン，ティエイチケー株式会社）も一部上場企業とともにCBOに参加している。

では，発行されたシニア債，メザニン債，劣後債はどのような投資家が購入したのだろうか。シニア債は，機関投資家である生保，損保などが，メザニン債は，地方の金融機関，投資顧問が購入した。そして，劣後債は格付けがなく

図表7-6　CBOの参加企業　（1998年12月14日時点）

事業会社	発行金額（億円）	長期優先債務格付け	事業会社	発行金額（億円）	長期優先債務格付け
アキレス株式会社	30	なし	株式会社ジョナサン	40	BBB
曙ブレーキ工業株式会社	30	BBB	住江織物株式会社	25	BB+
岩谷産業株式会社	50	なし	大成建設株式会社	50	A−
エス・バイ・エル株式会社	30	A−	テイエイチケー株式会社	50	BBB+
大阪商船三井船舶株式会社	50	(A−)	東武鉄道株式会社	50	(A)
沖電気工業株式会社	50	BBB	株式会社パルコ	30	A−
株式会社クレディセゾン	50	A+	株式会社マイカルファイナンス	35	A+
サッポロビール株式会社	50	BBB+	丸紅株式会社	50	(A)
昭和電工株式会社	30	BBB			

注1）株式会社マイカルファイナンスはマイカルの保証付。
　2）（　）のある先はレーティングモニター中。事業会社はR&I 29業種において15業種に分類。
出所◆二階堂保寿「わが国初のCBO（社債担保証券）の公募発行について」『証券アナリストジャーナル』3月号，1999年，64ページ。

ハイリスクの商品であるため消化するまでに6か月もかかった。最終的に，金融機関（5行）とCBOに参加した企業が劣後債を購入することになった。富士証券のCBOに関していうならば，劣後債を消化できないということが，一番大きな障害になったという[8]。

単独で起債した格付けより，CBOに参加した方が高い格付けで発行できるのはなぜか。そこで，スタンダード・アンド・プアーズによるデフォルトモデルの計算を用いて簡単に説明することにする[10]。たとえば，単独で起債した場

合，デフォルトする可能性が20%，デフォルトしない可能性が80%の3企業（図表7-7 STEP 1参照）のデフォルトの推移について見ていくことにする。

A企業，B企業がともに社債を発行した場合（図表7-7 STEP 2参照），起こりうる事象は4とおり（2^2）ある。A企業，B企業がデフォルトしない可能性は

図表7-7 スタンダード・アンド・プアーズのデフォルトモデルの計算

STEP 1. 社債（1）

社債の損失レベル	可能性	可能性	計算
0	80%	80%	
1	20%	20%	
2	0%	0%	
3	0%	0%	

STEP 2. 社債（2）

社債の損失レベル	社債A可能性	社債B可能性	社債A/B可能性	計算
0	80%	80%	64%	0.8×0.8
1	20%	20%	32%	0.2×0.8+0.2×0.8
2	0%	0%	4%	0.2×0.2
3	0%	0%	0%	―

STEP 3. 社債（3）

社債の損失レベル	社債A/B可能性	社債C可能性	社債A/B/C可能性	計算
0	64%	80%	51.2%	0.64×0.8
1	32%	20%	38.4%	0.32×0.8+0.64×0.2
2	4%	0%	9.6%	0.04×0.8+0.32×0.2
3	0%	0%	0.8%	0.04×0.2

出所 ◆ Standard & Poor's Structured Finance, "Global CBO/CLO Criteria", 1998, p.34, http://www.standardpoor.com/ResourceCenter/RatingsCriteria/StructuredFinance/index.htm/（2001年7月26日アクセス）.

64%である。続いて，A企業，B企業のどちらかがデフォルトする可能性は32%〔(A企業がデフォルトしてB企業がデフォルトしない可能性16%)＋(B企業がデフォルトしてA企業がデフォルトしない可能性16%)〕である。そして，A企業，B企業がデフォルトする可能性は4％である。

A企業，B企業そしてC企業がともに社債を発行した場合（図表7-7 STEP 3参照），起こりうる事象は8とおり（2^3）ある。A企業，B企業そしてC企業がデフォルトしない可能性は51.2%である。続いて3企業中1企業がデフォルトする可能性は38.4%である。そして，3企業中2企業がデフォルトする可能性は9.6%である。最後に，A企業，B企業そしてC企業がデフォルトする可能性は0.8%となる。

単独で起債した場合，A企業，B企業，C企業のデフォルトする可能性はそれぞれ20%である。しかしながら，3企業がCBOに参加することによって，3企業がともにデフォルトする可能性は0.8%となる。仮に，デフォルトする可能性（20%）が同じ5企業がCBOに参加する場合を仮定すると，そのデフォルトする可能性は0.032%（＝20%×20%×20%×20%×20%）とさらに低くなる。

以上から，CBOに参加する企業数が多くなればなるほど，デフォルトする可能性が減少することとなる。そして，単独で起債するよりもデフォルトする可能性が低いため，高い格付けを取得することができるという理由になるのである。

証券会社は，R&Iが発表した『多数債権プール型資産担保証券の格付け手法について』(1998年7月21日公表) を参考に優先劣後構造を取り決める。この格付けの手法によると，以下の二つの手順に従って進められる。

① 各々の原債務者すべてに格付けを付し，各々が格付けに応じた倒産確率でランダムに倒産するとしてプール全体の損失額の確率分布を算出する。

② 損失が発生する確率が目標債券の格付けに見合ったデフォルト率以下となるよう，劣後債（信用補完額）を決定する。

そこで，R&Iが提示した原債務者の格付け別デフォルト率（図表7-8），目標

第7章 日本における社債担保証券の意義と問題点

図表7-8 原債務者の格付け別デフォルト率(主要部分抜粋)(単位:%)

	3か月	6か月	9か月	1年	3年	5年	10年
AAA	0.004	0.008	0.012	0.016	0.048	0.080	0.160
AA	0.020	0.040	0.060	0.080	0.320	0.480	1.333
A	0.045	0.090	0.135	0.180	0.660	1.210	3.160
BBB	0.118	0.235	0.353	0.470	1.520	3.000	7.060
BB	3.708	4.085	4.463	4.840	10.940	14.870	22.730
B	5.709	6.290	6.871	7.453	16.846	22.897	35.000

出所◆日本格付投資情報センター編『多数債権プール型資産担保証券の格付け手法について』,1998年,J 98-A-012。http://www.r—i.co.jp/jpn/release/nr_lisk/j98—a016.html (2001年6月25日アクセス),もしくは『R&I レーティング情報』1999年1月号,41ページ。

図表7-9 目標債券の格付け別デフォルト率(主要部分抜粋)(単位:%)

	3か月	6か月	9か月	1年	3年	5年	10年
AAA				0.010	0.030	0.050	0.100
AA	0.013	0.025	0.038	0.050	0.150	0.250	0.500
A	0.038	0.076	0.113	0.151	0.452	0.753	1.500
BBB	0.115	0.230	0.345	0.459	1.372	2.276	4.500
BB	0.319	0.637	0.954	1.270	3.762	6.192	12.000
B	0.509	1.016	1.521	2.022	5.945	9.710	18.478

出所◆図表7-8に同じ。

債券の格付け別デフォルト率(図表7-9)を用いて信用補完額が決まるまでのプロセスについて簡単に説明することにする。

格付けが異なる3企業がCBO(期間:3年)に参加すると仮定する。参加企業のリストは以下のとおりである。各企業のデフォルト率は,原債務者の格付け別デフォルト率に基づいて決定される。たとえば,A企業の場合,格付けがシングルAである。そして,CBOの期間が3年なのでA企業のデフォルト率は0.66%となる。

● 参加企業リスト

① A企業（A格），発行金額50億円（デフォルト率0.66%）
② B企業（BBB格），発行金額40億円（デフォルト率1.52%）
③ C企業（BB格），発行金額25億円（デフォルト率10.94%）

}　総額115億円

　このCBOの起こりうる事象には以下の8とおりの事象が考えられる。さらに，その8とおりのデフォルトに関する可能性を計算する。そして目標債券の格付け別デフォルト率と照らし合わせて，算出されたデフォルト率が設定されたデフォルト率以下になるよう信用補完額と格付けが決定される。

● 起こりうる8通りの事象

（1）A企業，B企業，C企業がデフォルトしない場合（損失額0）

$(100\% - 0.66\%) \times (100\% - 1.52\%) \times (100\% - 10.94\%) = 87.1\%$

仮に，115億円がすべて優先債券で発行（信用補完額ゼロ）されたとすると，当該優先債券のデフォルト率は，

$100\% - 87.1\% = 12.9\%$（格付なし）

（2）A企業，B企業がデフォルトせず，C企業がデフォルトする場合（損失額25億円）

$(100\% - 0.66\%) \times (100\% - 1.52\%) \times 10.94\% = 10.7\%$

仮に，優先債券90億円，劣後債券（優先補完部分）25億円の組み合わせで発行された場合，当該優先債券のデフォルト率は，

$1.3\% + 0.578\% + 0.16\% + 0.071\% + 0.008\% + 0.001\% = 2.12\%$（BB格）

（3）A企業，C企業がデフォルトせず，B企業がデフォルトする場合（損失額40億円）

$(100\% - 0.66\%) \times (100\% - 10.94\%) \times 1.52\% = 1.3\%$

仮に，優先債券75億円，劣後債券（優先補完部分）40億円の組み合わせで発行された場合，当該優先債券のデフォルト率は，

$0.578\% + 0.16\% + 0.071\% + 0.008\% + 0.001\% = 0.82\%$（BBB格）

（4）B企業，C企業がデフォルトせず，A企業がデフォルトする場合（損失額50億円）

第7章 日本における社債担保証券の意義と問題点

$(100\% - 1.52\%) \times (100\% - 10.94\%) \times 0.66\% = 0.578\%$

仮に，優先債券65億円，劣後債券（優先補完部分）50億円の組み合わせで発行された場合，当該優先債券のデフォルト率は，

$0.16\% + 0.071\% + 0.008\% + 0.001\% = 0.24\%$（A格）

（5）A企業がデフォルトせず，B企業，C企業がデフォルトする場合（損失額65億円）

$(100\% - 0.66\%) \times 1.52\% \times 10.94\% = 0.16\%$

仮に，優先債券50億円，劣後債券（優先補完部分）65億円の組み合わせで発行された場合，当該優先債券のデフォルト率は，

$0.071\% + 0.008\% + 0.001\% = 0.08\%$（AA格）

（6）B企業がデフォルトせず，A企業，C企業がデフォルトする場合（損失額75億円）

$(100\% - 1.52\%) \times 0.66\% \times 10.94\% = 0.071\%$

仮に，優先債券40億円，劣後債券（優先補完部分）75億円の組み合わせで発行された場合，当該優先債券のデフォルト率は，

$0.008\% + 0.001\% = 0.01\%$（AAA格）

（7）C企業がデフォルトせず，A企業，B企業がデフォルトする場合（損失額90億円）

$(100\% - 10.94\%) \times 0.66\% \times 1.52\% = 0.008\%$

仮に，優先債券25億円，劣後債券（優先補完部分）90億円の組み合わせで発行された場合，当該優先債券のデフォルト率は，0.001%（AAA格）。

（8）すべてデフォルトする場合（115億円）

$0.66\% \times 1.52\% \times 10.94\% = 0.001\%$

図表7-10の（1）～（7）を見てわかるように，優先補完部分を高めれば高めるほど高格付けを取得することができる。日本のCBOは，投資適格債までも組み込んでいる。そのため，デフォルトする可能性が低くなる。さらに期間も短期間である。図表7-7のデフォルト率を見ると10年のデフォルト率は3年ものと比べて3～6倍高くなっている。しかしながら，期間を長く設定して

図表7-10 信用補完額と格付け

信用補完額	損失が発生するケースと確率(a)	Σ(a)損失確率	信用補完考慮後の損失額(=損失額-信用補完額)(b)	(a)・(b)	Σ(a)・(b)	劣後比率	格付け
(1) 0億円	② 10.7% ③ 1.3% ④ 0.578% ⑤ 0.16% ⑥ 0.071% ⑦ 0.008% ⑧ 0.001%	12.90%	25億円(25億円-0億円) 40億円(40億円-0億円) 50億円(50億円-0億円) 65億円(65億円-0億円) 75億円(75億円-0億円) 90億円(90億円-0億円) 115億円(115億円-0億円)	10.7%×25億円 1.3%×40億円 0.578%×50億円 0.16%×65億円 0.071%×75億円 0.008%×90億円 0.001%×115億円	3億6496万	0%	格付けなし
(2) 25億円	③ 1.3% ④ 0.578% ⑤ 0.16% ⑥ 0.071 ⑦ 0.008% ⑧ 0.001%	2.12%	15億円(40億円-25億円) 25億円(50億円-25億円) 40億円(65億円-25億円) 50億円(75億円-25億円) 65億円(90億円-25億円) 90億円(115億円-25億円)	1.3%×15億円 0.578%×25億円 0.16%×40億円 0.071%×50億円 0.008%×65億円 0.001%×90億円	4451万	21.70%	BB格
(3) 40億円	④ 0.578% ⑤ 0.16% ⑥ 0.071% ⑦ 0.008% ⑧ 0.001%	0.82%	10億円(50億円-40億円) 25億円(65億円-40億円) 35億円(75億円-40億円) 50億円(90億円-40億円) 75億円(115億円-40億円)	0.578%×10億円 0.16%×25億円 0.071%×35億円 0.008%×50億円 0.001%×75億円	1274万	34.80%	BBB格
(4) 50億円	⑤ 0.16% ⑥ 0.071% ⑦ 0.008% ⑧ 0.001%	0.24%	15億円(65億円-50億円) 25億円(75億円-50億円) 40億円(90億円-50億円) 65億円(115億円-50億円)	0.16%×15億円 0.071%×25億円 0.008%×40億円 0.001%×65億円	456万	43.50%	A格
(5) 65億円	⑥ 0.071% ⑦ 0.008% ⑧ 0.001%	0.08%	10億円(75億円-65億円) 25億円(90億円-65億円) 50億円(115億円-65億円)	0.071%×10億円 0.008%×25億円 0.001%×50億円	96万	56.50%	AA格
(6) 75億円	⑦ 0.008% ⑧ 0.001%	0.01%	15億円(90億円-75億円) 40億円(115億円-75億円)	0.008%×15億円 0.001%×40億円	16万	65.20%	AAA格
(7) 90億円	⑧ 0.001%	0.001%	25億円(115億円-90億円)	0.001%×25億円	25000	78.30%	AAA格
(8) 115億円	なし	0%	0円	0円	0円		

も参加企業数が多ければデフォルトする可能性が低くなる。たとえば，B格の企業11社がCBOに参加する場合（期間：10年），すべてデフォルトする可能性は0.0009％である。よって，図表7-10の（8）の可能性より低くなる。たとえ，期間が長く低格付企業だけのプールであっても，参加企業が多くなればなるほどデフォルトする可能性は低くなるのである。日本のCBOは参加企業数が少ないため3年という短い期間を選択しなければならなくなるのではないだろうか。

1998年のCBOの導入時，多くの日本企業は，資本市場から締め出されていた。日本企業の格付けが下がり，さらに銀行もこのような企業に対して貸し渋りを行っていた。1996年に適債基準の撤廃が行われても，低格付企業は社債を発行することが困難であった。1998年に国内市場でトリプルBの企業が社債を発行したのはわずか5銘柄であった[11]。企業は資金調達が困難な中でCBOが導入されたことになる。そこで証券会社のCBOを手掛けた理由を見てみよう。たとえば，富士証券の場合，銀行の貸し渋りなどの信用収縮に悩んでいる企業が発行した（日本経済新聞，1998年1月30日朝刊）。野村證券の場合，低格付けや銀行の貸し渋りで資金調達の道が限られていた企業が発行した（日本経済新聞，1999年1月22日朝刊）。三和インターナショナルの場合，投資適格の下限であるトリプルBが中心，投機的格付けのダブルBも組み入れ，低格付けで起債が困難であった企業の資金調達の道を開いた（日経金融新聞，1999年3月16日）。

さらに1998年12月18日付の"Euroweek"では，富士証券のCBOについて以下のように述べられている。

「ストラクチャーはシンプルだがきわめて変わっている。英国，ベルギーそしてオランダのソーシャル・ハウジング・プロバイダーのグループでは，証券化を通じてリスクをプールし，資本市場で資金をまかなうことに力を入れて協力している。そして，米国では，消費者金融および住宅抵当会社が，クレジットとしてリパッケージするために投資銀行にそれらを売却することができるという知識のなかで資産を生み出している。しかしながら，市場参加者は非金融

会社を含んでもまったく類似的な事例を挙げることができなかった。CBOおよびCLOは投資家に類似的なリスクのパッケージを提供しているが、ポートフォリオ・マネジメントもしくはさや取引という理由のために銀行、そしてアセット・マネージャーによって着手される。特に3年間という期間で、その17社は満期日の柔軟性を犠牲にするだろうし、発行するタイミングを合わせることは、現状で借入れすることがいかに難しいかについての尺度になる。」と批判している。

野村證券は、「『CBOを通じて、日本でハイイールド債のマーケットを育成していくことも証券会社の責務』と、投資対象としてのCBOの意義を強調[12]」している。しかしながら、実際には投資家の間で、ハイリスク、ハイリターンの認識が定着していない。そのため優先劣後構造のCBOを導入し、ハイイールド債と類似的な性格をもつ劣後債を販売しても消化できないのは当然のことである。最終的に劣後債の一部を参加企業が買い取るというような歪なCBOになってしまった[13]。さらに、野村證券では、優先債からハイリスク・ハイリターンの劣後債までを個人投資家に販売した。このことからも、劣後債を購入する機関投資家がいないこと、そしてCBOに対する受け入れ姿勢が整っていないのにもかかわらず、銀行の貸し渋りの一時的な解決策ということだけでCBOが導入されたということが理解できる。

以上、日本のCBOについて見てきた。続いて、米国のCBOの実態と意義について考察することとする。

4 ▶ 米国のCBO（社債担保証券）の実態と意義

米国では、1980年代後半に初めてCBOが発行された。そこで、米国のCBOはどのようなものか見ていくことにする。米国のCBO取引には、バランスシート・マネジメント型、そしてアービトラージ型の二つがある（CLO取引も同様に考えられている）[14]。バランスシート・マネジメント型は、債券などをバランスシートから分離することによって財務指標を向上させるメリットを持って

いる。このバランスシート型は特に CLO にあてはまる。一方，アービトラージ型はストラクチャーによってさらに二つに細分化される。それは，マーケット・バリュー構造とキャッシュ・フロー構造である[15]。

　マーケット・バリュー構造とは，予測のつくマーケット・プライスの動きをともなう資産のプールを中心に組み立てられている。そしてマーケット・バリュー構造の分析および信用補完の決定は組み合わさった資産に基づいている。さらに，高い利回り投資と高格付けの負債のより低いコスト資金との間に存在するアービトラージの機会を利用する投資手段として一般的に述べられている。よって，セカンダリー・マーケットの価格によってのみバリュー（価値）が決定される。また，マーケットバリュー構造は資産のプール構成，そして要求された信用補完に関してダイナミックである。たとえば，組み入れ債券の入れ替えを積極的に行っているというように取引に対して柔軟であり，ポートフォリオの入れ替えに対してあまり厳しくないといえる。ターゲットとなる組み入れ債券には，ハイイールド債ばかりではなく，メザニン債，ディストレス証券（破綻した企業の債券）などが含まれる。そして，マーケット・バリューのアセット・マネージャーは，たいてい週１回もしくは週２回，マーケットに対するそれぞれの投資の価値に注意しているという。このようにマーケット・バリューのアセットマネージャーは取引の上で重要な役割を果たし，また今日高く評価されている。

　他方，キャッシュ・フロー構造は予測のつくキャッシュ・フローをともなう資産のプールを中心に組み立てられている。キャッシュ・フロー取引の分析そして信用補完の決定は，プールされたなかでのデフォルトの見込まれた可能性，損失の厳密性，資産のデフォルトと回復のタイミングに基づいている。よって，マーケット・バリュー構造と異なり，担保とされる資産のマーケット・プライスはキャッシュ・フロー構造において重要ではない。その代わり，予定どおり元本と利子を支払うそれぞれの資産の能力が重要になっている。これらの取引は最小限の信用力，そして期待された回復などに見合う投資を制限している。つまり，キャッシュ・フロー構造では，セカンダリー・マーケットへの流動性

図表7-11 スタンダード・アンド・プアーズによって格付けされたCBO/CLOのタイプ別

	CBO/CLO件数	バランスシート型CBO	アービトラージ型CBO	マーケット・バリュー型CBO	その他のCBOのタイプ	バランスシート型CLO	アービトラージ型CLO	マーケット・バリュー型CLO	その他のCLOのタイプ	その他
1994	2	0	0	0	0	0	2	0	0	0
1995	1	0	0	0	0	0	0	0	1	0
1996	14	2	3	0	1	1	4	0	3	0
1997	34	0	9	0	7	3	6	0	9	0
1998	80	1	25	2	13	7	16	0	14	2
1999	134	1	55	4	13	13	28	0	11	9
2000	142	1	58	2	20	9	35	1	4	12
2001	79	0	30	8	13	5	10	0	0	13

注1) ただし、2001年については1月から6月末までの数値。
2) その他のCBOのタイプにはEMCBO (Emerging MarketCBO：新興市場債券のCBO)、Real Estate CBOなどが含まれる。
その他のCLOのタイプにはマスター・トラストCLOなどが含まれる。

出所◆Standard & Poor's STRUCTURED FINANCE, June 2001, p.37～115を参考に作成。

に関して制限されている。そのため，一般的に変化のない固定されたポートフォリオである。1994年以降のスタンダード・アンド・プアーズによって格付けされたCBOおよびCLOのタイプ別を見てみると，アービトラージ型を適用している。また，スタンダード・アンド・プアーズのアービトラージ型CBOをキャッシュ・フロー構造と考えると，ほとんどのCBOは，キャッシュ・フロー構造を適用しているということも理解できる。しかしながら，キャッシュ・フロー構造でも「米国では一定期間入れ替えができるのが一般的である。[16]」という。

図表7-11で見られるように，米国で相次いでCBOが発行されているが，なぜ，投資家はCBOを購入するのだろうか。CBOを購入することは，いつも意味があることではないが，現在のハイイールドの買い手にとってCBOを購入するいくつかの利点があるという[17]。CBOは投資家にリスク・プロフィールを提供している。ハイイールドファンドは，ハイイールドに対する賭けを活かすために劣後債を購入することができる。もしくは，ヘッジのためにトリプルAを購入することもできる。以上から，優先劣後構造を採ることによって，投

図表7-12 マーケット・バリュー構造とキャッシュ・フロー構造

	マーケット・バリュー構造 予測のつくマーケットプライスの動きをともなう資産のプールを中心に組み立てられる	キャッシュ・フロー構造 予測のつくキャッシュ・フローをともなう資産のプールを中心に組み立てられる
分析・信用補完	組み合わさった資産に基づいている	プールされた中でのデフォルトの見込まれた可能性，損失の厳密性，資産のデフォルトと回復のタイミングに基づいている
組み入れ債券の入れ替え	組み入れ債券の入れ替えが自由である	組み入れ債券の入れ替えが制限されている。しかし，一定期間において入れ替えができるのが一般的である
重要となるもの	担保となる資産のマーケットプライスが重要になっている	予定通り元本と利子を支払うそれぞれの資産の能力が重要になっている

資家のニーズに見合うことができる。そして,投資家にリスクを公表しているということが,投資するうえでの安心感につながると考えられる。

　米国のCBOは,基本的にほとんどハイイールド債で構成されている[18]。CBOを構成しているそのハイイールド債マーケットが発展したのは1980年代後半である[19]。ハイイールド債によって成長した企業が数多くある。たとえば,MCI Communications, McCAW Cellular（現在AT&T Wireless）などが挙げられる。「情報通信関連などの現在の米国経済を担う企業はハイイールド債で資金調達できたからこそここまで成長した[20]」というほど新産業のために大きな役割を果たしてきた。このハイイールド債マーケットを支えてきたのが機関投資家である[21]。現在,プルデンシャル,カルパースなどは高いリターンを追求するためにハイイールド債をもポートフォリオに組み込んでいる[22]。

　米国では,ハイイールド債マーケットが発展した時期にCBOが発行された。当初,大きな成長は見られなかったが,1996年以降CBO市場は拡大し[23],さらにさまざまなCBO商品へと展開した。2001年9月に売り出されるCBO商品は,アメリカのハイイールド債が50%,ユーロのハイイールド債が40%,ソブリン債が10%を裏づけに発行する予定である。このようなCBOの成長には,いくつかの要素がある。その要素とは,さや取引,生保および銀行業界の資金需要,そしてシンジケート・ローンおよびハイイールド債マーケットにおける改善された流動性である（ただし,CLOの成長要素とともに挙げられている）[24]。市場では「より幅広い産業への分散投資は,いつもリスクを減少し,そしてよりよいポートフォリオの業績を確かなものにする助けをしている」と認識されている。そのため,従来,米国のCBOは異なる20業種に投資するという必要条件を持っていた。さらに,CBOは50から100の参加企業で構成されている[25]。

　以上,米国のCBOについて見てきた。日本のCBOと比較すると異なる点が数多くある。そこで,米国のCBOと比較したうえで,日本のCBOの問題点について検討する。

5 ▶ 米国と比較した場合の問題点

日本の CBO と米国の CBO を比較すると以下の四つの問題点が挙げられる。第一に，日本にはハイイールド債マーケットがないことである。米国では，直接金融が発達していたこともあり，1980 年代後半からハイイールド債マーケ

図表 7-13　社債投資家アンケート（実施期間：1998 年 11 月 25 日～30 日）

①社債投資の社内基準	45 社
国内格付けで A 以上	12
国内格付けで BBB 以上	11
個別・総合判断	4
社内独自基準	3
海外格付け A 以上	3
国内格付け A 以上かつ海外格付け BBB 以上	2
国内格付け AA 以上かつ海外格付け A 以上	2
国内・海外格付けとも BBB 以上	2
無回答	1

⑤社債を購入する際の決め手となるもの（複数選択）	
利　率	21
スプレッド	39
個別の信用度	41
流動性の高さ	19
社債管理会社・財務代理人はどこか	7
業　種	5
（償還）期間について	4
社内の与信状況，特約条項，既発債の保有残高，総合的に判断，発行体別のエクスポージャー，外部格付けに加えて社内で独自の評価も実施	1
無回答	1

②現在の投資基準を引き下げる考えの有無	45 社
な　し	37
運用の弾力化をする・検討する	7
無回答	1

③BBB 格社債の購入実績	45 社
購入している	12
購入していない	31
無回答	2

④今後，BBB 格社債を購入する考えの有無	45 社
購入する	12
購入しない	23
検討中	3
未　定	3
無回答	4

出所 ◆『NIKKEI NEWSLETTER ON BOND & MONEY』1999 年 12 月 14 日，1～9 ページより作成。

ットが発展してきた。つまり，CBO が発行される以前に，ハイリスクを認識したハイイールド債マーケットの育成がなされていたことになる。米国の CBO の成長の要因の一つとして，ハイイールド債の流動性の改善が挙げられている。そのマーケットを支えていたのが機関投資家である。機関投資家は高いリターンを求めるために，ハイリスクということを認識したうえでハイイールド債をもポートフォリオに組み込んでいる。

　一方，日本では，従来，低格付企業，無格付企業は銀行からの借入れに依存していた。そのため，ハイイールド債マーケットが存在していなかった。また，そのような企業は銀行からの借入れが可能であったため，社債を発行しなくてもよい環境にあった。このような環境のなかで，ハイイールド債に投資しようとする機関投資家は存在しなかった。1996 年に適債基準が撤廃されるまで，社債を発行することができるのは優良企業に限られていた。そのため，機関投資家の投資に対する基準も必然的に高いのは当然のことである。以下の社債投資家アンケートを見てわかるように適債基準が撤廃されても「投資適格債でなければ投資しない」というような回答が大部分を占めている。さらに「投資基準を引き下げない」と回答している投資家も多い。このことからも，ハイイールド債マーケットを育成しようというような投資家はいないことも理解できる[26]。

　以上から，米国のように，ハイリスクを認識して投資する投資家がいないのにもかかわらず優先劣後構造をとる CBO を導入したことが，結局，定着しにくいものとさせたのではないかと考えられる。

　さらに，日本の証券会社はハイイールド債マーケットを育成する機会が少ないと同時に経験も浅い。ドイツ証券は，日本の状況は「いったん縮小した市場が再開した 90 年代初頭の米国や，市場が立ち上がった 90 年代半ばの欧州と状況は同じだ。こうした時期には 80 年代の米国同様，同時に成長性の高い企業が生まれてくる可能性は大きく，その成長性を助けるのがハイイールド債市場だ[27]」と指摘した。ドイツ証券は，2000 年 9 月に，日本初の本格的なハイイールド債の仲介に取り組んだ。銀行や保険会社の購入意欲が強く最終的に予定

した発行金額を上回ることになった[28]。ハイイールド債関連の本格的なファンドマネージャーを育成するためにも欧米の金融機関による日本のハイイールド債マーケット育成が必要になってくると考えられる。

第二にCBOの参加企業が少ないということが挙げられる。仲介役の証券会社が参加企業にある企業を組み込んでも中核的な機関投資家からの不必要な干渉があるため，組み込んだ企業を取り下げることもあるだろう。そのため参加企業が制限され，最終的に参加企業が限られてしまうというような状況を招くことになるだろう。

「プールの規模が30債務者数を下回ると，デフォルト率が急増する[29]」という。しかしながら，日本のCBOの参加企業を見ると，ある程度業種分散はされているものの，そのほとんどが30社以下で構成されているためデフォルト率が高いと考えられる[30]。たとえば，さくら証券がアレンジしたCBOはわずか6社で構成されている。さくら証券は，優先劣後構造をとっているため幅広い投資家から注目され受け入れられたと主張しているが，「社数が少なく業種分散が働かないうえに，さくら銀行の信用リスクも潜在的にかかえ込んでしまう[31]」という機関投資家からの批判もある。また，参加企業が少ないということから，参加企業1社の業績が悪化したならば，他の参加企業の裏づけとされた社債の信用力が低下し，それとともに発行されたCBOの格下げにもつながる[32]。

多業種多企業はリスク分散になるというが，米国の大手格付機関であるFITCH IBCAの分析では従来の見解と異なっている[33]。FITCH IBCAは，17の最大のハイイールド・ミューチュアル・ファンドとモーニングスターによる情報を用いて投資業績ボラティリティに加え産業集中についても検証した。その検証の結果，ある程度，業種を分散させることはリスクを回避するといわれていたが，幅広い産業からCBOを構成するのではなく，より少ない産業でより多くの参加企業を集めたほうがリスクを分散できるということを主張している。

続いて，第三に組み替えが行われていないことである。日本の証券会社は，米国と比較するとCBOの経験が浅い。そのため，米国のような高度なスキー

図表7-14 日本におけるCBOの発行状況

SPC名	アレンジャー・オリジネーター	案件種類	時期	原債務者数	格付け先	シャドーレーティング先	案件総額（億円）	AAA	メザニン	格付けなし
ワン・フォー・オール・アセット・リミテッド	富士証券	プライマリーCBO	1998.12	17	15	2	700	500	85	115
アンサンブル・リミテッド	野村證券	プライマリーCBO	1999.2	21	15	6	915	640	70	205
シンフォニー・リミテッド	三和証券	プライマリーCBO	1999.3	18	12	6	485	325	50	110
コンコード・ファンディング・コーポレーション	東京三菱証券	プライマリーCBO	1999.5	10	8	2	250	160	30	60
オール・アボート・ファンディング・リミテッド	さくら証券	プライマリーCBO	1999.6	10	7	3	350	220	50	80
アンサンブルII・リミテッド	野村證券	プライマリーCBO	1999.6	27	14	13	1060	780	100	180
コラージュ・ファンディング・コーポレーション	第一勧業証券	プライマリーCBO	1999.7	7	非公表	非公表	370	140	100	130
ジェイ・ボンド・リミテッド	野村證券	セカンダリーCBO	1999.8	61	58	3	304	249	22	33
シンフォニーII・リミテッド	三和証券	プライマリーCBO	1999.10	15	5	10	270	14	50	76
アンサンブルIII・リミテッド	野村證券	プライマリーCBO	1999.10	22	5	17	696	486	80	130
スクラム・ファンディング・コーポレーション	新日本証券	プライマリーCBO	2000.2	16	9	7	360	220	50	90
オール・アボート・ファンディングII・リミテッド	さくら証券	プライマリーCBO	2000.3	6	2	4	150	50	50	50
アンサンブルIV・リミテッド	野村證券	プライマリーCBO	2000.4	29	12	17	955	675	110	170

注）プライマリーCBOとは，新たに発行された社債を担保としたCBO．
セカンダリーCBOとは，既発債を担保としたCBO．

出所◆『R&Iレーティング情報』2000年10月号．58～59ページの表からCBOのみ抜粋．

ムを実行することができない。たとえ，CBO に組み込まれた債券が値上がりしても，その債券を市場で売却して別の割安の債券を組み込むというようなさや取引は見られない。

　米国のアセット・マネージャーはさや取引を目的としている。日本でも，投資家の呼び水となるシニア債あるいはメザニン債と各企業の債券の間のさや取引を活発にする必要があるのではないか。

　そこで，シニア債あるいはメザニン債を流通させるためにも，CBO 関連の多数のアセット・マネージャーが必要となるだろう。米国の CBO の成長にはいくつかの要素があるが，アセット・マネージャーのさや取引の能力も高く評価されている。このような高度な知識をもつアセット・マネージャーが存在することによって，CBO の PPM を作成しシニア債およびメザニン債を取り込み流通させることによって，消化しにくい劣後債も PPM に組み込むようになるのではないだろうか。

　最後に，日米比較からの問題点ではないが，調達資金の用途が不明確であることが挙げられる。CBO に参加する企業はさまざまな目的で参加しているが，一社ごとの参加目的が不透明である。そこで，発行目的が不明確な CBO に対して，投資家は不安になるのではないだろうか。

　たとえば，富士証券が発行した CBO の参加企業のメインバンクは，富士銀行である。そのため，CBO の参加目的が，富士銀行からの借入金を返済するために行われたのではないかという疑問が投げかけられた。そこで，参加企業の資金の用途を調べてみると，ほとんどが運転資金，設備資金，社債償還資金であった（図表7-15参照）。メインバンクである富士銀行からの長期借入金・短期借入金の推移を見ると，むしろ富士銀行からの借入金が増大している[34]。

　そこで，投資家が，何に対して投資するのかが見えるように，個々の CBO の目的をより一層明確化する必要があるのではないかと考えられる。

　以上四つの問題点から三つの課題が挙げられる。第一に，米国の機関投資家と日本の機関投資家による投資姿勢が異なるということである。日本の機関投資家の場合，運用規制や内規があるために投資に関して規制されている。しか

図表 7-15 参加企業の資金用途

参加企業	用途	参加企業	用途
アキレス株式会社	設備資金及び運転資金	サッポロビール株式会社	社債償還資金
曙ブレーキ工業株式会社	設備資金及び借入金返済に充当	昭和電工株式会社	設備資金
岩谷産業株式会社	設備資金・投融資資金	住江織物株式会社	社債償還資金
エス・バイ・エル株式会社	社債償還資金	大成建設株式会社	設備資金及び運転資金
大阪商船三井船舶株式会社	運転資金に充当	東武鉄道株式会社	設備資金
沖電気工業株式会社	社債償還資金	株式会社パルコ	設備資金及び社債償還資金
株式会社クレディセゾン	購入斡旋実行資金，割賦販売実行資金，設備資金及びコマーシャル・ペーパー償還資金	丸紅株式会社	運転資金

出所 ◆ 各企業の「有価証券報告書」により作成。

しながら，低格付企業および無格付企業が社債を発行しやすくするためには，機関投資家が投資しやすい環境づくりをし，そのためにも国が施策をとっていくべきである。

　第二に，証券会社は，機関投資家が投資しやすいように組み替えなどを行って格付けが維持できるようなスキームを高めるべきである。日本の証券会社も米国のようなダイナミックなスキームを学ぶと同時に，投資家のリターンを考えるような組み替えを行うアセット・マネージャーの育成も必要となる。

　第三に，投資家が何に対して投資しているのか理解できるように，低格付企業および無格付企業は資金の用途を明確にする努力が必要であるということが挙げられる。

　日本のCBOの歴史は短い。そして米国のCBOと比較すると問題点があるためCBOの市場がなかなか成長しないのが現状である。米国のCBOのように成

長するためには，以上述べてきた三つの課題が重要になるだろう。

6 ▶ 負債の証券化を研究するうえでの方向性

　今後，CBOを研究していくうえで以下の課題が挙げられる。第一に，現在，欧州の証券化商品市場も拡大している。そのなかでもCDOが大きな成長を遂げている。CBOマーケットもまた2001年第1四半期に成長の兆しを見せた。欧州でも，CBOに関して，1年を通じて大きなテーマになるだろうと指摘されている。そこで，それらの研究と日本のCBOを比較することによって，より一層，日本のCBOの特徴および問題点が浮き彫りになってくるのではないかと考えられる。

　第二に，今回はCBOに限定して研究を行った。CBOは低格付企業，無格付企業の資金調達を促すための一つの手段である。しかしながら，実際，CBOに参加している企業は限られている。このことからも中小企業は直接金融・間接金融が制限されているのではないか。今後，中小企業の資金調達の現状をとらえたうえで，CBOを位置づける必要があるものと考えられる。そして幅広い視点から中小企業の財務についても考える必要がある。

　第三に，銀行による貸付債権の証券化，いわゆるCLOはCBOときわめて経済的な性質が類似しているといわれている。そこでCLOに関してもさらに研究したいと考えている。

*本章は，2001年9月1日に学習院大学において開催された日本財務管理学会（第13回全国大会）で筆者が報告した「日本における社債担保証券の意義と問題点」および明治大学大学院経営学研究科研究論集第16号に掲載予定の論文に加筆・修正したものである。

=== 注 ===

1) 米国の証券化市場の2000年度の実績を見ると，800億ドル近く行われている（『R&Iレーティング情報』2001年1月号，12ページ）。

2) 赤川厚雄「証券化商品市場の新たな展開と問題点：投資銀行の視点」『証券経済学会第55回全国大会プログラム・報告要旨』2001年, 26ページ。2000年度の実績を見ると, CMBSが20.7%, RMBSが19.4%を占めている（日本経済新聞, 2001年7月3日朝刊）。
3) 福光　寛「新たな段階に入った日本の資産証券化」『成城大学　経済研』, 1998年1月7日, 134ページ。
4) 高津邦人「最近の資産流動化の動きについて」『地方債月報』1999年7月号, 10ページ。
5) 坂本恒夫は財務的意義として, 固定費の変動費化およびキャピタルゲインの獲得を挙げている（「資産の流動化と株式会社の今日的役割」『年報 財務管理研究』2001年第12号3月, 15ページ参照）。
6) CBOは, CLO (Collateralized Lone Obligation, ローン担保証券) とともに論文等で説明される場合が多い。CLOとは, 銀行の貸出債権を証券化することをいう。米国では, 両者を総称してCDO (Collateralized Debt Obligation) と呼んでいる。
7) 大垣尚司「第5章　証券経営と証券化」（財）資本市場研究会編『証券経営の新ビジネスモデル』, 清文社, 2000年, 168ページ。
8) 富士証券は「CBOの仕組み, リスクについての説明は十分にしたが, 劣後証券の部分は販売に苦労している（日経金融新聞, 1999年2月2日）」と述べている。また, 「劣後部分の投資家を確保しないと, 第2弾などは考えられない（日経金融新聞, 1999年3月31日）」とも述べている。結局, 富士証券から第2弾のCBOは発行されていない。
9) 信用補完は, 内部信用補完と外部信用補完の二つに分類される。内部信用補完とは, 優先劣後構造, 超過担保, スプレット・アカウント等, 外部信用補完とは外部からの保証がある（『金融先端用語事典』日経BP社, 2000年, 342ページ参照）。これらは, 元利払いを確実にするための手段である。
10) Standard & Poor's Structured Finance, "Global CBO/CLO Criteria",1998, p. 32~35.参照, http://www.standardpoor.com/ResourceCenter/RatingsCriteria/StructuredFinance/index.htm/（2001年7月26日アクセス）。
11) Anonymous, "Fuji sets unusual corporate CBO", *Euroweek*, 1998. 12. 18, および日本経済新聞1998年11月30日朝刊参照。
12) 『R&Iレーティング情報』1999年3月号, 9ページ。
13) たとえば, 富士証券がアレンジしたCBOの参加企業である住江織物そしてエス・バイ・エルが, それぞれ12億円, 15億円相当を買い取っている。
14) LAURIE GOODMAN, "CBOs/CLOs: An Introduction", *DERIVATIVES QUARTERLY*, 1998, p. 22。
15) マーケット・バリューおよびキャッシュ・フローについては, David R. Howard, Jane Lee and Michael J. Mancini, "Market Value CBO/CLO Rating Criteria", *Loan Products*

Special Report, 1999 June 1, pp. 1-2 参照, http://www.fitchbca.com/corporate/reports/report.cfm?rpt?id=50476（2001年7月25日アクセス）。

16)　『R&I レーティング情報』2001年1月号，11ページ。

17)　Tracy van Eck Bear, Stearns & Co. Inc, "Collateralized Bond Obligations, Collateralized Loan Obligations : The Markets and The Securities", *The Securitization Conduit*, 1998, Vol.1, No. 4, p. 12.

18)　Robert J. Grossman, "Management of CBOs/CLOs", *FITCH RESEARCH*, 1997. 12. 8, http://www.fitchbca.com/corporate/reports/report.cfm?rpt?id=19046（2001年7月25日アクセス）。また，LAURIE GOODMAN によると「1990年代大半，CBO は米国のハイイールド債で構成されてきた」とも述べられている（『前掲書』，21ページ），および Gail I. Hessol, "Chapter 9 A Study of Corporate Bond Defaults", Jess Lederman, Michael P. Sullivan, *HIGH YIELD BOND MARKET*, 1993, p. 156 参照。

19)　ハイイールド債は1980年代後半に買収ブームが主要な原動力となり拡大した。ハイイールド債の M&A 関連比率を見ると，1980年代後半では，70％近くが M&A に関連していた。そして1990年代前半は減少したものの1990年代後半以降増大している。

20)　『NIKKEI NEWSLETTER ON BOND & MONEY』1999年11月29日，14ページ。

21)　1989年には，生保が30％，ハイイールドミューチュアル・ファンドが30％，そして年金基金が15％，さらに1997年には，生保が24％，ハイイールドファンドが21％，そして年金基金が18％のハイイールド債を所有していた（THEODORE M. BARNHILL, JR. WILLIAM F. MAXWELL, and MARK R. SHENKMAN, "CHAPTER 2 Changes in High Yield Market, A Historical Perspective", *HIGH YIELD BONDS*, McGraw-Hill, 1998, p. 38）。数値を見てもわかるように，生保のハイイールド債の保有が減少した。松尾順介氏によると，1983年にニューヨーク州保険法改正で社債に投資するうえでの規制が撤廃された。そのため，一部の生保がハイイールド債に偏った投資を行った。そこで，破綻する生保が現れ，その後ハイイールド債への投資は低下することになったという（「90年代米国のハイ・イールド債市場」『証券レポート』，（財）日本証券経済研究所，2001年1月，9ページ参照）。

22)　たとえば，プルデンシャルの2000年9月現在の管理資産の内訳を見るとハイイールド債に80億円を投資している（『R&I レーティング情報』2001年1月号，13ページ）。

23)　CBO と確認できるものを累計してみると（1989年以降），1989年・2件・380（$ mm），1990年・3件・445（$ mm），1991年・2件・275（$ mm），1995年・1件・88（$ mm），1996年・12件・3035（$ mm），1997年・22件・6535（$ mm），1998年・33件・10712（$ mm），1999年・55件・18642（$ mm），2000年・32件・8161（$ mm）という結果が生じている Jeremy Gluck（2000），" 2000 Third Quarter CDO Review : Arbitrage Opportunity Spurs Activity, But Balance-Sheet CLOs Scarce ; Forward Calendar Indicates Very High Issuance By Year–End", *Special Report*, Moody' Investors Service, http : //www.moodys.com/moodys/cust/research/avalon/Publication/special/%20 Report/ noncategorized–number/SF 9338.pdf(2001年7月25日アクセス)。CBO の格付けも，1997年に急激に増大している（たとえば，ムーディーズによる格付け………1995年にわずか10億ドル，1996年に135億ドルに対し，1997年には490億ドル。Fitch による格付け………1995年に20億ドル以下，1996年に115億ドルに対して，1997年には310億ドルである）。

24) Robert J. Grossman, Supra note 18.
25) 日経金融新聞，1999年3月30日。
26) このようなアンケート結果にもかかわらず，ハイリターンの金融商品がないため機関投資家の投資姿勢が変化しつつあるかのように見えた。たとえば，富国生命保険は「年限が短くて5，6％の利回りを得られるのであれば，購入を検討する価値はある（日経金融新聞，1999年2月2日）」と劣後債に対して前向きな姿勢を見せていた。しかしながら，劣後債に関して検討した結果，ハイリスクということではなく，格付けなしということがソルベンシーマージンに影響を与え，最終的に財務指標を悪化させてしまうという理由で劣後債の購入を断念することになった。
27) 『NIKKEI NEWSLETTER ON BOND & MONEY』1999年11月29日，14ページ。
28) 消費者金融中堅オリエント信販のハイイールド債の仲介に取り組んだ。当初50億円の発行金額を予定していたが，利率が8％（発行期間6年）ということもあり，銀行や保険会社の購入意欲が強く56億円強にのぼった（日本経済新聞，2001年1月20日）。
29) 張　毓宗「CBO/CLO の格付手法」『資産流動化研究』Vol. V，1999年3月，199ページ。
30) 1998年に，野村証券がアレンジしたセカンダリー CBO（既発債を裏づけとした CBO）を除いた平均社数とする。
31) 『NIKKEI NEWSLETTER ON BOND & MONEY』1999年6月21日，7ページ。さくら証券は，これに対し，「むやみに社数を追求することなく，核になる投資家のニーズを汲み入れながら慎重に発行企業を選んだ」と主張している。
32) R&I は三和インターナショナルがアレンジした CBO（シンフォニー・ツー・リミテッド）を初めて格下げした。1999年に参加企業15社の社債を裏づけとして CBO を発行した。しかし，参加企業であるベターライフが再生更正法を申請したため格下げの原因になったという（日経金融新聞，2001年4月6日）。そのため，トリプル A の格付けで発行されたシニア債がダブル A に，シングル A の格付けで発行されたメザニン債がトリプル B－に，そしてトリプル B の格付けで発行されたジュニア・メザニン債がダブル B－に格下げされている。シンフォニー・ツー・リミテッドは，2001年3月12日時点で一部企業の信用力が低下したということからレーティング・モニターに指定され再検討の結果，格下げとなってしまった。

33) Robert J. Grossmans, upra note 18, 1997.
34) ただし，曙ブレーキは，一部，借入金返済と用途に記載してあったため，富士銀行の借入金残高を有価証券で見たところ若干の返済が行われていた．また，ジョナサン，ティエイチケーについては調査していない．

参 考 文 献

赤川厚雄「証券化商品市場の新たな展開と問題点：投資銀行の視点」『証券経済学会第55回全国大会プログラム・報告要旨』，2001年．

大垣尚司「第5章　証券経営と証券化」（財）資本市場研究会編『証券経営の新ビジネスモデル』，清文社，2000年．

坂本恒夫「資産の流動化と株式会社の今日的役割」『年報　財務管理研究』第12号，2001年3月．

高津邦人「最近の資産流動化の動きについて」『地方債月報』7月号，1999年．

張　毓宗「CBO/CLO の格付手法」『資産流動化研究』Vol. V，1999年3月．

二階堂保寿「わが国初のCBO（社債担保証券）の公募発行について」『証券アナリストジャーナル』3月号，1999年．

原田喜美枝「わが国の資産証券化」『証券レビュー』第37巻第10号，1997年．

福光　寛「新たな段階に入った日本の資産証券化」『成城大学　経済研』1998年1月7日．

松尾順介「90年代米国のハイ・イールド債市場」『証券レポート』，（財）日本証券経済研究所，20001年1月．

『R&I レーティング情報』

『NIKKEI NEWSLETTER ON BOND & MONEY』

『日本経済新聞』

『日経金融新聞』

Anonymous, "Fuji sets unusual corporate CBO", *Euroweek*, 1998.

David R. Howard, Jane Lee and Michael J. Mancini, "Market Value CBO/CLO Rating Criteria", *Loan Products Special Report*, 1999, June 1, http://www.fitchbca.com/corporate/reports/report.cfm?rpt?id=50476（2001年7月25日アクセス）．

Gail I. Hessol, "Chapter 9 A Study of Corporate Bond Defaults", Jess Lederman, Michael P. Sullivan, *HIGH YIELD BOND MARKET*, PROBUS PUBLISHING COMPANY, 1993.

Jeremy Gluck, "2000 Third Quarter CDO Review : Arbitrage Opportunity Spurs Activity, But Balance-Sheet CLOs Scarce ; Forward Calendar Indicates Very High Issuance By Year-End", *Special Report*, Moody' Investors Service, 2000, http://www.moodys.com/moodys/cust/

research/avalon/Publication/special/%20 Report/noncategorized-number/SF 9338.pdf (2001年7月25日アクセス)。

LAURIE GOODMAN, "CBOs/CLOs : An Introduction", *DERIVATIVES QUARTERLY*, 1998.

Robert J. Grossman, "Management of CBOs/CLOs", *FITCH RESEARCH*, 1997. 12. 8, http://www.fitchbca.com/corporate/reports/report.cfm?rpt?id=19046 (2001年7月25日アクセス)。

Standard & Poor's, "Global CBO/CLO Criteria", 1998, http://www.standardpoor.com/ResourceCenter/RatingsCriteria/StructuredFinance/index.htm/ (2001年7月26日アクセス)。

Standard & Poor's, "STRUCTURED FINANCE", June 2001.

THEODORE M. BARNHILL, JR. WILLIAM F.MAXWELL, and MARK R. SHENKMAN "CHAPTER 2 Changes in High Yield Market, A Historical Perspective", *HIGH YIELD BONDS*, McGraw-Hill, 1998.

Tracy van Eck Bear, Stearns & Co. Inc, "Collateralized Bond Obligations, Collateralized Loan Obligations : The Markets and The Securities", *The Securitization Conduit*, Vol. 1, No.4, 1998.

第8章 会計の国際化と税効果会計

1 ▶ 日本の会計の現状と変革

　日本の会計は，70年代の企業のグローバル化が進むなかで国際社会から孤立してしまった。その一方で会計制度とはかかわりなく日本企業の海外進出はめざましく，多くの資本の必要性から，資本を調達する際における財務諸表の国際間の比較問題が顕在化した。資本を海外投資家までに求める企業は，当然のことながら，国内向けの財務諸表と海外向けの財務諸表を作成することを余儀なくされる。日本の企業においても外国人投資家の割合が増加しつつあるのにもかかわらず，旧態依然の会計では国際的な証券市場の支持を得ることはできない。税効果会計をはじめ国際会計基準が提唱するさまざまな会計処理基準は日本の会計に導入せざるを得ない状況となってきている。加えて1998年に国際会計基準委員会がコア・スタンダード[1])を完成させたことにより，投資家などの利害関係者のための財務情報として，また会計本来の目的である適正な期間損益計算を表現するものとして日本の会計基準の改正が急速に行われた。本章では，これら会計基準のなかでも税効果会計を中心として，会計の国際化における日本の会計基準の影響とその問題点について以下に論じる。

2 ▶ 税効果会計の前提

　日本の会計制度において，任意規定ながら連結会計制度において認められた税効果会計が，なぜ注目を浴び，現在の制度に改正されたのか。この答えは，バブル経済の崩壊によって，従来行われてきた含み益経営が，一転して含み損経営となってしまったことが第一番目に指摘されるのではないか。利害関係者に公開されている財務諸表が企業実態を表していなかったのにもかかわらず，旧態依然の会計制度に従って作成されていた。そのために，財務諸表に対する信頼性が急速に失われた。たとえば，従来であれば取得原価主義会計に基づいて表示されている土地や有価証券は，決算時点においてはその価額以上の価値をもっていたかもしれなかった。そのため，企業は，財務諸表に実際の価値が顕在化していないこれらの資産によって，つまり隠れたる担保価値により，資金調達を行ってきたし，外部投資家においてもそのような判断をしてきた。端的にいえば，企業は，それら資産の含み益により資金調達が可能であったといえる。

　ところが，バブルの崩壊が日本独特の資金調達の仕組みを一変させた。企業の資産全体が含み益をかかえている状態であれば，企業が継続している以上，会計問題は先送りできるものの，含み損ともなれば，資金調達ができにくくなり，キャッシュ・フローにも重大な影響を及ぼす。会計担当者は，利益は計上しているものの，企業の実態を表していない財務諸表に対して，なぜ企業経営がうまく活動していないかの説明ができないのである。企業実態を数字で表そうとすると，日本の独特の会計制度であるトライアングル体制が足かせとなり，身動きがとれないのである。たとえばこのなかでも，税法基準の貸倒損失の要件が厳しく，そのまま貸倒れに計上するとストレートに企業の最終利益が赤字もしくは従来の利益規模に比較して過少表示となってしまう。その理由は，損益計算書に計上する税金の金額は税法の要件を満たさなければ「貸倒損失否認」として課税所得に加算されたところで税金が計算され，それだけ税金の金

額が多く計上される。つまり，この法人税等の金額を控除することによって，最終利益が決定されるところから，投資家からそっぽを向かれることになる。そこで，銀行等によっては，特にバブル崩壊後の不良債権の早期償却に関して，税効果会計が注目されたのである。

（1）税効果会計の基本的な考え方

税効果会計は，企業会計上の資産または負債の額と課税所得計算上の資産または負債の額に相違がある場合において，法人税その他利益に関連する金額を課税標準とする税金（以下「法人税等」という）の額を適切に期間配分することにより，法人税等を控除する前の当期純利益と法人税等を合理的に対応させることを目的とする手続きである[2]。この税効果会計の目的文言のなかに問題点が集約されているが，その背景として現在制度化されている税効果会計に至るまでの経緯を概括的に見ていこう。

さて，税効果会計そのものは米国で発展してきた。その税効果を tax effects[3] と呼んでいた。これを日本では「税効果[4]」と訳出し，今日に至っている。

さて，中田信正氏はワシントン大学の G. Mueller 準教授の考え方を参考に，法人税の会計処理は経済の発展段階により三つの段階に分けて考えられる[5]と指摘している。現金主義から発生主義へとの変化，さらに発生主義のより厳密な適用としての税金配分手続への考慮が，税制の複雑化と企業活動の国際化によって，必要となってきた。

第一段階として，現金主義会計は，法人税等をその支払時に計上するもので租税構造と徴税の実施が明確でない国で採用されている方法である。また，公開会社がほとんどない国においても採用される。その理由は，一般の第三者に報告する義務がないことが挙げられる。第二段階である発生主義は，租税債務が発生した年度に帰属させる方法であるが，計算の基となった税金を税引前当期利益との対応としてはとらえていない。しかし，日本で今まで採用されてきた方法である。最後に第三段階としての税金の配分手続は，期間損益概念の厳密な適用の産物であり，一般化されつつある方法である。

日本では，上述したように第二段階ともいえる法人税等の会計処理が発生主義で止まっていた。これは損益計算書に税引前当期純利益と法人税等との対応関係がないままで作成されてきたことを意味する。この時期には，税効果会計が導入されない理由としては，二つ考えられる。一つは税法の確定決算基準であり，もう一つは法人税をはじめとする利益をもととする税金の性格の未解決である。前者は，税法基準により決算を行う場合，税効果会計は意味をなさない。その理由は，税効果会計は，そもそも，税引前当期純利益に対応する法人税等を計上することに目的があるので，税法基準によれば税務財務諸表ができ，税引前利益と課税所得が同一になるため，それに対応する法人税等が必然的に計上されるからである[6]。後者は税金の性格論争であるが，税金が利益処分項目であるならば，対応関係を考える必要はなく，極論すれば正確な法人税額を記載する必要はないのではないか[7]ともいえるからである。

　ところが，企業会計審議会の「連結財務諸表の制度化に関する意見書」を受けて，昭和51年10月に『連結財規』第11条において，法人税の期間配分について，「連結財務諸表の作成に当り，連結会社の法人税その他利益に関連する金額を課税標準として課される租税については，期間配分の処理を行うことができる。」と規定されたことに伴い任意規定ながら認められた[8]。以来実に20年以上経って，ようやくわが国の会計が国際舞台に立ったことになる。

（2）税効果を適用する税金の範囲

　税効果会計を導入するにあたって，その基本となるのは税金を営業上のコスト[9]と考えることである。その点を明確にしなければ，税金を配分すること自体が意味をなさない。この場合における税金の範囲は，法人税その他利益に関連する金額を課税標準とする税金をいい，具体的には，法人税，都道府県民税及び市町村民税（「住民税[10]」）ならびに事業税（収入を課税標準とする事業税を除く）がそれに該当する（以下これらの税金を「法人税等」と称する）。また，外国法人税等も利益（あるいは所得金額）を課税標準とするかぎり法人税等の中に含まれる。

さて，日本では税金の性格について長い間論争があり，税金を利益処分項目と考える「利益処分説」と税金を費用と考える「費用処理説」とが対立してきたといわれる。昭和38年財務諸表等規則第97条では，「当該事業年度の法人税として納付すべき額を損益計算書又は剰余金計算書に見積り計算した場合には，当該法人税引当額は，次の方法により表示しなければならない。」とし，損益計算書に計上した場合には，当期純利益の金額から法人税引当額を控除した形式，剰余金計算書に計上した場合には，当期未処分利益剰余金の金額から法人税引当額を控除する形式によって表示しなければならないとしている[11]。

以上から，当時の財務諸表等規則では，利益処分項目と考えられていたことがうかがわれる。もともと法人税等を企業の費用として処理する慣行がなかったといえる。したがって，費用収益の対応概念や法人税等の期間配分といった概念の入りこむ余地はなかったのである。

一方，税効果会計の先進国である米国においては，APB意見書第11号（Opinion of Accounting Principles Board No. 11）において「法人所得税は税金が課される利益を稼得する企業の費用である。」と所与の条件のごとく述べられ現在に至っている。

しかし，米国においても多くの論争があったことは否定できない。米国での結論として会計研究叢書（Accounting Research Study）第9号序文では，法人税が概念上費用であるのか，あるいは利益の分配であるのかということは会計担当者の間で実際には解決されていない。同様に法人税を配分すべきか，あるいは当期に支払うべき法人税を企業会計上の法人税として計上すべきかについても，いまだ適切な研究は行われていない。しかし，米国における法人税の期間配分の実務の発展はこの基本的な問題に優先してしまっている[12]と述べられている。

（3）企業利益計算と課税所得計算との相違について

日本では，改正前連結財務諸表規則第11条において，期間配分の処理について，次のように記述していた。

「収益又は費用の帰属年度の相違にもとづき,各連結会社の課税所得の合計額と連結財務諸表上の法人税等控除前の利益に差異がある場合において,当該差異に係る法人税等を,連結財務諸表の法人税等控除前の利益に期間配分の方法により合理的に対応させるための調整を行うことをいう。」

これはいわゆる収益・費用アプローチ(収益から費用を控除した差額を利益と定義するもの)である。

当初,米国ではAPB意見書第11号において上記の収益・費用アプローチを採用していたが,その採用以前から批判があった。AAA(米国会計学会)は「会社財務諸表会計および報告諸基準(1957年改訂版)」において[13],(企業会計上と課税所得計算上の)差額を前払額,あるいは見越負債額として掲記する場合がある。しかしながら,これらの項目は,資産あるいは負債としての通常の性質を備えていないし,次期以降の相殺の予想は不確定であり,その処理は不当に複雑であるから望ましくないとしている。これは,その差異が生じる事実は認めるものの,税金を期間配分することについては否定的な意見であった。

現在では,以上の批判に応えて,期間配分については,企業会計上と課税所得計算上のそれぞれの資産・負債に差異がある場合と改められている。これが資産・負債アプローチ(一会計期間の純資産の純増を利益であると定義するもの)である。

3 ▶ 繰延税金資産および繰延税金負債の貸借対照表能力について

(1) 税効果の認識

税効果の認識には,一時差異と永久差異との二つがある。

一時差異とは,会計と税法が将来的には一致するものをいい,これについて税効果を認識する。一時差異には,①将来減算一時差異と,②将来加算一時差異との二つがある。

① 将来減算一時差異

税効果を認識した一時差異が解消するときに，その期の課税所得を減じる働きをするものをいう。具体例として，会計と税法の費用認識時点が異なる「棚卸資産の評価損」，「貸倒損失」，「減価償却費の限度超過額」，「貸倒引当金繰入額超過額」，「退職給与金繰入超過額」，「役員退職慰労引当金」，「保証債務引当金」，「未払事業税」などがあり，日本では，圧倒的に将来減算一時差異の項目が多い。

② 将来加算一時差異

税効果を認識した一時差異が解消するときに，その期の課税所得を増やす働きをするものをいう。具体例として，利益処分方式による「圧縮積立金」「特別償却準備金」「租税措置法の準備金」などがある。

次に，永久差異[14]とは，会計と税法がその目的観の違いにより永久に一致しないもの（たとえば，交際費等の損金不算入額，寄附金の損金不算入額，役員賞与の損金不算入額，受取配当等の益金不算入額など）をいい，これは会計と税法との差異が将来にわたっても解消されないため，税効果を認識しない。以上のように税効果会計の対象となる項目は，一時差異であることが理解されたが，さらに一時差異についてはもう少しその範囲を広くとらえ，結局，一時差異を次の2種類とする。これらをまとめて一時差異等と呼ぶ。

（a）企業会計上の利益と法人税法上の所得の差異が将来解消する項目（本来の一時差異）

（b）企業会計上の利益と法人税法上の所得の差異が将来発生する可能性がある繰越欠損金

税効果の認識を損益計算書上で調整するのが，「法人税等調整額」であり，その結果を貸借対照表上に反映するものが「繰延税金資産」と「繰延税金負債」である。

繰延税金資産とは，税金を費用と考え，税引前当期純利益との対応関係が次期以降に生じるもので，貸借対照表の借方に生じるものである。

繰延税金負債とは，同様に税引前当期純利益との対応関係が次期以降に生じるもので，貸借対照表の貸方に生じるものである。

（2） 商法における資産・負債概念

　商法では債権者保護の観点から資産を法律上の権利，負債を法律上の債務に限定して考えるのが多数説であり，資産にあっては第三者に向かって担保力をもつものでなければならない[15]。当然のことながら，これらの考え方を厳密に適用すると現在の会計は説明できない。たとえば，ノウハウやのれんといった資産や債務が決算時点までに確定していない各種引当金である負債という具合である。そこで，現行商法では，企業会計との調整を行う意味で「商業帳簿の作成に関する規定の解釈に付いては公正なる会計慣行を斟酌すべし（商法第32条第2項）」となっていることは周知のとおりである。

　同時に，商法では，配当可能利益の確定が重視される[16]。この配当可能利益は，次の計算式のうち，いずれか少ない金額とされる（商法第290条第1項）。

　　配当可能利益＝|純資産額－資本金－（資本準備金＋利益準備金）

　　　　　　　　－290条1項5号の自己株式の合計額|×10/11 ………①

　　配当可能利益＝純資産額－資本金－（開業準備費＋試験研究費＋開発費）

　　　　　　　　－290条1項5号の自己株式の合計額　　　………②

　ここで②式に注目すると開業準備費と試験研究費及び開発費が配当可能利益の算定から除外されているが，この理由としては，それぞれの科目の範囲が必ずしも明確でないこと，およびそれらの金額は他の繰延資産と比較して巨額になる[17]ことが予想される点が挙げられている。一部分にしろ繰延資産の財産性の否認は，とりも直さず，商法の財産法的な思考が残っていることを指摘できる。これらの点を背景にして繰延税金資産を考えてみたい。

　1998年6月16日の法務省と大蔵省（現在の「財務省」）の共同で行われた「商法と企業会計の調整に関する研究会報告書（座長 江頭憲治郎 東京大学教授）」Ⅲ2によれば，企業会計上の税効果会計に関する会計基準において，繰延税金資産及び繰延税金負債が法人税等の前払税金又は未払税金として資産性・負債性があることが明確にされるならば，商法上も公正な会計慣行を斟酌する立場から，企業会計の基準に準じるとしている。商法上は，あくまでも企業会計の慣行を尊重することで一致をみている。その背景としては，同研究会

報告書の概要において，商法と企業会計との関係について，「企業会計原則は，商法においても斟酌すべき公正な会計慣行と位置づけられており，これまでも相互に調整が図られてきた。(中略) 今後も整合性を確保して行くことが適当」と述べ，両者の密接な関係を再確認している。

この結果，同報告書ではこれらの繰延税金資産・繰延税金負債についても，会計基準と同様，資産性および負債性が認められるならば配当規制を行う必要がないことを明らかにした。

このように，間接的な表現ながら商法のお墨付きをもらったところで，税効果会計はその基盤が整ったことになる。

(3) 国際会計基準における資産概念と繰延税金資産

国際会計基準委員会（以下 IASC）は，法人税等の会計処理について IAS 12 号（改訂）を 1996 年 10 月に公表して現在に至っている。しかしながら，ここに至るまでの道のりは決して平坦なものではなかった。改訂前の IAS 12 号は，法人税等の会計処理をするにあたって，選択肢が多く国際間の比較可能性を満たすものでは必ずしもなかった。IASC の財務諸表の作成表示に関する枠組み (Framework for the Preparation and Presentation of Financial Statements 以下「IASC 概念フレームワーク」と称する）第 49 項によれば，資産とは，過去の事象の結果として特定の企業が支配し，かつ，将来の経済的便益が当該企業に流入すると期待される資源をいう。この場合，資産が認識される前に，企業に流入するであろう将来の経済的便益の予想が次の蓋然性規準を満たすほどに十分に確実なものでなければならない（IASC 概念フレームワーク第 50 項）としている。

① 当該項目に関連する将来の経済的便益が，企業に流入する可能性がかなり大きく，かつ，
② 当該項目が信頼性をもって測定することができる原価または価値を持っている場合

以上から繰延税金資産の資産性を考察すると次のようになる。
「資産を認識するにはその帳簿価額が，将来の期に企業に流入する経済的便

益によって，回収されるということが必須の要件である[18)]。」

ただし，企業は，減算一時的差異を使用するだけの課税所得が得られる可能性がかなり大きい場合にのみ繰延税金資産を認識する[19)]。つまり，将来減算一時的差異が生じていれば，原則として繰延税金資産を認識する。しかし，その減算一時的差異を解消しようとする期間に課税所得が生じていないときやその減算一時的差異を解消したとしても税金費用を減少させることができないときは，繰延税金資産を認識できない。

（4） 繰延税金の資産性

米国に目を向けると，この問題はAPB意見書第11号にさかのぼる。税効果会計の方法について繰延法の採用の結果，多くの米国企業において貸借対照表上の貸方残高が年々膨張し，税率変更の影響が考慮されなかったため，その負債概念に対して批判を受けた。一方で，繰延税金の借方残高に対しても，それが必ずしも将来の税金の減額にならないことから，その資産性についても批判を受けた[20)]。これらを受けて，税効果会計の見直しが行われ，FASB基準書96号，FASB基準書109号が相次いで公表され，現在に至っている。

繰延税金資産は，当期末までに発生した繰延税効果として将来税金が軽減ないし還付される額を表す。さらに回収される可能性が高い場合には，評価引当金を設定する。一方，繰延税金負債は，当期末までに発生した一時差異の繰延税効果として将来支払うことになる税額を表す。

日本においても，繰延税金資産を計上するにあたっての判断要件が検討された。個別財務諸表における税効果会計に関する実務指針（以下「個別実務指針」）の第21項および第22項において，当該資産の回収可能性の判断が示され，このハードルを乗り越えて初めて資産たる繰延税金となる。次の回収可能性の判断要件は，いずれかを満たす必要がある。

① 収益力に基づく課税所得の十分性
② タックスプランニングの存在
③ 将来加算一時差異の十分性

ただし、これらの判断要件を満たした結果、将来減算一時差異および税務上の繰越欠損金が将来課税所得を減少させ、税金負担額を軽減することができると認められる範囲内でしか計上できない。

第一の収益力に基づく課税所得の十分性とは、将来、会社が事業活動をすることにより利益を上げ、その利益が課税所得を構成することによって税額が発生し、その税額の発生と将来減算一時差異及び繰越欠損金等の（マイナスの）税効果とを相殺させることにより繰延税金資産が回収されることになる。

第二のタックス・プランニングの存在とは、将来減算一時差異の解消年度及び繰戻・繰越期間に含み益のある固定資産又は有価証券を売却する等、将来課税所得を発生させるようなタックスプランがあることである。これによって繰延税金資産を計上することができる。

第三の将来加算一時差異の十分性は、繰延税金負債が計上され、それについてその負債を支払う必要が生じる。当該負債の支払いの際に相殺できる資産があれば、その相殺後の金額で支払うことができる。したがって、繰延税金資産を計上するためには、将来加算一時差異の十分性を検討することが必要なのである。

また、繰延税金資産の資産性を検討する必要があるのには、わが国独特の経理慣行の存在を無視することができない。つまり、企業経理に関して税法基準に従って行う確定決算主義なるものが存在しており、その税法基準内で、企業経理を行うと税金に最小限になると判断してきたのである。そこで、わが国の税効果の認識では圧倒的に繰延税金資産を計上する例が多い。

4 ▶ 日本の税効果会計における基盤の未整備

（1） 各種法律と税効果会計

経済が未熟の段階においては、商法や税法を始めとする法制度が経済を支えてきたといっても過言ではない。

企業において資本の不足は、日本では従来借入資本で行うことが当然であっ

た。増資によって株主から調達するよりも容易であるからである。その資金調達の裏づけは、企業の含み資産であり、代表者などの個人保証であった。

　また、企業も税制度を利用して、減価償却費の特例として特別償却制度を利用した早期回収があり、引当金制度により企業の内部留保を高めてきた。さらに、建設業などにおいては、工事進行基準ではなく、工事完成基準が容認された。指摘するときりがないが、税法の名のもので政府が企業の内部留保を容認してきたといえよう。

　結局、企業は債権者（もちろん銀行や政府も債権者ではあるが）や投資家に目を向けることなく、法制度に従った企業経営を行っていればよかった。

① 商法との関係

　日本の会計には強く法律が関与している。したがって、会計との間には、少なからず溝が存在する。これは、企業の会計はあくまでも個別企業の視点で考えることが強いのに対して、法律は企業全体を考えることが強い。特に商法は巨大企業から零細企業まで一律に規制しようとしている[21]点からもうかがえる。つまり会計が柔軟、個別的というならば、法律が画一、総括的とでもいえよう。

② 税法との関係

　課税の公平の観点から、企業が独自の税金計算をすることは原則として許されない。一定の条件を満たせば、企業独自の会計処理方法をとることは不可能ではない。たとえば、減価償却費の計算について、企業の実情に併せて、税法の一般的な規定によらず、増加償却や耐用年数の短縮などを行う場合には、前者の場合には所轄税務署長、また後者の場合には所轄国税局長の承認を受けなければならない。つまり、企業だけで税務当局の判断を仰ぐことなく経理をすることはできない。

　日本経済の景気が右肩上がりであれば、必要な規模の税収が確保できるため、企業に対して政策的な節税手段が講じられるのであるが、いったん景気が下降するともはや税もそれを無視することができなくなった。平成10年度には、画期的ともいえる大幅な税制改正が行われ、企業会計と税法の乖離が一層進んだ。具体的には、法人税率の引下げの見返りに、

第8章　会計の国際化と税効果会計

　（a）貸倒引当金制度の法定繰入率の廃止
　（b）賞与引当金制度の廃止
　（c）退職給与引当金の縮小
　（d）新規建物の償却方法の定額法の一本化
　（e）少額減価償却資産の取得価額基準の引下げ
　（f）減価償却費の初年度2分の1簡便償却の制度の廃止
　（g）長期請負工事についての工事進行基準の適用

などが規定され，結果的に課税ベースが拡大された。

③　確定決算主義と税効果会計

　法人税法第22条第4項では企業の各事業年度の所得を計算する際には，別段の定めがあるものを除き，一般に公正妥当と認められる会計処理の基準（以下「公正処理基準」とする）に従って計算するものとしている。この場合の「一般に」は，税法や商法の法的な要求を除外したところで計算されるといった意味があり，つまるところ公正処理基準は，客観的な規範性を有する公正妥当と認められる会計処理の基準であって，明文の規定があることを予定しているものではないとされている。しかし，中村利雄氏によれば，企業会計原則は，「一般に公正妥当」性を判断したものであるから，公正処理基準の一つの有力な源泉となりうるから，企業会計原則に従った処理がなされていれば，それが公正処理基準に該当するものと考えてもよい[22]としている。

　一方で，課税所得計算は株主総会等の承認を経たうえでの商事法上の計算書類に表された利益を基として行う。これを確定決算主義と称しているが，会計処理の選択の自由は上述した承認を受ける以前に行い，原則として確定申告書を作成する段階で申告調整することはできない。

　さらに，税法の企業会計に対する不当な干渉であるという「逆基準性」の問題[23]もある。同一の会計事実に対して一般に認められる会計処理の方法が複数存在する場合，確定決算基準は，「会計実務を圧迫し，租税財務諸表が逆に企業財務諸表に優先するかのごとき結果をきたしている。」といえる。この場合，企業会計と課税所得との間の差異は，すべての収益・費用に関して存在してい

147

るわけではない。たとえば，減価償却費の計算が典型である[24]。これに対して，武田昌輔氏は逆基準性の問題は，税法に対するいわれのない主張であるとする。つまり，税法基準に固執する必要はないので，税法を無視したところで企業会計を行い，しかる後に税務申告書において申告調整をすればこと足りるとしている[25]。

しかしながら，体力のない中小規模会社にとっては税金の支払いは非常に大きい負担である。当然に税法基準に従って，計算したほうが，ミニマムかつ適正に納税が済むことになる。対外的に会計事実を公表しないものであればなおさらである。したがって，一概に語れないのが逆基準性の問題であろう。

以上の税務上の問題を背景にして，税効果会計は，会計本来の姿で登場することとなった。商法では会計に依拠する形で決着をし，税法では，原則として課税所得の金額に影響を与えるものではないところから，それを容認した。

（2）トライアングル体制とそれぞれの目的観

商法，証券取引法，法人税法の三つが相互に密接に結びついて日本の会計制度を支えている。これがトライアングル体制と呼ばれるものである。商法計算書類規則によって計算され，それを株主総会で承認し，次に課税所得計算を税法の規定により調整する。その過程において，証券取引法に基づいて作成される財務諸表の構成要素は，当然，商法計算書類規則に従って計算されている。商法を中心にこのトライアングル体制は組み立てられており，それぞれの損益計算書上の純利益は一致している。

さて，商法が債権者保護，証券取引法が投資家保護，法人税法が課税の公平といった，目的観が異なっているのは周知の事実である。しかしながら，純利益の一致をみているのはなぜであろうか。これらの共通項は法であることである。三者の関係は，次のように要約される。証券取引法は，商法に比較して，量的に詳細な規定があるが，質的には異なることはない。その規定はその商法の計算規定に拘束されているからである。また，法人税法においても，1947年改正によって，法人の所得は商法の計算規定に従って計算された利益にもと

づいて計算すべきことを明確にした。このように商法を中心とする制定法主義の体制は存続している[26]。

ところが，会計は，法とはある意味ではあい入れないことがある。企業の経済活動をすべて法で規制したなかで表現できないことがあるからである。歴史的に考察すると，企業会計原則の設定について[27]二—1において「企業会計原則は，企業会計の実務のなかに慣習として発達したもののなかから，一般に公正妥当と認められたところを要約したものであって，<u>必ずしも法令によって強制されないでも，すべての企業がその会計を処理するにあたって従わなければならない基準</u>である（下線部筆者）。また二—3において「企業会計原則は，将来において，商法，税法，物価統制令等の企業会計に関係ある諸法令が制定改廃される場合において尊重されなければならないものである。」として，企業会計原則がそれらの主導的役割をはたすべき立場にあることを宣言している。企業会計原則の設定以後は，商法の改正や税法の改正に企業会計原則の趣旨がある程度まで反映されることになった[28]。

以上の体制によると企業会計上の利益と課税所得との所得との差異はあまり生じないことになる。

5 ▶ 企業実態の適正開示に向けて

企業会計の情報提供は，その企業をとり巻く経済的・社会的な諸条件の発展・改変にともなって変化していく。したがって，利害関係者の関心もまた変化する。今，日本の会計は大きな変革の真っただ中である。バブル経済崩壊以後の利害関係者の最大関心事が，「企業実態の適正開示」に移ってきたと考えられるからである。

従来から企業会計は，その適正開示に努めてきたことには間違いがないが，経済が好調なときには，企業の会計担当者にその開示に関して緩みがあったことも否めない。それは，日本の企業会計の指向が株主ではなく，銀行を中心とした債権者に向いていればよかったからである。

企業経理は，税金計算のためにあるのではなく，企業の内容がどうなっているのか，あるいは企業が今後どのような方向に進んでいくのか，あるいは企業が継続していけるのだろうかといったさまざまな問題に対して，会計を通じて的確な情報提供をする義務を負っている。そのために，企業はさまざまな社会的・法律的な制約を受けながらも原則的に利益獲得を目標として日夜行動していくのである。

　その時に，企業実態の開示を会計によって適正に行うことを第一義に考えなければならない。税効果会計はその一端を担う会計処理手続である。

　税効果会計は，単に現金収支や法的に確定した権利義務のみではなく，当期に発生した取引，その他の事象に対する税法の適用結果を当期および将来年度の収支に結びつけて認識し，測定するものである[29]。これによって企業会計の適正な期間損益計算思考が貫かれ，最終利益数値は企業が最終的に稼得した数値を表すことになる。

　企業が国際化するにつれ，会計も当然に国際化していく。この流れはとどまることを知らない。今一度，会計に目を向け，企業実態の適正開示とは何かを考えるときである。

＊本章は，2001年9月1日，学習院大学において開催された日本財務管理学会第13回全国大会（小山明宏委員長）において行った研究報告に加筆し執筆したものである。

注

1) IOSCO (International Organization of Securities Commission 証券監督者国際機構－世界各国の証券市場を監督している組織の集合体）から提示された40項目からなるコア・スタンダード（個別会計基準）を国際会計基準委員会が完成させたことにより，その支持表明を受け，グローバルスタンダードの地位に近づいた。
2) 企業会計審議会「税効果会計に係る会計基準の設定に関する意見書」『税効果会計に係る会計基準第一』平成10年10月30日。
3) 現在米国及び国際会計基準では，「税効果」を tax consequences と呼称しており，一時差異に係る税効果という意味をもつ。ちなみに tax effects は，期間帰属差異に係る税効

果を示している。この違いは，会計の認識の変化に依拠するもので，収益費用アプローチから導出されたものが，tax effects であり，資産負債アプローチから導出されたものが tax consequences であると思われる。

4) 「税効果」といった場合，番場嘉一郎博士は「企業にとって有利な差額（または有利な差額の発生）のみを意味するかのごとき語弊がある。税効果という言葉を使うとした場合，それは企業にとっての不利なマイナスの税効果を意味することもあると心得るべきである。」と述べ，さらに「…むしろ税効果という代わりに，税額差異とか税負担差異（税負担差額）というほうがぴったりしているだろう。」とも述べている。

5) 中田信正『税金配分会計』中央経済社，昭和48年3月，7～9ページ。

6) 川口順一監訳，磯部秀夫訳『アメリカ公認会計士協会 税効果会計』関東図書，昭和48年7月，34～35ページ。

7) 番場嘉一郎「税効果会計と制度的環境」『企業会計』第28巻第11号，1976年，27ページ。

8) 鴬村剛雄監修, 氏原・佐藤・松井編，筆者稿『国際会計基準精説[第2版]』白桃書房, 1995年6月，229～233ページ。

9) 会計制度委員会報告10号「個別財務諸表における税効果会計に関する実務指針について」第2項を参照。

10) 住民税のうち，いわゆる「均等割」については，税効果会計の対象となる税金としない。

11) 財務諸表等規則の改正経過については，鴬村剛雄『会計制度史料訳解』白桃書房，昭和60年2月を参照。

12) Homer A. Black, "Interperiod Allocation of Corporation Income Taxes." (New York : American Institute of Certified Public Accountants, Inc. 1966), VII.

13) American Accounting Association, Accounting and Reporting Standards for Corporate Financial Statements, 1957 Revision, 中島省吾訳編，増訂 A. A. A 会計原則, pp 57-58.

14) 一時差異をどのようにとらえるかによって，「資産負債法」と「繰延法」とに区分する。前者の資産負債法によれば，会計上の資産・負債の差異からアプローチし，現在有効な国際会計基準や日本の税効果会計で採用している。これに対して，後者の繰延法は会計上と税務上の収益費用の差異を期間差異と永久差異とに分けて，期間差異だけについてだけ税効果を認識するものである。日本では現在資産・負債法を採用しているところから，永久差異という用語は会計基準上は出てこないが，一時差異が発生しない税務調整項目と永久差異という用語が同心円上にあるので，便宜上「永久差異」という用語を使用する。

15) 山下勝治『会計学一般理論－決定版－』千倉書房，昭和43年4月，152ページ。

16) 武田隆二『法人税法精説』森山書店，平成12年9月，23ページ。

17) 田中久夫『商法と税法の接点』財経詳報社，1989年3月，127～128ページ。さらに，繰延資産全体について，武田昌輔は，その著書『会計・商法と課税所得』（森山書店，1993年2月，186ページ。）で「商法においてはできるだけ確実な資産を計上し，債権者の保護という商法における重要な目的のために，繰延資産は早期に償却すべきものとされ，これらを資産そのものとは考えていない。」と述べられている。
18) IASC, IAS No. 12（Revised）-Income Taxes, 1996, par 16. 18
19) IASC, IAS No. 12（Revised), op. cit., par 27.
20) 青山監査法人『アメリカの会計原則』東洋経済新報社，1989年10月，51ページ。
　　当時採用されていた繰延法は，企業利益と課税所得との間に生じた期間差異を発生年度の税率によって計算し，将来の課税繰延効果または税金の前払効果を表す繰延税金とするものである。したがって，その後税率の変更があっても繰延税金の見直しは行わない。
21) 龍田　節『会社法〔第二版〕』有斐閣，1991年1月，15ページ。
22) 中村利雄『法人税の課税所得計算－その基本原理と税務調整　改訂版』ぎょうせい，平成2年8月，84ページ。
23) 浦野晴夫『確定決算基準会計』税務経理協会，平成6年7月，57～58ページ。
24) 減価償却費の計算に際して，企業が独自に見積もることは困難である。そこで，税法においては，減価償却額を決定する要素をあらかじめ定め，それに基づいて上限額を決めている。企業がその範囲以内で費用化すれば，損金算入を認める方法をとっている。つまり，減価償却費計算の困難性から大部分の企業が税法に基づいて計算を行っているのが実情である。
25) 武田昌輔「確定決算主義」『企業会計』第51巻第1号，1999年，103～105ページ。
26) 新井清光・白鳥庄之助「日本における会計の法律的及び概念的フレームワーク」会計基準設定機関国際会議報告書，Ⅲ2. 1991年6月16日～18日。
27) 経済安定本部企業会計制度対策調査会中間報告「企業会計原則の設定について」昭和24年7月9日。
28) 嶌村剛雄，前掲書，3～4ページ。
29) 中田信正『税効果会計詳解』中央経済社，平成11年12月，14～15ページ。

第9章 環境問題による資金調達市場への影響とその動向

1 ▶ 企業評価の新側面

　従来，企業の評価は，売上高や利益，あるいは ROE，EVA，キャッシュ・フローといった経済的な側面からの評価が一般的であった。そして，それらの評価は，企業の資金調達に際し，その可，不可あるいは，コストを少なからず左右してきた。たとえば，経済的な価値評価が高い企業は，証券市場に上場し多額の資金を集めることが可能であったり，あるいは銀行に融資を依頼したりすることが容易となる。また，社債においても経済的評価が高い企業は格付けが高くなり低い利息で発行できたり，銀行借入れの利子も低くおさえられたりすることで，低コストでの資金調達が可能となる。

　昨今，こうした従来の企業評価の指標に加えて新たな指標が，企業の資金調達に影響を及ぼしつつある。すなわち，企業の社会的な側面の評価である環境保全活動を評価する動きの活発化がそれである。環境会計の導入や ISO 14001 の取得状況，ゼロ・エミッション（事業所内の廃棄物を限りなくゼロに近くする）の遂行，従業員の環境教育といったことを評価するものであり，この流れが，証券市場や銀行の融資形態に新しい動きを生み出している（図表9-1）。

　本章は，環境問題によって変わりゆく資金調達市場の現状を概観し，企業の環境保全活動に対する評価が当該企業の資金調達にどう影響するかを考察する

図表 9-1 資金調達とコストと環境問題

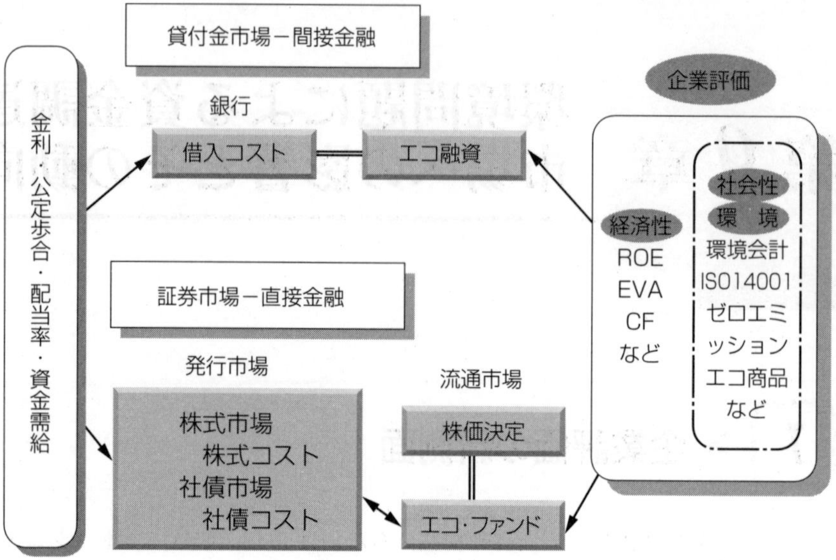

```
貸付金市場－間接金融
      銀行
    借入コスト ═══ エコ融資 ← 企業評価
                              経済性  社会性
                              ROE    環 境
                              EVA    環境会計
                              CF     ISO14001
                              など    ゼロエミ
                                     ッション
    証券市場－直接金融              エコ商品
                                     など
    発行市場    流通市場
     株式市場   株価決定
     株式コスト  ═══
     社債市場   エコ・ファンド
     社債コスト
```

左側：金利・公定歩合・配当率・資金需給

ものである。

　はじめに，直接金融市場で見られる変化，すなわちグリーン・インベストメント，エコ・ファンドといった新しい投資形態を中心に考察する。次に，間接金融市場で見られる変化として，銀行の融資形態と環境問題の新たな展開について概観する。そして，最後に今後，環境問題が関わると考えられる資金調達市場のいくつかについて簡単にふれる。

2 ▶ 直接金融市場と環境問題

　証券市場では，1999年に環境問題に関与した新たな動きが見られた。投資信託商品の1つであるエコ・ファンドが販売され，募集からわずか2週間で約230億円を集め市場を沸き立たせた。環境投資（グリーン・インベストメント）の一形態であるエコ・ファンドは，欧米ではすでに認知されており，エコロジストはもちろん，年金基金や教会などの運用先として利用されている。日本で

第9章　環境問題による資金調達市場への影響とその動向

は，日興エコ・ファンドをはじめとし，安田火災グリーンオープン（通称「ぶなの森」）など次々と販売が開始されそのファンド数は5つにのぼる。エコ・ファンドは，環境問題に取り組む企業の姿勢を専門のアドバイザーがエコ・マネジメントのさまざまな視点から評価・格付けし，環境優良企業であると認められた企業の株式組入れによって運用されるファンドである。そのスクリーニングには，経営者の環境に対する姿勢にはじまり，冒頭に述べた環境会計の実施の有無や環境報告書の内容，工場や社内のゼロ・エミッションの実施状況などさまざまな尺度が用いられる。エコ・ファンドが通常のファンドの運用形態と異なる点は，図表9-2に見られるように，環境評価専門の投資顧問会社（図表ではC投資顧問会社）がそのアドバイスを行っていることである。ファンドによっては，委託会社関連の研究所に環境専門の部署があり，外部に委託せずに環境評価に携わることもある。ただし，投資である以上，その収益性確保のためにエコ・スクリーニングだけでなく，エコノミック・スクリーニングも行

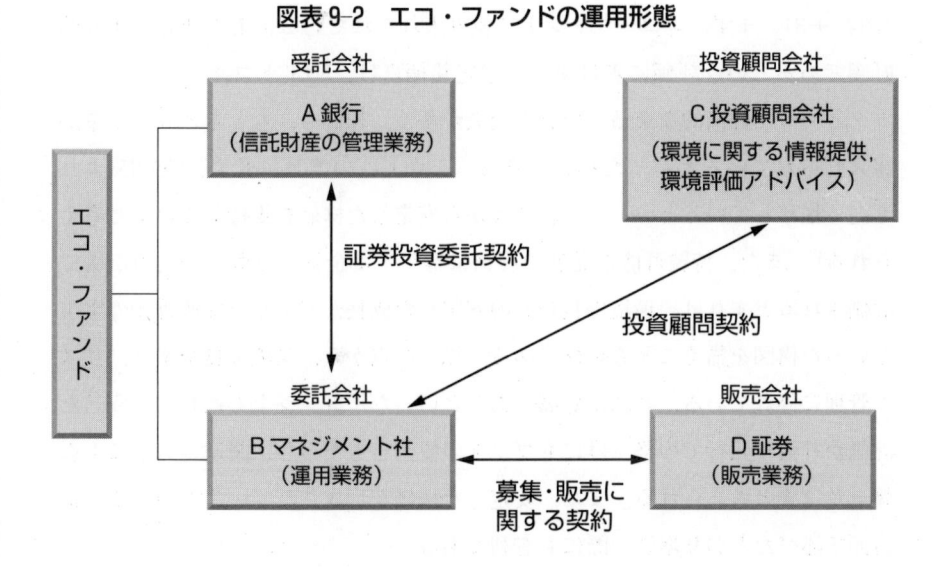

図表9-2　エコ・ファンドの運用形態

```
                 受託会社                      投資顧問会社
                 ┌──────────┐                 ┌──────────────┐
            ┌───│  A銀行    │                 │ C投資顧問会社 │
            │    │(信託財産の │                 │(環境に関する │
            │    │ 管理業務） │                 │ 情報提供，   │
            │    └──────────┘                 │ 環境評価    │
  エコ・               ↕                        │ アドバイス） │
  ファンド         証券投資委託契約              └──────────────┘
            │                                         ↑
            │                              投資顧問契約
            │    委託会社                    販売会社
            │    ┌──────────────┐         ┌──────────┐
            └───│ Bマネジメント社│────────│ D証券    │
                 │ （運用業務）  │         │（販売業務）│
                 └──────────────┘         └──────────┘
                          募集・販売に
                          関する契約
```

出所 ◆ エコ・ファンドの各運用会社の資料をもとに作成。

われている。

　以下では，エコ・ファンドに自社の株式が組み入れられている企業と組み入れられていない企業の資金調達コストに与える影響を考えてみたい。まず，エコ・ファンドと資金調達上のメリットの関係について見てみる。次の企業の行動，見解は，何を示しているのだろうか。

　スイス市場で転換社債3000万スイスフラン（約20億円）の発行を決定した紀文フードケミファは，「エコ・ファンドなどの投資を促すため，株式の流動性を高めたい」と述べている[1]。また，イトーヨーカ堂は，株式がUBSのエコ・ファンドに組入れられることになり「資金調達にプラスに働く」と歓迎している[2]。そしてまた，「わが社の環境経営についてぜひお話したい」と各企業が環境優良銘柄として認知されようと，エコ・ファンド運用会社に働きかける動きが見られる[3]。ともに，自社の株式がエコ・ファンドのポートフォリオに組み込まれることを望んでいるが，エコ・ファンドの組入れ銘柄に選定されることによる資金調達上のメリットを想定することでその答えが見出せよう（図表9-3）。まず，エコ・ファンドに組み入れられている企業の株価は比較的好調であるという評価に着目する。選定銘柄には，NTTドコモやソニー，トヨタといった経済的な業績に優れた企業が多く，株価も，もともと高い企業が組入れられていると言った指摘もある。しかし，いずれにせよ，TOPIXよりも高く推移しているといった実績などから安定した株価を維持していると考えられる[4]。また，持続可能な発展の経済に寄与する企業こそが，今後の市場で評価されるとすれば，環境優良企業の安定した成長，安定した株価維持の実現といった構図を描くことも可能である。以上の点から，環境優良企業は，リスク管理に優れている，業績が好調であるといったイメージをもたれ，そうした評価が社債や銀行での格付けにもプラスの要因をもたらし，調達コストにも影響を及ぼすと考えられる。また，安定した株価が形成されているということは，冒頭で述べたとおり増資の際にも有利である。

　一方，リスク管理を怠り環境汚染を招き，社会的に信用を失った企業の資金調達上のデメリットとは何か。まず，社会的な信用の失墜から株価の下落を招

図表9-3　エコ・ファンドと資金調達上のメリット

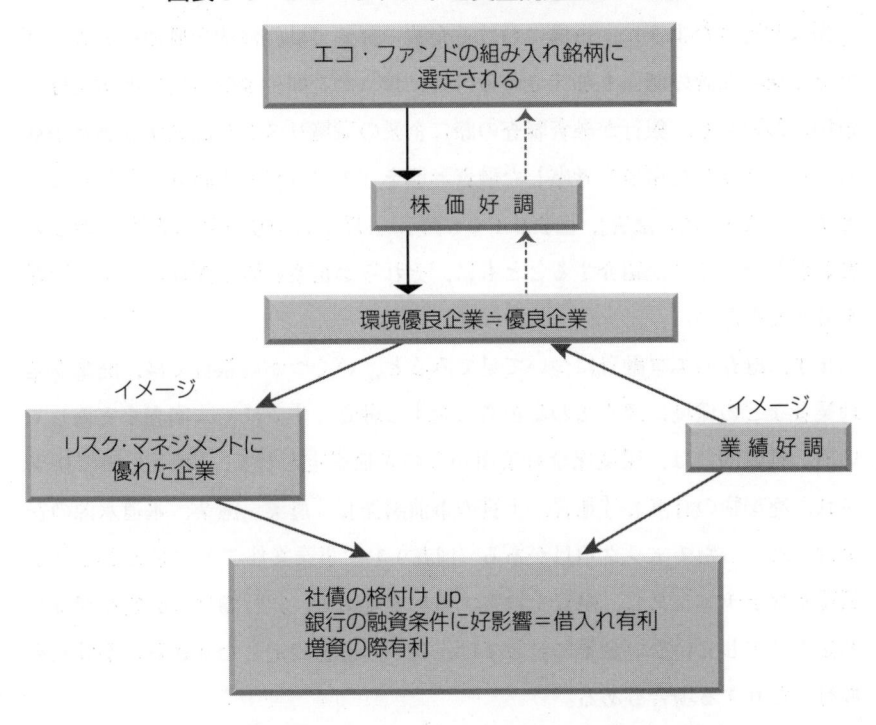

```
        ┌─────────────────────┐
        │ エコ・ファンドの組み入れ銘柄に │
        │       選定される       │
        └──────────┬──────────┘
                   │            ↑
                   ↓            ┊
            ┌──────────┐
            │ 株 価 好 調 │
            └─────┬────┘
                  │       ┊
                  ↓       ┊
        ┌─────────────────────┐
        │   環境優良企業 ≒ 優良企業   │
        └──────────┬──────────┘
   イメージ    ↙         ↖    イメージ
┌──────────┐              ┌──────────┐
│リスク・マネジメントに│        │ 業 績 好 調 │
│  優れた企業   │              └──────────┘
└──────────┘
                  ↓
   ┌────────────────────────────┐
   │    社債の格付け up            │
   │    銀行の融資条件に好影響＝借入れ有利   │
   │    増資の際有利                │
   └────────────────────────────┘
```

くことが予想される。実際に，1997年に工場で汚染物質が検出された東芝や，1999年秋，子会社であるJCOで臨界事故が発生した住友金属鉱山では，ともに株価下落の動きが見られた[5]。また，環境優良企業として名高い荏原製作所は，藤沢工場でのダイオキシン流出により（2000年3月），株価の下落とともに，銘柄選定されていた全エコ・ファンドのポートフォリオから除外された。こうした事例は，与信回復に要する期間にもよるが，株価だけでなく格付け等市場でのマイナス評価によって，資金調達コストにも大きな影響を及ぼすものと考えられる。

3 ▶ 間接金融市場と環境問題

間接金融市場では，銀行の融資形態に環境問題に関わる新たな展開が見られ

る。

　先ほど述べたように，市場における企業の評価では経済的な側面の評価だけでなく環境保護の側面も加味される時代になった。間接金融の場である貸付金市場においても，銀行が融資審査の際に企業の環境リスクを評価する動きが見られる。そうした環境を考慮した融資形態を「エコロジカル融資」と呼ぶこととする（以下「エコ融資」，図表9-1でも図示）。以下に環境問題に関わる新しい融資形態をいくつか紹介するとともに，それらが企業の資金調達に与える影響を考えてみたい。

　まず，既存のエコ融資について見てみると，いくつかの銀行では，廃棄物処理業者などの環境に深く関わる企業に対する融資ですでにエコ審査を実施している。具体的には，環境保全対策面からの立地選定として，「地元以外で排出された廃棄物の有無」，「地質，土質の事前調査」，「農業，漁業，水道水源の安全性」といったチェック項目がある（図表9-4）。事業案件ごとに必要とされる環境基準をチェックし，融資を勘案する形態である。銀行側は，必要な環境基準をクリアしていない企業に対しては，高い利子を設定したり融資の不成立を敢行したりする場合もある。

　一方で，住友銀行や滋賀銀行に見られるような環境対策向け融資もある。たとえば，滋賀銀行では，「省エネ・温暖化削減プラン」，「みずすましプラン」，「ISOプラン」と目的別にいくつかのプランを打ち立てている。住友銀行の「エコ・マネジメント・ローン」とともに，低コストでの資金調達が可能な融資となっている（図表9-5）。いずれも，環境保全活動に取り組む企業を借り入れ利息の軽減という形で資金調達コストの面でバックアップする案件型の融資形態と言える。

　次に新しいエコ融資についてふれる。住友銀行をはじめとし，日本興業銀行，日本政策投資銀行，東京三菱銀行，東海銀行は，研究会を設け環境評価基準作りを推進していることを公表している（2000年5月）[6]。各行は，二つの形態のエコ融資を想定している。一つは，企業の環境への取り組みを相対的に評価し，融資を勘案する形態であり，もう一つは，前述の事業案件ごとに融資を勘案す

第9章　環境問題による資金調達市場への影響とその動向

図表9-4　A銀行の廃棄物処理業者に関する環境チェック項目

立地計画のチェック項目
1．候補地選定の要件

①収集・運搬の効率性
②災害に対する安全性

2．環境保全対策面からの立地選定

①地元以外で排出された廃棄物の有無
②地質，土質の事前調査
③農業，漁業，水道水源の安全性
④搬入道路等の確保
⑤歴史的風土特別地区や保存地区ではないか
⑥緑地保全地区や近郊緑地ではないか
⑦国有林，保安林，保安施設地区ではないか
⑧砂防指定地ではないか
⑨国立・国定公園，県立自然公園地域ではないか
⑩自然環境保全法の指定対策地区（野生動植物保護地区等）ではないか
⑪文化財保護法の地域指定地区（文化財環境保全地域等）ではないか
⑫鳥獣保護特別地区ではないか
⑬水源地域対策特別措置法の水源地域ではないか
⑭河川法上の下流地域や河川保全区域ではないか
⑮地滑り防止区域や急傾斜危険区域ではないか
⑯農用地区域（優良農地地域）ではないか
⑰地域周辺が観光地ではないか
⑱下流域での地下水利用は多いか
⑲堰堤等の設置が容易であるか
⑳周辺に公共施設，住居は多くないか

住民合意形成のチェック項目
1．住民合意の留意点

①水質汚濁，悪臭，騒音等の公害発生への危惧はないか
②施設設置に伴う地区のステイタス低下，地価の下落等の危惧はないか
③市町村等の政治基盤が安定的であるか
④早い時点から都道府県または政令市の担当部を巻き込んでスタートしているか
⑤できるだけわかりやすい言葉で情報開示しているか
⑥一度約束したことは必ず履行しているか
⑦最初から金銭的解決をちらつかせていないか
⑧処分業者の方から公害防止協定の締結を申し入れているか
⑨設置後の場内作業において地元住民も雇用を図っているか
⑩周辺交通の規制について同意を得ているか
⑪処分業者に派手な言動が見られるか。また，暴力団との関わりはないか

2. 公害防止協定

①産業廃棄物の埋立にあたって，法令等で定める構造基準及び合意された構造基準に則って建設し，同様に法令等で定める管理基準及び合意された維持管理基準に則って処理し，公害の発生で未然に防止する旨の表明をしているか
②水質汚濁防止に関する基準値，検査，報告等の取り決めを行ってるか
③悪臭防止に関する基準値，検査，報告等の取り決めを行っているか
④騒音防止に関する基準値，検査，報告等の取り決めを行っているか
⑤搬入時の交通事故防止に関する取り決めを行っているか
⑥随時可能な立入検査に関する取り決めを行っているか
⑦公害が発生した時の改善措置や補償に関する取り決めを行っているか

維持・管理技術のチェック項目
1. 安定型処分場における留意点

項目
①不適正な処分単価の高い有機含有量の多い廃棄物を入れていないか
②搬入する廃棄物の管理を十分行っているか
③大雨による汚水を河川に放流しないための雨水調整池を備えているか
④埋立完了後，表面排水ができるような排水系統を考えているか

2. 管理型処分場における留意点

項目
①建設時には大雨による汚水の流出防止と完成後も完成前と同じ水系に水を分配するように心掛けているか
②埋立時の地質構造を十分理解しているか
③建設時，遮水と集水構造を一体化し，できるだけ速やかに浸出水を系外に出せる構造になっているか
④産業廃棄物の中に汚泥類が含まれる溶剤が遮水シートにどのような影響を及ぼすかを研究しているか
⑤浸出水集水管の目詰まりが生じにくい構造になっているか。また，その点検や修復が図れるような計画を立てているか
⑥汚水処理システムを常に監視して計測値が異常値を示す前に早めに回復措置をとっているか
⑦埋立後の地中での分解データや汚水処理に関するノウハウの開発，蓄積に努めているか
⑧跡地利用を考慮し，廃棄物収納の位置関係を明らかにし，かつ長期間保存できるような管理システムを構築しているか
⑨廃棄物の土質力学特性を十分把握しているか
⑩メタンガスがなるべく発生しない埋立構造になっているか

第9章 環境問題による資金調達市場への影響とその動向

図表9-5 銀行の環境対策融資

プラン名	住友銀行	滋賀銀行		
	エコ・マネジメント・ローン	省エネ・温暖化ガス削減プラン	みずすましプラン	ISOプラン
融資対象者	環境保全・環境浄化対策を行おうとする中堅・中小企業	大気汚染防止・省エネへの対策を行う企業・事業主	水環境関連への対応を行う企業・事業主	ISO認証取得を目指す企業・事業主
資金使途	原則、環境保全・環境浄化対策に関連する設備資金	営業車としての低公害車・低燃費車購入資金 社屋・工場等で省エネや排出ガス削減などの設備資金	水質汚濁を防止するための施設の設置、改善、または整備に必要な設備資金	ISO認証取得にかかる運転資金・設備資金
融資金額	3000万円以上5億円以下	1億円以内	5000万円以内	1億円以内（設備資金と運転資金の合算）
融資期間	原則、5年以内	10年以内（据置期間1年以内）	10年以内（据置期間1年以内）	運転資金／5年以内（据置期間2年以内） 設備資金／10年以内（据置期間2年以内）
融資利率	変動金利・固定金利型（短プラ一連動）一部優遇金利あり	変動金利型のみ（長プラ―0.2%連動）	変動金利型のみ（長プラ―0.2%連動）	変動金利型のみ（長プラ―0.2%連動） 固定変動ミックス型（当初2年間は固定金利、以降長プラ―0.2%連動）

出所 ◆ 住友銀行のプランについては、住友銀行ホームページ―http://www.sumitomobank.co.jp,「住友銀行の環境対策融資『エコ・ファンド・マネジメントローン』」（2000/7/20アクセス）をもとに作成。滋賀銀行のプランについては、「あなたのお金を環境に役立てる銀行の選び方」『日経ECO 21』日経ホーム出版、1999年11月号、84ページをもとに作成。

る形態である。前者は，その取り組みが高く評価されれば，返済期間や金利といった点で条件が有利になり，後者は，環境リスクの懸念が生じるような場合には，高い利子で融資に応じるようにしたり，またリスクの程度によっては，融資が成立しないといったケースも生じる。この場合，企業は他の高コストの資金調達を受け入れざるを得ないという可能性も出てくる[7]。

上述の既存のエコ融資と新しいエコ融資を整理すれば，以下のようになる。

(a) 相対評価型

企業の環境問題への取り組みを相対的に評価し，融資条件を勘案するタイプ

(b) 案件別評価型

資金が必要とされる事業の案件ごとに必要なエコ審査を行い，融資を行うか行わないかの融資判断をする，もしくは融資条件を勘案するタイプ

(c) 特定業種評価型

環境と深く関わる業種に必要なエコ審査を行い，融資を行うか行わないかの融資判断，もしくは融資条件を勘案するタイプ

(d) 環境対策評価型

環境保全対策のための事業活動に対して融資支援を行うタイプ

上記に掲げた，四つのエコ融資は，さらに次のように分類できる。一つは，銀行が企業の環境への取り組みを積極的に評価し，融資に際し利子等の面で支援する「ポジティブ評価型のエコ融資」である。各銀行が検討している(a)の相対評価型のエコ融資と，すでに実施されている(d)の環境対策評価型のエコ融資がこれにあたる。もう一つは，環境リスク基準をクリアすることを目標とし，基準に満たなかったり，またリスク発生の懸念のある事業に関して融資条件を厳しくするもので，「ネガティブ評価型のエコ融資」である。今後導入予定の(b)の案件別評価型のエコ融資と，すでに実施している銀行もある(c)の特定業種評価型の融資がそれである。いずれにせよ，すでに述べたとおり，資金調達コストに影響を与えるか，もしくは与える可能性のある融資形態であること考えられる。

4 ▶ 環境問題が関わる新たな市場

　最後に今後，環境問題が関わると考えられる資金調達市場について簡単にふれる。

　まず社債市場については，日本で販売，運用されているエコ・ファンドは，すべて株式投資信託であり，社債は組み込まれていないが，アメリカのソーシャル・インベストメントでは，転換社債もポートフォリオに組入れているファンドがある。今後の実績によっては，新たな形態のエコ・ファンドが誕生する可能性もある。また，社債のみに関するわけではないが，アメリカやイギリスに見られるような環境格付けシステムの構築が日本でも待たれる。格付けに環境保護の要件が加わりそれが反映されれば，社債利息という資金調達コストに当然影響が生じてくるだろう。

　次に，発行市場については，既存のエコ・ファンドは，流通市場を中心に展開されており，今のところ発行市場での動きは見られない。発行市場においては，従来の株式発行基準に環境基準を加味するか，もしくは，発行基準よりも環境基準を優先するという提案があり[8]，実現すれば，株価に影響する可能性がある。株価に影響を及ぼすことによる資金調達コストへの影響は既に述べたとおりである。

　最後に最近注目を集めている資産の証券化に関するものとして，「エコ・アセットマネジメント」という新しい概念が定義されている。すなわち，「企業が自ら所有する不動産の環境リスクを調査し，その結果を積極的に情報開示していくことで，環境経営上の競争優位を獲得しようとする戦略」(日本総合研究所) のことを指し，企業の賛同を呼びかけている。資産の証券化は，日本ではまだ開始されたばかりで，その成否はまだ窺えないが，今後証券市場で活発化し定着するようになれば，銀行のエコ融資同様，企業の環境リスク評価の必要性は高まるだろう。

5 ▶ 環境問題と資金調達市場の今後

　以上見てきたとおり，金融市場における環境問題によるシステムの変化は徐々に進んでおり，その結果資金調達コストに与えるインパクトは今後さらに大きくなると予想される。戦略的な側面から他社に先んじたエコ・マネジメント・システムの構築に余念のない企業の経営陣は，今後資金調達コストへの影響も踏まえなければならない時代になってきた。すなわち『財務の側面でのエコ・マネジメント』を認識する必要があると考えられよう。

＊本章は，筆者稿「企業財務と環境問題—資金調達コストに与える影響と今後—」『年報財務管理研究　第12号』2001年（日本財務管理学会第12回全国大会報告）を加筆修正したものである。

注

1) 『日経金融新聞』2000年2月29日。
2) 『日本経済新聞』1999年6月9日朝刊。
3) 『日本経済新聞』1999年10月26日朝刊。
4) この点については，筆者稿「証券市場におけるグリーン・インベストメントの位置付けとその役割—エコ・ファンドを中心—」『証券経済学会年報第35号』2000年，181〜182ページで述べている。なお現在は，株価低迷によりNTTドコモ株の株価が下がっているが，エコ・ファンド導入時には高株価を維持していた。
5) 筆者稿「わが国におけるエコ・ファンドの導入と環境貢献」『明治大学経営学研究所経営論集　第47巻　第2, 3合併号』2000年，208〜210ページ。
6) 『日本経済新聞』2000年5月20日朝刊。
7) 同研究会は，2001年1月付けで『持続可能な社会に資する銀行を考える研究会—中間報告』を公表し107ページにわたり報告している（日本総合研究所のホームページ（http : //www.jri.co.jp/）でダウンロード可能）。
8) 日本計画行政学会専門部会編『新しい証券市場の創設と環境資産管理』財団法人トラスト60，1995年，102ページ。

第10章 金融制度改革と中小企業の直接金融化

1 ▶ 新興市場と中小企業金融の問題点

　日本の企業は，従来から間接金融偏重といわれてきた。しかし，80年代以降は，大規模企業が直接金融化を進める一方で，中小企業[1]は，この間接金融化の傾向をさらに強めている。東証マザーズやナスダックジャパンの創設，市場機能を高めるマーケット・メーカー制の導入，証券会社による未公開株式の投資勧誘等の解禁とグリーン・シート市場の創設など，市場の整備が進んでいる。しかし，2000年を境に，市場の投機的熱狂的ブームの沈静化とともに，制度改革に基づく中小企業金融やベンチャー・ファイナンスに関わる議論も収まりつつある。だが，そうした金融問題が解消されたわけではない。

　ここでは，中小企業金融の直接金融化について，戦後の日本の金融システムの歴史的政策過程と資金調達の多様化の検討から，中小企業の直接金融化の必要性と直接金融化の方策を検討する。

2 ▶ 日本の金融制度改革の変遷と中小企業金融

（1）新たな金融制度の構築と間接金融方式の定着

　日本の金融制度は，第二次世界大戦を機に，大幅な変化を遂げた。すなわち，

戦前の財閥主導の直接金融型から戦時期の国家統制下の間接金融型，そして戦後の政府主導の間接金融型への変化である。

　第一次世界大戦以後の都市労働者の増大や土地の封建的所有に基づく所得分配は財閥や地主層を潤し，その資金は株式の形で企業に供給された。さらに，第一次世界大戦とその後の金融恐慌は多数の弱小銀行の淘汰整理を招き，弱小銀行の預金は安全を求めて大銀行や国家信用をバックとする郵便貯金へ，あるいは財閥の名を冠する大信託会社へと移動した[2]。こうして所要資金は信用力のある大企業へと供給された。一方，中小企業への資金供給は，無尽，信用組合，質屋など零細な金融システムに依存せざるを得なかった。

　そして，第二次世界大戦の勃発はそれまでの金融システムの大幅な変更をもたらした。まず，1942年（昭和17年）2月には従来の日本銀行条例を廃止して，新たに日本銀行法が制定された。これによって日本銀行は政府の支配下に組み込まれ，国家政策遂行のための資金が無制限に供給されることとなった。さらに同年3月には南方開発金庫，4月には戦時金融金庫が設立された。しかし，戦局が逼迫してくると，さらに強力な体制が組まれることになる。1944年（昭和19年）1月からは軍需融資指定金融機関制度を発足させ，軍需会社・軍需協力会社一社に対して金融機関一行を指定し，軍需生産に必要な資金の供給体制を確保した。言うまでもなく，当該金融機関の資金力には限界があり，その不足分は必然的に日銀の信用供与に依存することになった。

　第二次世界大戦終了とともに，民間金融機関は軍需産業向け融資のための集金機関としての役割から解放されたが，軍需補償は不渡りとなって融資のかなりの部分が不良債権化した。そのため銀行は深刻な状態に陥ったが，幸い資金重要は旺盛でその多くは銀行に依存することになった。しかし敗戦によって，生産力の喪失，インフレによって国民の貯蓄の実体は失われ，さらに財閥解体や農地解放によって戦前の富裕層は壊滅し，証券に対する投資は望むべくもなかった。こうして戦後の産業の資金供給は大きく転換することになった。図表10-1からも明らかなように，とりわけ日銀の信用供与に依存する銀行貸出が特徴的である。

第10章　金融制度改革と中小企業の直接金融化

図表 10-1　産業資金供給状況表

	減価償却	社内留保	株式	事業債	貸出	(内財政資金)
1934～36年平均	38.4%	13.4%	38.8%	0.2%	9.2%	0.6%
1947年	27.0	△2.5	5.1	—	70.4	25.0
1948年	16.6	0.5	11.2	0.1	71.6	12.5
1949年	19.2	5.7	16.5	2.3	56.3	1.2
1950年	20.9	21.8	3.6	4.8	48.9	1.6
1951年	18.2	20.3	4.9	2.5	53.8	5.1
1952年	22.0	10.5	8.0	2.4	56.8	6.3
1953年	24.3	16.0	9.3	2.3	48.0	4.9

出所 ◆ 公正取引委員会『証券市場における金融資本の支配と集中』1955年，87ページ。

　ところで，戦後の経済民主化政策の一環として生まれた過度経済力集中排除法は，独占企業の分割問題を提起した。経済界は混乱に陥ったが，1948年7月には金融機関の適用が除外され，戦時中に合併した帝国銀行が再度分離された以外は財閥系銀行の行名変更にとどまった。したがって，銀行は戦前の支配体制をそのまま温存し，財閥に代わる影響力を有することになった。

　また，長期資本はそもそも証券市場から求めるべきであるが，それが未発達な日本では，戦前から日本勧業銀行，北海道拓殖銀行，日本興業銀行，農工銀行，朝鮮殖産銀行などの債券発行が可能な特殊銀行がその役割を担ってきた。それが戦後に至っては，戦時色の強いものは閉鎖機関[3]とされ，勧銀と北拓は普通銀行への転換を選択し，残る興銀は，インフレ下で債券発行は困難をきわめた。したがって，敗戦後の旺盛な長期資金需要には応じきれず，1947年1月に営業を開始した復興金融金庫の融資に依存することになった。しかし，これもドッジ・ラインの下で貸出が停止され，結局長期資金供給の役割を果たしうる金融機関はなくなってしまった。そこで1952年12月の長期信用銀行法の施行によって，長期信用銀行に転換し再度債券発行銀行として復活させ，同時に日本長期信用銀行を新たに設立することになった。これに加え，1957年には朝鮮銀行の残余財産を基礎に中小企業向け長期資金の供給を目的とする日本不動産銀行が設立され，戦後の長期産業資金供給体制が整うことになったので

ある。

　それではこうした債券発行銀行の設立による巨額な債券消化は，どのようにして行われたのであろうか。それは，銀行が保有する金融債を日銀貸出の適格担保とすることにより，金融債を買いオペの対象にし，資金運用部が積極的に金融債を引き受けることによって可能にしたのである。証券市場がきわめて狭隘な時期において，産業への長期資金の供給という目的のためにはこうした方策しか残されていなかったと思われる。

　一方，敗戦後の日本は極度の資金不足に悩まされたが，とりわけ中小企業においては深刻であった。戦前から中小企業金融機関として無尽会社や信用組合があったが，少数の資金融通組織ではとうてい旺盛な資金需要に応えることはできなかった。そこで1952年には，無尽会社には預貸業務を認めて相互銀行とし，また，信用組合には員外貸付を認め信用事業に特化させて信用金庫とし，銀行に準じた中小企業専門金融機関とする措置をとったのである。

　政府は，銀行組織の再編成によって民間の間接金融システムを整える一方で，政府金融機関も設置した。1951年には日本開発銀行，1950年には日本輸出入銀行が設立され，また，1949年には国民金融公庫，1950年には住宅金融公庫，1953年には農林漁業金融公庫と中小企業金融公庫が設立されている。こうして敗戦後わずかな期間において，長短金融の分離，中小企業専門金融機関，そして財政投融資計画という日本に特徴的な官民挙げての間接金融体制が整備されたのである。

　資本主義経済がいまだ発展段階にあった明治期にあっても，民間の信用力は乏しく，そのため創設されたのが郵便貯金であったが，敗戦後においてもその額は増加し，政府金融機関の主要な資金供給源となった。金融が国家信用において行われるということは経済が未だ発展段階にあるということを象徴するものであり，50年代までに日本に特徴的な間接金融システムが形成されたのであった。しかし，金融上の棲み分けは，結果的に金融上の保護を前提とした競争制限的措置となったため，その後の経済の発展や海外取引の自由化の進展にともなって，競争制限的保護措置の弊害が1990年代以降顕在化するようにな

ってきた。

（2）戦後の証券政策と直接金融の後退

　証券市場の役割は，言うまでもなく社会的資金を長期資金として生産過程に配分することである。企業の側からは長期資金の調達であると同時に社会的資金に対する支配権の配分でもある。このようにして配分される社会的資金の流動化は，証券流通によって行われるが，流通市場における流動化の保証が十分でなければ，発行市場の機能も十分発揮されないことになる。したがって，政策当局は市場が十分機能するよう具体的な施策を講じることになる。

　具体的政策を貫く政策基調は大きく分けて次の二つの方向が考えられる。まず一つは，証券市場に社会的資金を動員すること自体に重点を置くこと。いま一つは動員された社会的資金＝投資家に重点を置くことである。特に後者については，たとえば，預金者保護は主に銀行の支払準備金の維持を監督することで達成されるが，投資家保護は証券発行・流通市場のあらゆる側面において考慮されなければならない。いずれに重点を置くかは経済の発展段階によって異なるであろう。日本においては，敗戦から証券不況期までは前者に重点が置かれ，その後はしだいに後者に移行してきたといえる[4]。ちなみに，株式市場は途中停滞過程を含みながらも1960年代には急速な発展を遂げた。しかし，この時期の市場規模は，図表10-2，図表10-3からもうかがえるように，戦前に比べて相対的に小規模なものにとどまっていた。このことを念頭に置きながら，以下では戦後の証券政策を見ることにしよう。

図表 10-2　証券市場の規模

（単位　億円，%）

年末	国民所得 (A)	会社払込資本 (B)	(B)/(A)	上場株式時価総額 (C)	(C)/(A)	事業債残高 (D)	(D)/(A)	その他債券 (E)	(E)/(A)
昭10	135	164	(121.4)	186	(137.8)	27	(20.0)	104	(77.0)
36	141,177	42,603	(30.2)	64,297	(45.5)	10,784	(7.6)	22,587	(16.0)

出所　◆加藤俊彦編『証券経済講座第3巻』東洋経済新報社，1968年，183ページ。

図表 10-3　産業資金調達の内訳

(単位：%)

年	自己資金				借入金				合計
	株式	積立金	減価償却		財政資金	銀行借入金	社債		
昭10	33.9	25.0	25.2	84.1	-1.6	16.4	1.1	15.9	100
36	14.4	14.6	19.5	48.7	3.8	44.5	3.1	51.3	100

出所 ◆ 加藤俊彦編『証券経済講座第3巻』東洋経済新報社，1968年，184ページ。

　いわゆる証券民主化政策によって，財閥家族や財閥本社持株の強制的公開は，閉鎖的に所有されていた株式を分散化するという意味で画期的措置であった。それまで日本の中核的企業との関係を欠いていた証券市場は，この株式分散化措置によって市場としての基本的な条件が整えられたのである。そして証券市場対策としては，1947年の証券取引法の公布，1949年の証券取引所の再開，1950年の商法改正，1950年から始まる資産再評価の実施，1951年の投資信託制度の導入や信用取引の開始といった証券市場育成策が実施された。これらの施策は企業の直接金融への転換を意識したものであった。

　一方，分散所有された株式は，ドッジ・ライン下の株価下落のなかで換金売りされて，すでに再建整備を果たしていた金融機関や旧財閥系企業の手元に再結集された。すでに見たように，この頃は日銀主導の間接金融体制に大きく傾斜していた時期でもある。GHQ，証券政策担当者，業界などが，証券市場を長期資金市場の中核として育成しようとする試みは，旺盛な資金需要と零細な貯蓄，日銀信用の供給体制の前に，その端緒において挫折したのである[5]。こうした直接金融の後退は，政策に深く関わった証券取引委員会の位置づけにも明確に現れている。当委員会は，1947年の証券取引法に基づき創設されたものである。そして，大蔵省（現財務省）の外局としてSCLC（証券処理調整協議会）への参加や有価証券届け出制度の実施，業者・取引所の監督，取引上の紛争処理の仲介などを担当した。しかし占領の終結とともに1952年の大蔵省設置法案改正によって廃止され，その権限と事務は大蔵大臣の諮問機関である証券取引審議会と理財局とに分割継承されることになった。その新たに発足した

証券取引審議会も1955年からしばらく休会している[6]。

その後の1950年代後半の政策当局の主要な関心事は，企業資本の充実に向けられることになった。動員可能な社会的資金を生産過程にいかに吸収するかがもっぱら問われたのである。能力を越えた負担を強いられた市場は，その反動として1961年夏以降，深刻な危機に見舞われた。それ以降，いわゆる証券不況期を通じて，政策の重点は市場対策，業者救済策に移行することになったのである。

1960年代は，いわば大衆投資家へのリスク転嫁の過程であったわけで，この経験から1970年代にようやく市場育成策，投資家保護策に力点が置かれはじめた。本格的な時価発行増資が登場し，市場の在り方が問われた時期である。しかしこの時期，経済界は，同時に資本自由化にいかに対応するかという問題の解決に迫られた。その対応の結果，株式市場に構造変化をもたらすことになった。環境変化に対して経済界は，企業間結合の強化によって対処しようとし，法人による株式所有と相互所有という道を選択し，その後その方策が急速な広がりをみせることになったのである。

いわゆる法人化の進展は株式市場に構造的変化をもたらし，その影響は深刻なものとなった。空洞化が生じることから，発行市場では株式発行の意義が減退し，流通市場では浮動株の減少による構造的株高，株価操作の容易化，株式の流動性の低下など市場基盤の脆弱化をもたらしたからである。

以上のように，第二次世界大戦後，資本蓄積の要請と社会的資金の市場への誘導のために制度の整備が試みられてきた。そして，証券市場の発達を強く企図したGHQの意向のもとに証券民主化が具体化されてきた。そのよりどころとは証券取引法であった。しかし，政策当局は業者対策に追われ証券取引法が謳った投資家保護の理念に向けた開示制度等への対応は十分とられてこなかった。このことは，いわば自立的市場の育成を真剣に追求しなかったということでもある。したがって，結果的に市場に対応できる投資家の育成も図られなかった。このように，リスクを意識した真の投資家からなる公正な市場成立のための条件としてインフラの整備を怠ったことは，後述する中小企業金融にとっ

ても、また日本資本市場にとっても致命的な政策運営であったといわざるを得ないだろう。

3 ▶ 中小企業金融の現状と金融環境の変化

（1）中小企業金融の現状

　中小企業は、その規模の小ささゆえに環境変化に影響されやすい。それだけに、むしろ自己資本充実の必要性は大規模株式会社より高いといわねばならない。しかし現状はまったく逆の動きを示している。1980年代以降について資本金規模別についてみると図表10-4のとおりである。これを見ると、明らかに資本金規模が大きいほど自己資本比率が高く、資本金規模が小さいほど自己資本比率が低くなる傾向のあることがわかる[7]。

　1980年代から特にこの傾向が強まったのは、大企業が急激な直接金融化の動きを見せたことが原因の一つとして考えられる。図表10-5によると、80年

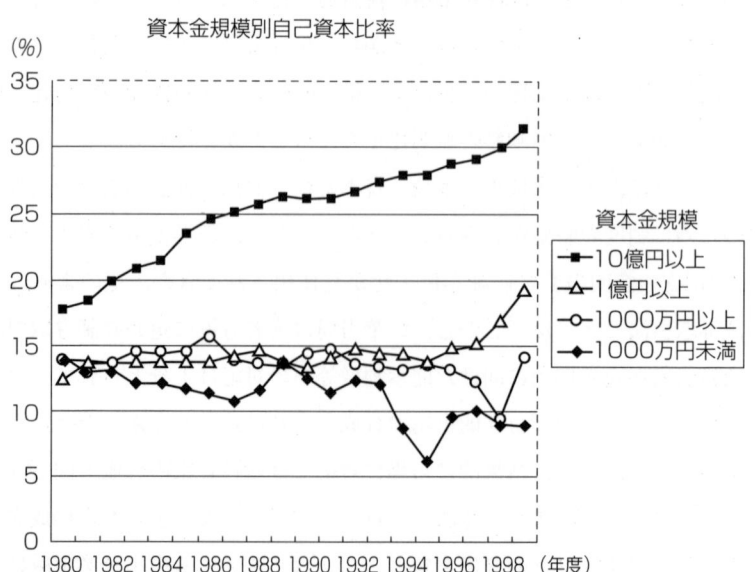

図表 10-4　資本金規模別自己資本比率

第10章　金融制度改革と中小企業の直接金融化

図表10-5　業種別有償増資状況

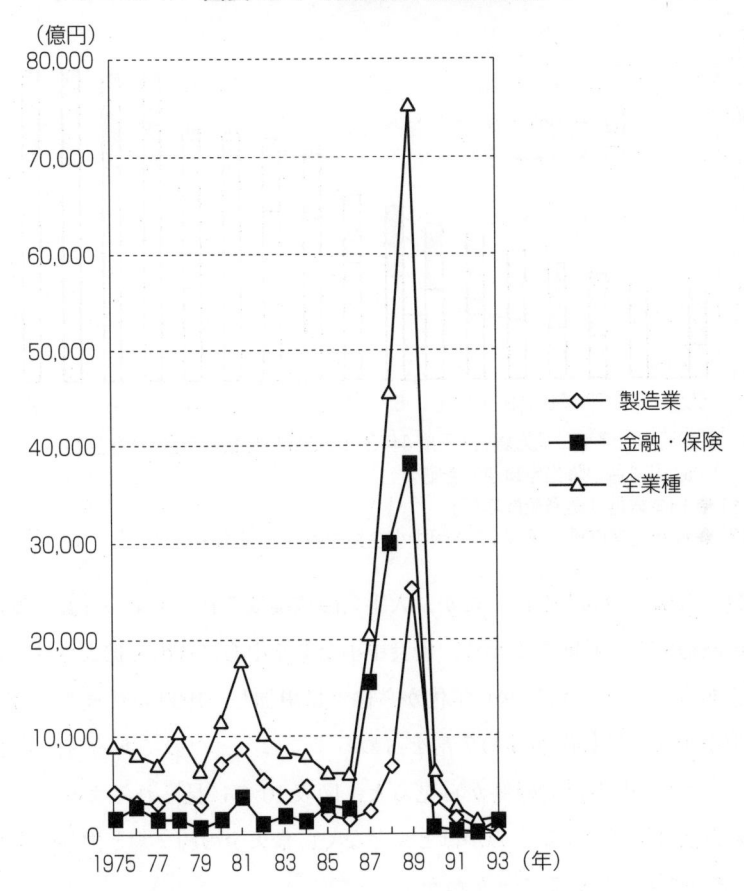

（縦軸：億円、凡例：製造業／金融・保険／全業種、横軸：1975〜93年）

出所 ◆ 大蔵省証券局年報より作成。

代後半に大量の増資が行われたことがわかる。いわゆるエクイティ・ファイナンスがブームになった時期で，これによって大企業の自己資本比率の上昇となった。さらに高度成長期以降の貯蓄の増大，経済の発展，海外取引の自由化，人為的低金利政策の後退などを背景にした金融自由化の進展が見られ，これが特に大手金融機関の戦略転換をもたらした。つまり，中小企業向け貸出を増大させることによって，結果的に中小企業の自己資本比率を引き下げることになったのである。大企業は，資金調達の多様化を実現し，直接金融の割合を高め

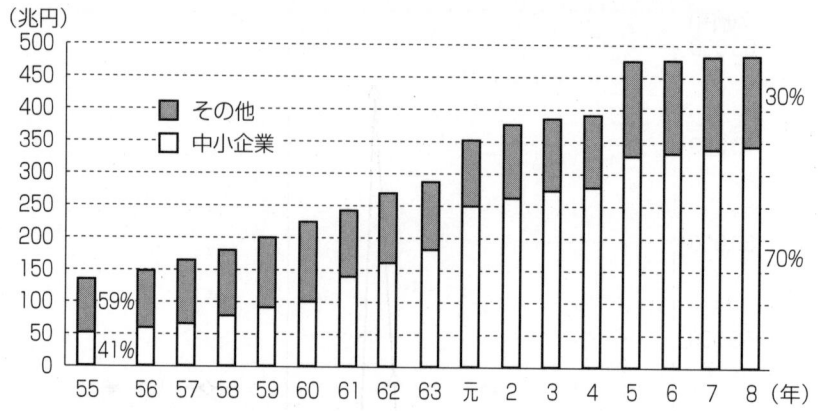

図表 10-6　国内銀行勘定に占める中小企業向け貸出額の推移

(縦軸：兆円、横軸：昭和55年～平成8年)
凡例：その他／中小企業
昭和55年：59%（その他）／41%（中小企業）
平成8年：30%（その他）／70%（中小企業）

注）平成元年以降第二地方銀行（平成4年3月までは相互銀行を含む）を含む。
　　平成5年4月以降当座貸越を含む。
資料　◆　日本銀行「経済統計年報」
出所　◆　中小企業庁編『平成10年版中小企業白書』217ページ。

つつ自己金融力の向上を図ったが，大手金融機関はこれら企業の「銀行離れ」による収益低下に対応するため，優良中小企業を中心に貸出を拡大させていったのである。このように1980年代から徐々に増加し，1990年代後半には，銀行の中小企業向け貸出額は約7割を占めるまでに至ったのである（図表10-6参照）。これを中小企業の側から見ると，図表10-7に見られるように，資金調達の方法は増資によるものがほとんどなく，借入金の約7割と内部資金の約3割でまかなわれていることがわかる。

　いわゆるバブル期以降，金融機関はこうして積極的に中小企業への貸出を展開していった。ところが，いったん景気にかげりが見え始めると，逆に中小企業の資金繰りは逼迫の度合いを強めていった。特に担保物件が乏しく経営の先行きに不安のある中小企業は，長期資金の調達が困難にならざるを得ない状況に陥った。90年代のこうした実情に対して，政策金融として，政府系金融機関等を通した融資の充実や債務保証を行ってきている。しかし，皮肉なことに，行政の融資制度の充実が，一方で中小企業の借入依存体質を恒常化してきたともいえる。むしろ，環境変化に影響されにくく，リスクや不確実性に対応可能

図表 10-7　設備資金調達内訳構成比の推移（中小製造業）

(年度)	増資	借入金	内部資金
元	0.8	66.5	32.7
2	1.2	67.8	31.0
3	1.5	67.1	31.4
4	1.6	67.0	31.4
5	1.4	68.2	30.5
6	0.5	63.3	36.2
7	0.6	66.3	33.1
8	0.6	66.1	33.3
9	0.5	65.8	33.7
10	0.6	66.2	33.1
11	0.7	64.3	35.0

出所◆中小企業編『2000年版 中小企業白書』380ページ。

な財務体質強化のためのインフラの整備が急務だったといわねばならない。

（2）1990年代後半の金融環境の変化

　1997年後半から，金融機関の貸出姿勢が厳しくなっていることが各種研究機関やマスコミなどで指摘された[8]。この時期，貸出姿勢が厳しくなった原因はいくつか考えられる。まず第一に，地価が下げ止まっていない状況から判断すると，担保不足による貸し渋りが考えられる。第二に預金シフトである。これは，1997年末以降，金融機関の破綻が表面化し，預金者の金融システムに対する不安が資産選択行動に反映されたもので，郵便貯金や健全といわれている銀行への預金シフトをもたらしたことによる[9]。第三に早期是正措置の影響が考えられる。早期是正措置とは，金融機関の健全性確保のために，自己資本比率が一定基準に満たない金融機関に対して，経営改善命令や業務停止命令などの措置を講ずる制度で，1998年4月から導入されたものである[10]。こうした状況に対して，1998年末以降，いくつかの「貸し渋り」対策が実施された。銀行を対象に実施されたのは，自己資本比率の算定に際しての株式の評価方法を，従来の低価法から原価法と低価法の選択に切り替えること。そして，銀行が発行する優先株や劣後債を公的資金によって購入することであった。これは

いずれも自己資本規制が銀行の貸出規制に影響しているとの判断によるものであった。

なお，金融機関の中小企業への貸出態度について議論する場合，大手銀行と中小銀行の直面する状況の違いを考慮する必要がある。その意味では，上記二つの預金シフトによる影響はかなり大きかったと思われる。預金量が貸出を大きく左右するので，特に中小銀行からの預金逃避は中小企業への貸出に大きな影響を及ぼしたと考えられる。中小企業は，大企業と異なり金融機関からの借入れに代わる資金調達手段はないに等しい。この時期に限らず，自己資本の充実とともに資金調達の多様化を図ることが，中小企業にとっての課題である。

4 ▶ 中小企業金融における直接金融化の意義

（1）中小企業における資金調達の多様化の意義

一般に，企業の資金調達は，創業時には創業者や縁故者の資金に依存することが多く，その後，事業の拡大によって企業間信用や金融機関からの融資によってまかなわれることが一般的である。創業後，株式等による直接金融によってまかなわれるのはわずかな企業に限られる。株式会社が本来の機能として持つ広範な資金調達を行うとなると，一定の基準を満たした公開会社に限られるのである。したがって，多くの企業にとって証券市場はまったく縁遠い存在であった。それは，戦後の資本市場は主に大企業を中心とした市場として構築され，公開基準も高く設定され，企業を厳選することで投資家保護を図るという行政の基本姿勢が大きな要因として考えられる。

しかし，企業が実際に存続企業として存在可能かどうかは，いかに効果的に資金調達可能かどうかが重要なポイントとなる。そのためにも長年にわたって叫ばれ続けてきた資金調達の多様化という課題は，まさにこの領域で現代的意義をもつものである。

それでは市場を利用しやすくするためには，定められた基準それ自体を低く設定するよう働きかけることによって達成されるかといえば，問題の解決はそ

う簡単ではない。確かに，1995年7月にスタートした店頭特則市場ですら多くの中小企業にとっては対象外であった。したがって，一層の規制緩和が要請され，門戸が開かれたかに見えた。しかし，実際の審査基準の運用手続において，従来と同様に事前の「入口」規制に重点を置いたため，リスクの比較的高いと見られる特則銘柄は，結果的に本則より公開が難しい市場となってしまった。歴史の浅い企業の財務体質は脆弱であり，きわめてリスクの高い投資対象になるのは当然である。したがって，それを担保するシステムの確立が不可欠となる。

（2）リスク対応に関する間接金融の問題点

通常，債権者の権利は株主に優先する。株主に帰属する利益は，企業収益から契約に従い，債権者に支払った後の額である。債権者の受け取る額が確定しているのに対して，株主に帰属する額は企業収益に依存する。デフォルトの場合を除けば，企業活動から生ずるリスクはすべて株主が負担することになる。

これまでの日本の証券行政は，市場安定を目的にした業者救済策に多くの労力を注いできた。リスクに対する考え方も，想定される危険は事前に抑制し市場参加者の行動を規制する立場をとってきた。そのため，証券市場も自立的市場とはなかなかなり得ず，したがって，投資家自身のリスクに対する意識も育たなかった。

他方，間接金融はリスクとは無縁のように思われるが，それは誤りであって，むしろ金融機関の本質はリスク負担にある。金融は資金の需要者と供給者を結びつけ資金の効率的配分を成している。そこでは金融機関は信用供与を行っており，当然リスク負担という行為がともなう。本来，金融機関はこのような機能をもったものである。しかし，実際に金融機関がどのように対応していたかを銀行融資に限ってみると，高度成長期には土地等不動産を担保に貸出に応じてきたのが現実である。不動産等が事業リスクをカバーし，担保として有効に機能していれば貸し倒れのリスクを負うことはないとの考えに基づくものである。しかも証券市場同様に，行政がさまざまな規制をかけることにより，リス

クの顕現化を事前に抑制する方法が採られてきた。つまり，日銀の信用供与とリスクの顕現化に対する国家支援体制である。したがって，本来リスクを負担するはずの銀行もリスクに対する意識はかなり低かったといえる。

　また，かつて銀行融資がメイン・バンク・システムとして高く評価されたことがあった。それは事業プロジェクトの審査，経営の監視，情報の非対称性の軽減，そして銀行による救済という機能に由来する。これによって安定的な関係が得られ，高度成長期の事業リスクに対応してきたとされる。しかし，特定の限られた主体が担い手であり，監視主体が同じであることや情報の開示がないなど不透明なシステムであることから，近年，多くの問題点が指摘されてきた。確実性が高ければ有効であるが，不確実性が高まるとうまく機能しなくなるというのがこのシステムの欠点である。市場構造が変化しつつある状況やリスクが増大するような場合には，情報専有化の下での安定的・固定的関係は逆にリスクを大きくするものと考えられる。

　金融制度改革が進展するにつれ，リスクとリターンの判断を当事者に直接強いる場面が一層増加することになろう。たとえば，個人投資家はこれまでのような元本の喪失を考慮しない安易な金融商品の購入は許されなくなる。これは自由度の拡大を選択した当然の帰結である。ただし，ここで注意すべきは，規制緩和や自由化は，もう一つの重要な概念である平等とは対立する側面を持っていることである。戦後日本の政策は，総じて事前の規制に重点を置き，平等（場合によっては横並び）主義を追求してきた。これに対して規制を緩和し自由化を進めるということは，能力差によるリターンの格差の発生を認めることである。したがって，市場主義を強調し規制緩和を進めると，さまざまな混乱を生じさせることになる。そのためにも，ただ規制緩和して自由な市場を作ればよいというわけにはいかない。自らの責任でリスクを負担するには，投資対象の十分な理解がなければならない。したがって，事前の情報開示が自由化の絶対条件となる。開示された情報の質に問題があり損害を被ったときは，事後的に損害を補償する制度の整備も必要となってくる。

5 ▶ 直接金融の活用と課題

（1）資金調達と事業リスク

　企業にとっては，その事業リスクに見合った条件での所要資本の確保が重要となる。とりわけ中小企業やいわゆるベンチャー企業の場合はリスクが高いので，そうした事態に対応した資金調達方法としてエクイティ・ファイナンスが必要になる。負債に比べリスクの許容度が大きいというのがその理由である。

　しかし，高度成長期を通じて，リスクをとらない，あるいはリスクに対応できない経済システムを形成してきたことはすでに見たとおりである。一般にリスクへの対応方法としては2通り考えられる。すなわち，

　① リスクを生じないように一定の枠組みのなかで事態を固定化する。
　② 変化する環境に対し，参加者自らの責任負担で柔軟に対応可能にする。

　前者の方法は，ながらく日本の政策当局がとってきた人為的な規制や市場介入によるリスク・不確実性を低下させる行為である。このことは例を挙げるまでもない。80年代までは行政主導でこの方法が採られてきた。ところが，いわゆるバブル崩壊を契機に，基本的にこの手法では対応不可能であると行政側は認識し，したがって放棄したとみなしてよいだろう。

　他方，後者は市場の流動性を確保し，多様な選択肢の提供を前提にリスクに対応する方法である。すなわち，企業にとってはさまざまな方法・形態で行える環境が提供され，リスクに見合った条件で所要資本の調達が可能になるということである。しかし残念なことに，日本の資本市場は，一貫してこのような状況にはなく，たとえば，株式公開においては，市場の信頼性を高める意図から実質的にリスクの大きいものを排除する方法が採られた。社債においても同様に，有担保原則の採用や適債基準・財務制限条項設定を義務づけることによっていわゆる優良企業のみ参入が認められるという方策が採られてきた。

　昨今のさまざまなシステムの変更は，上述の②の考え方に基づくもので，今後は企業が市場を利用する場合は，行政によって保護される存在でないことを

認識しなければならない。そのためには，的確な現状認識と経営管理能力はもちろんのこと，状況に応じたリスクの分散回避の方法を確立しなければならない。

（2）市場の役割と新興市場の問題点

　市場の役割は，市場参加者に少しずつリスクを負担させリスクを分散することにある。たとえば，株式市場は株式に譲渡可能性を付与することによって流動性をもたらし，この流動性によってリスクの分散を可能にし，零細な資金保有者の資金と引き換えに長期の実物投資を可能にしている。しかし，この流動性は，一方で投機を助長し，市場を混乱させることもしばしばである。すなわち，情報の非対称性による影響，たとえば，確実な情報を持たない投資家は，風説に振り回され，追随的に取引を行う可能性がある。これは収益を確保する目的もあるが，リスクを回避するために，投資家が必要以上に流動性を重視した結果である。情報を持たない投資家が多い場合は，特定の銘柄だけが注目され過大評価されることもあり得る。

　市場管理者（行政）は，これまで市場の利用者には事前審査を主体とした厳格な規制を課すことによって，投資家を呼び戻す施策を講じてきた。それは投資家に一定の安心感を与えるものであった。しかし，同時にそれは投資家に対しては市場の直接監視のインセンティブを低下させるものであった。

　業務内容や技術の革新性・創造性を有するような企業は，その技術的評価や事業化の評価には困難がつきまとう。そうした企業を対象とするような資本市場が効率的な市場を形成するためには，少なくとも情報の非対称性が少ないことが条件となる。逆に企業情報が少ないか誤った情報が支配しているとすれば，市場の資源配分を著しく歪めることになる。限られた情報によって形成された評価（株価）によって，逆に，当の企業経営者すら誤った意思決定を下すことも十分あり得る。

　近年，いわゆるベンチャー企業が注目されている。2000年にかけて，時価総額が売上高をはるかに上回っていた企業もあり，高株価を背景にした大型増

資の例も見受けられた。通常，投資効果が現れるまでには相当な時間がかかる。したがって，資金調達には明確な資金使途を示す経営戦略の市場による信任が必要である。しかも大型増資であれば，相当急激な継続的成長の保証がないかぎり高株価は維持できないのがふつうである。市場が実態を無視し，過大評価したとすれば結果は明らかである。原因はまさに情報の非対称性と実態に基づかない企業評価にある。判断する材料が乏しければ，市場は期待を膨らませて過大に評価することもあれば，過小に評価することもある。

このような特性をもった市場であれば，問題をかかえた企業はそのままその市場に残るとしても，将来有望と見られる企業がその市場から去るか，あるいは最初からその市場を選択しないという，いわゆる逆選抜の事態が生じよう。結局，信頼性をともなわない市場は有望な企業を失い，同時に果敢にリスクをとろうとする投資家をも失う結果となる。リスクの開示がきわめて重要であることが認識されなければならない。

（3）未公開株取引への期待と課題

株式会社を特徴づける要因の一つとして，経済的には譲渡自由な等額株式制が重要である。すなわち，株式会社においては，株式が自由に譲渡されることによって，出資相当額の回収可能性が与えられる。これによって遊休する小口の資本をも株式会社は集中することを可能にし，資本集中力は飛躍的に強化される。具体的には，証券市場の成立・発展によって流動性が与えられ実現されることになる。そうした点から見ると，1999年の「マザーズ」の開設とその後の「ナスダック・ジャパン」の開設，店頭市場の2号基準の設定は，企業の直接金融の場を大きく広げることに貢献している[11]。

しかし，実際にそうした市場を利用し，株式会社の機能を十分発揮できる会社は限られ，ここで対象する中小規模の企業のなかにそれを見出すことは容易なことではない。しかも，株式を公開していない，いわゆる中小企業の未公開株式についてはさらに深刻である。価格の公表，企業内容の開示が十分に行われておらず，上場株式等とも比較して非常にリスクが高く，投資家が投資判断

を行うための環境整備が不十分であることなどの理由から，長年にわたり証券会社が売買・募集の取扱いまたは売出しの取扱いを行うことは制限されてきた[12]。したがって，株式会社とはいえ，直接金融の道は閉ざされていたといってよい。

それが，1997年7月に金融制度改革の一環として解禁された[13]。一定の企業情報の開示が行える会社については，投資家に対して会社内容の説明と気配情報の提示を義務づけることを前提に，証券会社がこれら株式等を取り扱うことを可能としたのである。これは未公開株式に流動性を付与し，未公開段階での新たな資金調達の道が開けたことを意味する。

アメリカでは，店頭市場としてのNasdaqやOTCブリティンボード市場のほかに，ピンクシート市場，ローカル市場など取引市場が形成され，従来から未公開企業の株式がさかんに売買されている。日本においても未公開株式を専門にする新たな証券会社も誕生し，電子媒体を活用する未公開株取引は，株式市場と企業の資金調達の在り方を変える契機になると期待されている。

日本では，全米証券業協会（NASD）のピンクシートを範として「グリーン・シート市場」を創設し，気配公表銘柄届出証券会社16社によって41銘柄（2001年6月末）が取引されている。こうして未公開株取引が解禁されシステムの整備が進められているが，売買は低調にとどまっている[14]。

一方，証券会社を通さずにインターネットのホームページを使って株式を一般に売り出している会社も見られるようになってきた。広く一般投資家を対象に増資を行うのは，ほとんどが公開企業に限られていたが，インターネットの普及とともに，投資家から直接資金を調達するケースが増えている。発行コストが低く押さえられることのほかに，担保物件の乏しい創業間もない企業にとっては，金融機関からの融資やベンチャーキャピタル投資に対する煩雑な実務対応が回避されるという点では有益かもしれない。

比較的少額の募集・売出しの場合は，図表10-8にも示したとおり，公募であっても1億円に満たなければ，簡易な有価証券通知書[15]の提出で足りる。証券発行の事実を通知するにすぎないものなので，会社の営業や経理に関する記

図表 10-8 未公開株式発行に関する開示義務

投資家数	1億円以上の募集・売出し	1千万円超の募集・売出し
50名以上に勧誘	有価証券届出書	有価証券通知書
50名未満に勧誘	有価証券通知書	──

載の必要もない。もし1000万円以下ならば，この通知書の提出すら不要である。

　資金の調達する側から見ると，きわめて自由度の高い領域であることがわかる。このことは逆に投資家側から見れば，きわめてリスクの高い投資対象になるということである。従来であれば金融機関の融資でまかなわれていたもので，調達の多様化という点では評価できよう。しかし，このような流動性が確保されていない公募増資では，その後の流動性リスクや倒産リスクに株主はいかに対応することになるのだろうか。

　中小企業は，その規模の小ささゆえの人材確保の困難さ，原材料の相対的コスト高，物的担保の乏しさに起因する借入難など，かかえる問題は多岐にわたる。そのため，こうした問題を克服し発展に結びつけるには，大規模企業以上にリスクの開示に主眼をおいた積極的な広報活動が重要である。資金の調達手段や量的確保は事業の成否を分けることになるので非常に重要である。とりわけ中小企業にとっては，不特定多数の投資家よりも，私募，つまり事業を理解し事業特性に精通した投資家の支援が，その後の企業の発展には不可欠なことのように思われる。

　投資リスクを的確に判断できる投資家が限られているなかで，そのリスクをいきなり一般投資家に転嫁することには躊躇せざるを得ない。株式市場に限らず市場の形成には長い年月を要する。リスクを意識することがない経済システムに馴染んでいただけに道のりは遠いが，新興市場が正常に機能するには，未公開株市場を含め，投資家層の厚みを増すことが，ぜひとも必要である。

図表10-9　企業規模と情報・リスク

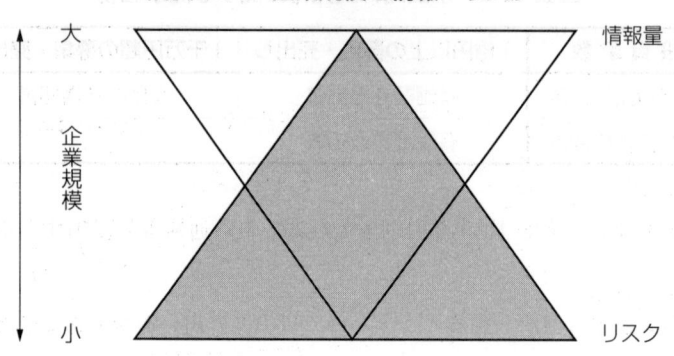

大　企業規模　小　　　　　　　　　　情報量　　　リスク

6 ▶ 中小企業の直接金融化と支援者づくり

　日本の金融システムは，ながらく間接金融偏重といわれ，その是正が戦後の一時期には政策課題ともなった。大規模会社の資本構成は，1980年代以降大幅な改善をみせてきたが，中小企業にあっては逆に間接金融の傾向をむしろ強めてきた。こうしたなかで，証券会社の未公開株売買が解禁された。しかし，戦後の間接金融を恒常化させるシステムの存在やリスクを意識させないシステムの形成によって，いまだに市場を正常に機能させるに十分な投資家が育っていないのが現状である。したがって，中小企業の直接金融化も急速な進展は望めそうにない。そのため，この隘路を克服するには，投資家の信用をいかに獲得するかが重要である。多くの理解者の存在が重要なことはいうまでもないが，事業を軌道に乗せ，成長・発展を目指すためには，事業に対する積極的な支援者をどう組織化するかである。市場の現状と中小企業の事業特性を考慮するなら，まずは私募による資金調達も検討に値する。事業協力者の出資は，外部投資家の投資判断の重要な指標となる。中小企業に求められているのは，まさに信頼を得るための体制づくりである。

第10章 金融制度改革と中小企業の直接金融化

注

1) 中小企業を定義することはきわめて難しい問題である。それは多様な要素や質をもった各種「中小規模」事業者の総称であるからである（巽信晴，佐藤芳雄共著『新中小企業論を学ぶ』有斐閣，1996年，4ページ）。中小企業基本法第2条に業種別に従業員数と資本金規模で中小企業者の範囲が規定されているが，これはあくまでも国の施策達成を目的に規定された基準である。本章は一応この基準を目安にしているが明確な境界は設けていない。ただし，本章が扱う金融上の視点から，従来では広く一般投資家から資本参加を求めることができないような規模の会社を念頭に置きながら議論を進めている。中小企業金融が中小企業問題のなかでもきわめて重要なものであることは，日本だけに限らず，広く欧米諸国に共通した課題である。イギリスでは，1946年にイングランド銀行と市中銀行18行によってIndustrial and Commercial Finance Corporationが設立され，アメリカでは1958年にSmall Business Investment Act of 1958が成立し，Small business Investment Companyが創設されている。

2) 加藤俊彦『本邦銀行史論』東京大学出版会，1972年，278ページ。

3) 閉鎖機関とは占領政策である経済の非軍事化・民主化の考えに従って閉鎖された企業や金融機関をいう。

4) 川合一郎編『日本の証券市場』東洋経済新報社，1979年，274ページ。

5) 同上書，280ページ。

6) 証券取引法，証券投資信託法の改正について審議した後1955年5月から59年6月まで休会している。同上書，280〜281ページ。

7) アメリカ企業の場合はこれと大きく異なる。特に80年代以降についてみれば，大企業ほど自己資本比率が低くなる傾向にある。その原因は，大企業の社債発行の増大や自社株の買い戻しによる株式消却の増大が考えられる。

8) 中小企業金融公庫が行っている「中小企業動向調査」の借入難易度D・Iで見ると，第一次オイルショック後の金融引き締め期に次ぐ水準まで借入難易度が高まっており，金融緩和期としては異例の水準であるとされる。『月刊中小企業』1998年8月号，5ページ。

9) 日本銀行による97年「貯蓄と消費に関する世論調査」によれば，経営内容が健全で信用度の高い金融機関に預け替えた家計が11.3%に達したとされる（『日本経済新聞』1998年5月20日）。

10) 海外拠点を有しない銀行に対しては，合理的と認められる経営改善計画を当局に提出した場合には1年間の猶予が認められる。そもそも，BIS規制とは，1988年に国際決済銀行（Bank for International Settlement）が定めた監視規制であって，国際業務に携わる銀行を対象にした自己資本充実に関する国際統一基準である。BIS規制の目的は，国際銀

行システムの健全性・安全性の強化および銀行間の競争上の不平等の要因の軽減である。

銀行の自己資本比率だけがなぜ問題になるのかは，①一般に負債比率が上昇すればそれだけ債務不履行の可能性が高まるので債権者自らそのリスクを負担しなければならないが，実質的に政府・中央銀行が信用保証している。銀行にとってはその分コストの低減になりうる。②銀行業務への参入は厳しく規制されている。このことは負債集中の特別な支配力を有していると見ることが可能で，銀行にとってはその分だけ負債利用が相対的に安いコストで調達可能になる。

BIS規制の基本的枠組みは，①リスク・アセットに対する自己資本の比率を採用，②オフ・バランス取引を含み，連結ベースでの規制である。早期是正措置制度導入の目的は，①経営内容の極度な悪化を事前に防ぎ，破綻処理コストを低減するため，②経営状態を客観的指標でとらえ，健全性確保・経営破綻の未然防止を図ること，経営改善に向けた取り組みを促進すること，ルールの明確化を図ることで監督行政の透明性を確保することなどである。

早期是正措置の内容は，①自己資本比率の程度により3段階に区分，②区分ごとに，たとえば経営改善計画の作成およびその実施命令が発動される，③すべての金融機関に対して，流動性不足を原因とする業務停止命令を発動することもある（大坂良宏「高い自己資本比率と資産のハイリスク，ハイリターン化」『旬刊経理情報』No. 680）。

11) 登録銘柄数は，東証「マザーズ」33社（2001年6月末），「ナスダック・ジャパン」56社（2001年6月末），「ジャスダック」全銘柄886銘柄（2000年末）である。
12) 詳しくは，平田公一「未公開株式の投資勧誘の解禁について」『経営財務』No. 2329，11～18ページを参照。
13) 具体的には次のとおりである。

日本証券業協会平成9年6月18日理事会決議（平成9年7月1日施行）
「店頭取扱有価証券の会社内容の説明及び気配の提示等の取扱いについて」
　　　　　　　　　　　　　　　　　　　　　　　　　（アウトライン）
1　店頭取扱有価証券の範囲
　店頭取扱有価証券とは，次に掲げる発行会社の発行する株券，新株取引受権証書，新株引受権証券，新株引受権付社債券及び転換社債券をいう。
　①　有価証券報告書（総合意見が適正であるもの）を継続的に提出している発行会社（有価証券届出書（総合意見が適正であるもの）を提出している発行会社を含む。）
　②　公認会計士又は監査法人により，証取法に準ずる監査が行われ，又は商法特例法に基づく監査若しくは準ずる監査が行われ，かつ，その総合意見が適正又

は適法である旨の監査報告書が添付されている財務諸表等を会員が投資勧誘を行う際の説明用資料（会社内容説明書）として利用できる発行会社

2　店頭取扱有価証券の投資勧誘

　会員は，店頭取扱有価証券の投資勧誘に当たっては，公正慣習規則第9号「協会員の投資勧誘，顧客管理等に関する規則」に定める事項を遵守する。

3　会社内容説明書の作成及び会社内容の説明等（以下略）

4　不公正取引の防止（以下略）

5　気配の提示，報告及び公表等（以下略）

6　売買報告及び公表（以下略）

14）既存の大手証券会社もこの市場に参入しているが，中堅・中小証券に比べ大手証券は慎重な姿勢を見せている。それは数千万円から3億円程度の少額増資になる未公開市場では，引受部門の採算が合わないうえ，上場店頭株に比べ投資リスクが大きい株式を限られた投資家に販売するには，従来とは異なる営業スタンスが求められるからだとされる（『日本経済新聞』1987年7月28日参照）。

15）有価証券通知書の内容について，項目を挙げれば次のとおりである。

1．新規発行（売出）有価証券

2．有価証券の募集（売出）の方法および条件

3．有価証券の引受けの概要

4．過去2年以内における募集または売出し

5．募集によらないで取得される新規発行株の発行方法

第11章 異業種交流の現状から見た日本の中小企業の特質[1]

―中小企業の資金調達に関連して―

1 ▶ 異業種交流の現状

　異業種交流が注目された背景には，日本の経済システムが変換し，多くの中小企業が新たな存立基盤を形成しなければならないことに起因する。これまでの大企業依存型という性格を有する中小企業が，経済状況の変化により単独で市場開拓や技術開発を要請されるようになった。そのようななかで異業種交流という共同開発型の戦略が注目されることになった。そして，異業種交流を効果的なものとするためには，参加する中小企業の経営資源の蓄積が必要不可欠である。

　だが，異業種交流の成果があがっていないとするならば，それを行っている中小企業に何らかの課題があると仮定する。日本における中小企業の特質に注目することにより，それが異業種交流の成果があがらない原因であると位置づけることにする。日本の中小企業の特質は下請制度に代表される日本の生産システムに依存していた点，および資金調達の面での相対的不利が原因であり，独自の能力形成や自立した経営が困難な状況の中小企業が多数存在しているのである。

　本章では，異業種交流の失敗の原因を次のように検証していく。まず異業種交流の概念把握を行い，次に成功する条件を先行研究を元に確認する。そして

その条件である参加する中小企業の特質を検証し、なぜ中小企業の多くがそのような特質を有してしまったのか、またそのようななかで異業種交流が注目され、成果があがっていない点を論じることにする。

2 ▶ 異業種交流の概念

　異業種交流とは「異なる分野の異なる特性を持つ企業が、それぞれの持っている技術や情報をお互いに交換し合い、また結びつくことによって、新しい可能性を見出し、さまざまな活動を通じ個々の企業に経済効果を期するもの」である[2]。

　では、なぜ異業種の企業が集まると経済効果が生まれる可能性が生じるのであろうか。この問いに対して二つの理論を引用することにより、概念把握を行った。

　一つ目は革新の理論である。革新とは、「新製品の開発・生産、新しい生産方法の導入、新しい販路の開拓、新たな原料供給源の獲得、新しい組織の実現[3]」である。企業にとっては新製品の開発や新しい生産方法の導入といった技術的な革新が中心的な行動となる。革新が経済発展の原動力であるとするならば、革新の主体であり革新を遂行する企業にとっても、革新は成長の要因となりうる。ただ、この革新を一企業で行うには困難である。特に中小企業においては、限られた経営資源のなかで革新を試みることは難しい。ただ、革新の条件とされている柔軟性は中小企業が有する特質であり、革新が可能であると考えるのは妥当であろう。

　さらに「革新に必要な新しい技術的知識は科学的発明や発見であることを必ずしも必要としない。新しい結合を生み出すことが重要で、結合される要素自体はすでに存在している要素であって良いとした。革新は個人もしくは他の採用単位によって新しいものと知覚されたアイデア、行動様式、ものである。アイデア、知識、あるいは生産要素そのものの客観的な新しさは革新の必要条件ではない。発明は新しい情報、知識をもたらすことそのものであるが、革新は

実用化されていなかった知識を実用化する過程[4]」である。つまり，革新を生産要素の新結合としてとらえ，個々の要素の発明，発見とは切り離し，要素結合の新しさを指摘しているのである。

　この考え方を用いるならば，概して個々の企業を"要素"とまずとらえ，異業種交流をその結合を模索する場であると認識できるものである。一社単独で革新を行うよりも，さまざまな経営資源を蓄積してきた異質な企業が集まることにより，相対的に革新の機会が増加する[5]。また，経営資源同士の結合だけではなく，その集合体の企業を一つの要素と考えるならば，異業種交流において期待される効果というものはまさしく複数の要素（この場合は企業）による革新そのものということである。

　また，もう一つの理論で接触の利益を用いることにする。接触の利益とは「同種，または異種の独立した工業が，局地的技術，販路的結合をすることから得られる利益[6]」ということである。この理論を異業種交流に置き考えてみるならば，さまざまな異質な企業が集まること，つまり複数企業がある場所に集中することにより，さまざまな波及効果を生み，単独で行動するよりは経済効果があると理解できる。また同時に，企業が集まることにより，不確実性に対する適応能力の増加から生じる利益とも解釈できる。

　以上の二つの理論により，異業種交流を個々の企業としては，独自の経営資源を有効に活用という内部資源の外部化または外部資源の内部化を行うために，市場でもなく企業でもない中間組織的ないわゆるネットワーク組織を形成し事業展開を進めようとする戦略の一つであると理解できる。そこで生じる成果というものは「企業の要素の結合による革新」と「接触の利益」から生じるものであると区別して認識できるものである。このように革新と接触の利益という概念を用いることにより，これまで個々の企業の視点から異業種交流により何を得られるかという議論に，企業が集まったその場においてはどのようなことが生じているのかを明確にする視点が新たに加わることになる。

3 ▶ 異業種交流の成功要因

次に異業種交流そのものに必要な要件を検証する。これに関しては神田・寺本が行った研究により、技術の多様性と規模の多様性の二つが影響していることがわかっている[7]。

技術の多様性、つまり異業種交流をする際にさまざまな業種の企業が存在することに関しては、異業種交流の各段階に応じて、最適な技術の多様性（組み合わせ）は異なる。異業種交流は発展していくに従って、さまざまな段階を経ていく（図表11-1）。特に相互利用の段階において、次の共同開発へと進もうとするときには業種の数が多く、ある特定の業種に集中していない技術の組み合わせを選択するほうが望ましい。また共同受注を意図する戦略を選択する場合には業種の数が少なく、一つの業種へ集中しているような技術の組み合わせを選択することが望ましいという結果が出ている。

また規模の多様性、つまり規模が違う企業が集まっているかという点に関しては、情報交換の段階では、大企業を参加させることをとおして規模の多様性を図ることが高い成果に結びついている。しかし、相互利用の段階になると、成果との関係において規模の多様性が重要ではないという結果が出ている。また共同開発と共同受注の段階では、規模の多様性が必要であるという結果が出ている。共同開発においては規模の広がりを大きくすること、つまり規模の多様性を高めることによって成果が出る傾向にあるという。だが、共同受注では

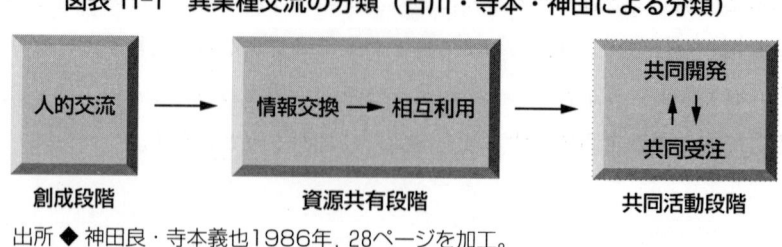

図表11-1　異業種交流の分類（古川・寺本・神田による分類）

人的交流　→　情報交換　→　相互利用　→　共同開発　⇅　共同受注

創成段階　　　　資源共有段階　　　　共同活動段階

出所 ◆ 神田良・寺本義也1986年, 28ページを加工。

第11章 異業種交流の現状から見た日本の中小企業の特質

規模の広がりを小さくし，大企業の参加を制限すること，つまり規模の多様性を低くすることによって高い成果をもたらしている。

以上のように，異業種交流の成果を求める場合には，技術の多様性と規模の多様性が必要であることが指摘されている。このことから，異業種交流に参加する企業はなんらかの技術を有していなくてはならないことが予測できる。このなかで，特に技術の多様性を注目し，参加する中小企業が果たして技術を有しているのかを，日本の中小企業の特徴から検証していくことにする。

4 ▶ 日本の中小企業の特徴

ここまでで，異業種交流においては参加する中小企業の有している技術が重要な要素であることがわかった。そこでここでは，異業種交流を行う主体である日本の中小企業の特徴を検証することにする。

これまでの大企業主導の生産システムにおいて，多くの中小企業は単純加工中心の技術を有してはいるが，技術開発をしていく能力は蓄積されてこなかった（図表11-2）。その多くが，一般的な技術を有している企業，つまり代替可能性の高い企業ということになる。これは，大企業に依存し，大企業の要望に合う製品や技術を主に開発していた結果であり，独自での技術開発を十分に行えない状況にあったと考える。そのような場合において，取引に関する市場も

図表11-2　主たる事業における保有技術の内容

（上段：社　下段：％）

先端技術がある	高度な技能がある	他社にはない独自の技術がある	一般的な技術はある	その他の技術はある	特に技術はない	無回答	合計
216	673	1218	1769	46	432	51	4405
4.9	15.3	27.7	40.2	1.0	9.8	1.1	100.0

出所 ◆ ㈶中小企業総合研究機構，1998年，77ページより作成。

限定されており,のちに取引複数化という方向転換も余儀なくされることになった。また,資金面においても資金不足のために独自で技術開発を進めていくことには限界があり,企業の個性を明確にするまでには至っていない企業が大半を占めていることが指摘できる。

つまり,日本的生産システムといわれる下請関係の存在[8]と資金調達の困難さという二つの要因により中小企業の多くは独自の技術や能力の蓄積が相対的に低いのである。

下請関係をとおして,大企業の技術開発の支援により中小企業は自社の技術力を蓄積してきた。また,共同開発への参加(デザイン・イン)などにより,大企業との共同での製品開発を行うなど,相互に利用してきたのである。中小製造業企業の約50%以上が下請企業であるという事実は,日本の多くの中小企業が下請企業であり,その下請制度の存在には大きな意義があり,また,それに注目することは必要であることを意味している(図表11-3)。特に,日本の産業発展の中心であった自動車,電機の加工組立型産業においては,下請企業比率は70%以上と高い[9]。戦後における日本の経済発展や産業の国際競争力の構築は,それを支える中小企業(特に下請企業)の役割を抜きにしては成立しなかったと考えられる。

大企業は,中小業の技術・製品開発力の向上に大いに貢献してきたが,同時に,生産コスト引下げ,品質向上,開発の効率化,雇用・生産調整機能の活用などとして利用してきた。また,中小企業においても,大企業の国際競争力を支えると同時に,大企業との長期的取引関係によって技術的な面での援助など利用してきた。よって,下請関係が中小企業の技術力向上に果たした役割や技術開発に与えた影響は無視できないものがある。

図表11-3 下請比率の推移

(単位%)

年 次	1966	1971	1976	1981	1987	1996
下請比率(%)	53.3	58.7	60.7	65.5	55.9	51.6

出所 ◆ 青山和正,1999年,111ページをもとに作成。

第 11 章　異業種交流の現状から見た日本の中小企業の特質

　そこで金原が行った中小企業の技術開発に関する調査は，興味深いデータを与えている[10]。この調査によると，最も取引が多い企業への売上高依存が総売上高の 50% 以上を占める企業は 40 社あり，そのうち，過去 5 年間に開発された新製品において，売上高全体に占める新製品比率が全体平均を超えている企業は 22 社である。つまり，特定企業との取引依存度が高い企業において新製品比率が高いことを指摘している。この結果は，一つの企業への取引依存度の高い中小企業において新製品開発が相対的に活発であったことを示している。

　また，取引の頻度が高い企業への取引依存度が 50% 未満の企業では，大部分が平均以下の新製品比率を示しているし，中小企業では他社への依存度が低い独立の企業であるといっても開発が低調な企業も多い。同時に，取引依存度が 50% 未満と低い企業でも，平均以上の新製品比率を示している企業がある。これは，独立的な企業は革新意欲が強く成長指向があると考えられている。したがって，独立性が高く取引依存度が低い企業の間にも，開発が活発なグループと，開発が活発でないグループという二極分化していることになる。

　しかし，大企業と取引依存の高い企業では，取引先企業からの要請による共同で開発を行う企業が多いため，活発な新製品開発を行っているとしてもその開発能力はまったくの自社単独によるものではないことが予想できる。つまり，研究開発を行っていたとしても，それはあくまでも受動的な要請に基づくものだということである。高い取引依存度ということは，同時に中小企業が大企業へ依存した開発が行われていた可能性があるのだ。

　一般に，下請関係は日本の企業間関係を特徴づけるものである。この下請関係の特徴は，本来であれば市場を通じて行われるはずの取引が，長期的に行われる取引慣行により市場を介さない取引となる。これは市場での取引の代わりに，"内部化" された取引となり，下請企業や関連会社を生産，雇用においても内部組織化する働きをもっている[11]。

　そして，このような取引関係は取引の安定化だけではなく，実は相互の有している技術などの交換や共同での製品開発を可能にし，その取引関係にある企業全体のレベルの底上げとなった。これと同等のことを中小企業が単独で行う

には豊富な経営資源が必要であった。そのためにも資源不足である中小企業が下請関係に属することは，市場を新たに模索する負担を省略するだけではなく，大企業に依存することで自社の技術力を向上させることからかんがみても，中小企業の戦略的には効果があったと推察できる。

このように，市場だけでなく技術開発までも大企業へ依存をしていたことは，後の環境変化における中小企業の対応に大きな影響を与えることになったと認識する必要がある。中小企業の研究開発は，大企業の要請や依頼に基づいた研究や開発が主流であって，独自の戦略として開発や研究を行う企業は少なかった。大企業の開発支援や助言に応じた開発だったために自社独自での開発能力や戦略というものが中小企業に蓄積されてこなかったのである[12]。

5 ▶ 資金調達に見る中小企業の特徴

次に，下請関係の他に中小企業の技術および能力形成を阻害する要因として考えられる中小企業の資金調達問題について検証する。資金調達コストが相対的に高ければ，それだけ経営を圧迫し，企業の経営に影響を与える。また，長期資金の調達が困難であれば，技術開発や製品開発といった長期にわたる投資が困難になる。中小企業が技術開発を行う際の課題として資金調達難を34.9%の企業が挙げ，また，技術開発をしない理由としても38.7%の中小企業が資金調達難をあげている[13]。その結果として，資金調達難による資金不足が中小企業の技術や能力の形成が停滞すると考える。

歴史的に検証してみると，まず戦後の経済復興期であるが，当時は中小企業の金融は厳しい状況にあった。なぜなら，鉄鋼，電力などの基幹産業の復興を目的とした傾斜生産方式の導入と，それによる大企業への優先的な融資が実施されたからである。そのため中小企業は資金不足に陥り，倒産する企業や廃業する企業も多く存在した。

その後，高度成長期には大企業の資金ニーズが増加し，金融機関の資金は大企業に集中する傾向となり，そのため中小企業は資金難に陥ったり，金融引締

め期には中小企業への融資が消極的となった（系列大企業需要補完融資）。その間，信用金庫・信用組合等の中小企業専門金融機関の整備や政府系金融機関（中小企業金融公庫，国民金融公庫，商工組合中央金庫）による融資拡充，あるいは都市銀行の比較的優良な中小企業への積極的な融資が行われるなど，1970年代後半頃から中小企業の金融難は若干緩和される傾向にあった。その後の低成長期では，高度成長期に比べ資金のニーズが減少するなかで大企業の資金繰りが緩和し，中小企業をとり巻く金融環境も変化した。しかし，実質金利や融資条件においては大企業に比べて格差があり，中小企業全体の資金調達は依然として厳しいものであった。こうした背景から，中小企業における金融に関する問題は次のような二点にまとめられる。

　第一は，長期資金の借入れが困難であることである。中小企業は大企業のように株式や社債による資金調達を行うための制度が不十分であるために，長期資金の調達が困難なのである。この課題の克服のために不安定な企業間信用に依存するか，もしくは短期資金の借入れを満期ごとに書き換えて継続的につなぐことによって補うことになった。このような長期借入の困難さにより，中小企業が企業の内部の生産性を向上させたり，合理化を推進していくうえでは負担となったのである。

　第二は，金利格差である。これは，大企業と中小企業を比較した場合，中小企業は信用力がなく担保も保有していない，金融機関が融資の際，一件当たりの貸出の額が小さいことが主な要因である。つまり中小企業の経営が不安定でリスクが大きいこと，中小企業には担保力がないこと，中小企業の資金のニーズは小口で，さらに数が多いため，一回当たりの融資コストがかさむことなどから大企業との間に格差が生じている。そのため，金融機関も低コストである大企業への融資を優先的に行う傾向となり，大企業への集中融資が形成されたと把握できる。

　以上をまとめると，中小企業金融の特徴については次のように指摘できる。

① 自己資金を調達することが困難で，外部資金の依存度が高い。
② 間接金融の割合が高い。

③ 大企業との関係が要因となる企業間信用に大きく依存している。
④ 長期資金の替わりに短期資金の書き換え等で補っている。

それらの状況を生み出す要因は，都市銀行を中核とした系列大企業需要補完融資であると考えられる。このような状況は金融構造の特色が要因であるとし，それは，①融資集中機構，②間接金融の優位性である[14]。

このように，従来から中小企業は大企業と比べて借入れの難易度や実質金利等の面での格差が存在しており，それが中小企業金融の問題であったとされている[15]。近年，大企業の直接金融へ資金調達シフトや金融機関の規制緩和，低金利政策などで，中小企業の資金調達は長期資金，短期資金ともに改善傾向にはあるが，中小企業と大企業の金融格差に加え，貸し渋り問題などがあり，全体としては厳しい。

そこで，実際の中小企業と大企業の資金調達構造の推移を比較すると，大企業においては間接金融の依存度が減少してきているが，中小企業においては銀行からの間接金融による資金調達へより大きく依存していることがわかる。また借入金のうち，長期・短期の割合は，大企業の場合その比率は半分であるが，中小企業になると長期借入れが短期借入れの約二倍となっており，自己資金の不足を金融機関からの借入れで充当していると見てとれる（図表11-4，11-5）。このようなことから，直接金融市場の未整備や銀行借入依存体質の残存などに

図表11-4　中小企業の資金調達構造の推移（期末残高構成比％）

	1988年	1993年	1998年
自己資本	12.9	12.6	9.2
社　債	0	0.1	0.1
借入金	47.1	52.5	56.4
割引手形	4.3	3.3	2.2
営業債務	21.7	16.8	17.3
その他	14	14.7	14.8

注）営業債務とは支払手形，買掛金残高の合計値
出所 ◆ 中小企業庁『中小企業白書』2000年，75ページより作成。

図表11-5　大企業の資金調達構造の推移（期末残高構成比％）

	1988年	1993年	1998年
自己資本	22.7	23.9	26.7
社　債	7.7	8	7.9
借入金	33	34.4	32.8
割引手形	2	1.3	0.7
営業債務	17.2	14.1	13.9
その他	17.4	18.2	18

注）営業債務とは支払手形，買掛金残高の合計値
出所 ◆ 中小企業庁『中小企業白書』2000年，75ページより作成。

よって，中小企業は大企業に比べ相対的金融コストが高く，それだけに技術開発や能力形成への負担となっているのである。これが中小企業の多くが技術開発へ十分に投資を行えない要因の一つであると考えられる。

6 ▶ 中小企業をとり巻く環境の変化

ここでは，これまで見てきた背景や特徴のなかで，中小企業がなぜ異業種交流に注目しだしたのかを論じていく。そこには，下請制の変化という取引環境の変化が大きく影響しており，また金融環境も変化していくなかで，その結果独自での研究開発が困難になってしまったという二点から検証する。

（1）下請構造の変化

バブル崩壊とともに大企業はリストラを断行するとともに，生き残りをかけて，国際化の急速な進展に対応したさまざまな戦略をたて実施している。その一つは海外生産拠点の拡充により，輸出分を現地で生産する戦略に切り換えていることである。このような国際化のなかで，親企業は下請系列グループとの分業関係を維持できなくなってきているという現状もある[16]。従来の下請制のもとでは，親会社と下請企業との間に長期・継続的な取引関係が保たれており，

下請企業の近代化・合理化により年々数％のコストダウンが実現されてきた。この下請系列関係が他の国と比較して非常に効率的な経営システムであり，高度に分業化・専業化された体制のなかで，コストの削減と景気変動のバッファー機能の両面を持ちながら進化してきた。

現在においては，国際化が急速に進展してきたため，親企業の海外進出が増加するとともに，アジア諸国の成長も著しく，海外市場での競争が激化してきている。生産の現地化が進むにつれ，輸出の伸びは低迷し，内外価格差の縮小などに加え，低価格な輸入品や海外からの調達が増加してきている。このようななかで大企業は，自社の下請システムを見直し，下請制のいわゆるピラミッド構造の再編を始めた。また，従来の高コストのシステムを改めて，大幅なコスト削減によって企業の存続を模索している。そのため，下請企業に対しても従来の関係を見直して，取引企業として新たに非系列企業からの調達も積極的に行い，コスト削減などの要求も増しており，それに対応できない企業は取引を行わなくなってきている[17]。

このような状況のなかで，中小企業は生き残りのために，技術開発など今までは大企業に依存していた点を独自に強化する必要に迫られた。高付加価値化，技術集約化，知識集約化などを下請中小企業は，選択しなくてはいけなくなったのである。

また，こうした環境変化に対して柔軟に対応することのできない下請中小企業の転廃業と倒産も進んでいる[18]。すでに，生産の拠点が東アジア諸国へと移っているなかで，国内での下請中小企業の存立基盤を失ってしまった分野も多数存在している。特に，単純組立型のような製品分野ほど，生産拠点の海外移転が進んでいる。また，倒産と廃業が進む一方で，開業が増えていかない状況が続き，日本国内の産業空洞化の問題が生じている。

そして日本国内の下請企業は，自立化か，下請特化か，転廃業かの主に三つの道を選択せざるを得なくなった。つまり，経営環境変化に対応できず存立基盤を失った中小企業は，転廃業を余儀なくされていることになる。逆に，国内で存続を図ろうとする下請中小企業は，自らの経営戦略を見直すことで，新た

な段階に進出することになる。そこで，下請中小企業による今後の展開を見てみると，「特定下請委託企業への依存度低下」が37.4%，「市場直結型製品開発により脱下請」が14.7%となっていて，下請中小企業は自立化の道を選んでいることがわかる。その一方で，「特定少数下請委託企業との関係強化」が23.2%，「現状維持」が24.7%となっていて，親企業との取引関係を維持ないしは強化していこうとする動きもある[19]。つまり，下請中小企業による生き残り戦略は，大きく分けて二つパターンがあるといえる。

第一は，自立化への道である。まず，「市場直結型製品開発により脱下請」や「特定下請委託企業への依存度を低下」させるということは，取引先を広げ，特定企業に依存しない独立した企業になることである。

第二は，あくまでも下請に特化する道である。「特定少数下請委託企業と関係強化」も「現状維持」も，現在の大口取引先である企業，特に大企業の下請に特化する取り組みである。つまり，従来の取引先である大企業との関係をより強化し，低コストや短期納入といった大企業の要請に積極的に応じていく。そうすることで，親企業にとって，なくてはならない存在になろうとする戦略である。

以上のように，大企業への依存度が相対的に低下しており，そのなかで下請中小企業も選別され，取り残された企業は独自で技術開発や市場開拓をしなくてはいけなかったのである。そのような企業にはこれまでの大企業依存体質のため，すぐには技術開発などは不可能である。その結果として，代替可能性の高い中小企業のみが今後の方向性を模索しなくてはいけないという状況に陥ってしまうのである。

（2）資金調達における変化

金融機関の中小企業向け貸出額の伸び率はバブル経済崩壊を契機に減少し，1996年以降はマイナスに転じている[20]。この原因としては，金融機関側のいわゆる「貸し渋り」と中小企業側の資金需要低迷などが影響していたと考えられる。金融機関にとっては，自らの経営の健全化が大きな課題となり，信

用リスクが高い企業への貸出を抑えようとする方向にむかうとともに，地価の下落による担保価値の減少が生じ，企業の業績も落ち込んでいたため，優良な貸出先が少なくなっていたと考えられる。中小企業も，景気低迷で需要不足による売上高の減少により，設備投資などへの資金ニーズが減少していると考えられる。

中小企業向け貸出額の対前年比の伸び率を見ると，金融機関の業態によって差があり，都市銀行の落ち込みは顕著である。特に，1997年後半になると，都市銀行と信用金庫，政府系金融機関の貸出伸び率は対照的に推移するようになっており，都市銀行の減少分を信用金庫，政府系金融機関が補う関係で，全体としては減少するという状況であった[21]。都市銀行は，不良債権の処理と並行してBIS規制による自己資本比率等の経営指標を，国際統一基準へ上げなくてはいけない必要があり，そのことが中小企業向けの貸出の減少につながったと思われる（図表11-6）。

中小企業側の資金調達行動を見ると，バブル経済崩壊後も一貫して金融機関からの借入れが中心である。総資産に占める借入金の割合は，緩やかに上昇しており，バブル経済崩壊後の景況悪化のなかでも，借入金に依存していることがわかる。また，その一方で金融機関，特に都市銀行の貸し渋りが進展しており，これによって中小企業の経営に与える影響は大きいものとなっている。

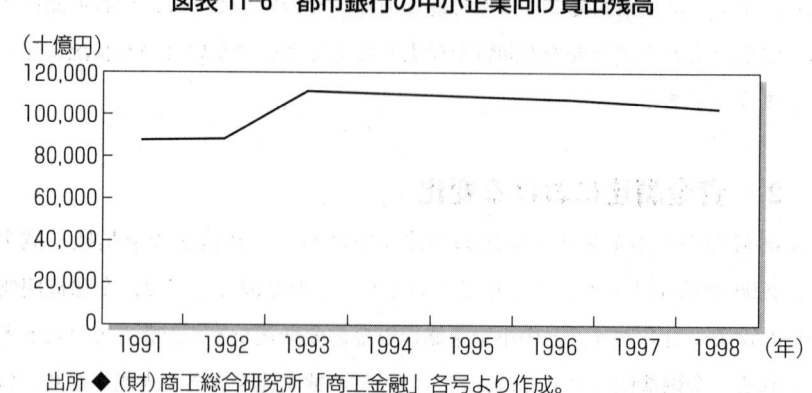

図表11-6　都市銀行の中小企業向け貸出残高

出所 ◆ (財)商工総合研究所「商工金融」各号より作成。

図表 11-7 研究開発の資金調達方法

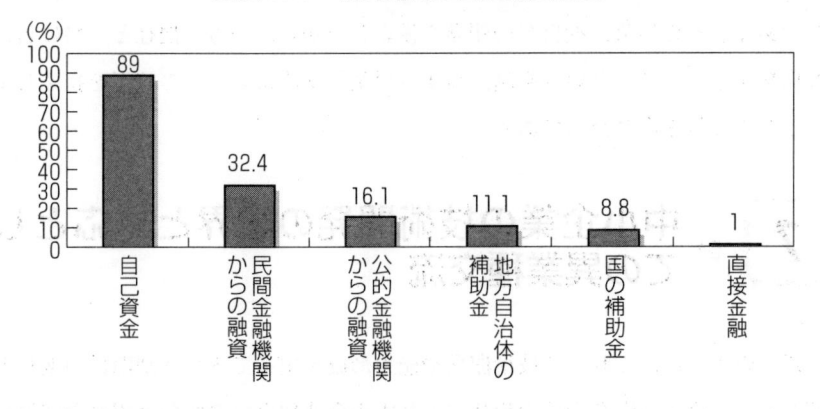

項目	(%)
自己資金	89
民間金融機関からの融資	32.4
公的金融機関からの融資	16.1
地方自治体の補助金	11.1
国の補助金	8.8
直接金融	1

出所 ◆ 前掲『2000年版中小企業白書』161ページ。

　さらに技術開発の資金を調達する場合に関してみるならば，依然として厳しいようである。規模（従業者数）を問わず自己資金によるものが最も多く，続いて金融機関からの借入れである[22]。このように自己資金が技術開発資金の主たる財源となっており，設備投資資金の調達が金融機関からの借入れによるのとでは異なっている。これは，中小企業においては技術開発資金を外部から調達することが困難であることを示している。技術開発が事前に評価しにくい性格を有しているため，その資金を金融機関から調達するのが容易ではないのである[23]（図表 11-7）。

　また，大企業は技術開発資金も設備投資資金と比較して借入れに際しての難易度は変わらないとしているが，中小企業では設備投資資金に比べ，技術開発を目的とする資金の借入れは困難であるとしている。また，技術開発資金を金融機関から借り入れた実績のある中小企業でも，技術開発資金の借入れの方が困難とする割合が高い[24]。これは中小企業の資金調達が困難であることによって，中小企業が技術開発していくうえでの何らかの負担となっていることを示している[25]。また，自己資金によって技術開発の資金を依存したとしても，中小企業にはその限界があり，安定的な投資も十分ではないだろう。このように継続的かつ安定した技術開発を行おうとしても，さまざまな制約を受ける中小

企業においては，独自での技術開発や能力形成は多くの企業にとっては困難なのである。その結果，独自での開発を模索しながら，一方で他社と一緒に新たな開発をしていこうという戦略，つまり異業種交流によりこの状況を打破しようとして注目を浴びたのである。

7 ▶ 中小企業の技術開発の限界と対応としての異業種交流

　以上のように，これまで技術開発や能力形成を担ってきた下請関係の変化と，依然として厳しい資金調達の現状により中小企業独自での開発は困難な状況が続いている。そして，現在の中小企業の有する技術開発力だけではこのような変化に対応できないのである。しかし，独自の分野を構築しなければ生き残ることは不可能であり，それに向けた技術開発が必要になる。

　そこで，技術開発戦略にはこれまで行ってきた下請型の技術開発や独立型の技術開発のほかに共同型の技術開発が注目されたのである[26]。独立開発型は，基本的に開発を自ら主導で独自に行い，リスクも単独で負担して行っていく戦略である。独立型開発では，技術開発に関して必要な資源や専門的知識において単独であるがゆえの限界がある。その限界のもとでいかに開発能力を形成できるかによって成長が左右され，それができなければ，大企業に比べて劣っている経営資源によって停滞することになる。

　そのようななかで新たに注目された共同型開発は，開発を他の企業と共同で行う型である。経営資源の不足する中小企業がそれぞれの技術を持ち合い，相互に利用することで新たな製品・技術の開発をしていこうとするものである。これはまさしく異業種交流にあてはまるのであるが，この共同型開発が成立するためには，他社との間に経営方針などの一致が得られ，共同開発方針が形成されることにある。しかし，これは異業種交流の問題点として指摘されているように，本来独立している企業が集まるという共同のために利害対立が生じやすい。また，「共同開発が長期にわたって他企業との補完関係を形成するには，

個々の企業が独自の能力を有することがむしろ必要」[27)]になってくる。このような理由により、共同開発をメインとする開発型を選択すること、つまり、共同開発に依存してしまうことはさまざまな課題を内在することになる。これは以前からいわれている異業種交流の困難さを示しているものであり、各企業独自の技術や能力を有していないかぎり、新たな技術開発や製品開発は困難なのである。また、技術開発力など企業の能力や経営資源を形成するための資金を調達するには相対的な困難さが存在している。中小企業がそれぞれ独自で技術開発を行い、自社の経営資源をより蓄積していく戦略をとらないならば、たとえ異業種交流を行ったとしても成果はあがらないのである。

　下請型開発を選択するとしても、企業の技術力を高め、取引先からの要請に応じで部品の開発ができるようにならなければ、下請型開発も成立しない。親企業の製品開発に合わせた部品を開発し、品質を向上させ生産性を高めなければならないし、革新的な製品開発とは違った形での技術力向上を目指さなければならない。また、性質上、開発のテーマや事業活動の領域が限定されてしまうので、新しい事業分野を進出することには課題もあり、専門化した技術を高めたり製品の改良などによる品質向上をしたりすることなどに集中してしまうのだ。つまり、独立型開発、下請型開発、共同型開発のどの戦略を採用するにしても、自社の技術をいかに蓄積していく点が第一の目標とならなければいけないのである。

　もちろん、すべての企業が技術を有していないというわけではなく、またすべての企業に異業種交流が適していない戦略であるというわけでもない。ただ、異業種交流を有効な戦略にするためには、個別企業の技術力を含めた経営資源の向上が第一の目標でなければならないのである。その後に、異業種交流を行うのであれば、成果のあがる可能性がより高まるであろう。

8 ▶ 中小企業発展の方向性

　このように、異業種交流が注目された背景には、日本の経済システムが変換

し多くの中小企業が新たな存立基盤を形成しなければならないことに起因する。産業構造の変化，グローバリゼーションの進展，国民生活の変化，情報化，技術変化といった中小企業をとり巻く環境は変化し，また変化し続けている。そのような経済状況の変化により，大企業へ依存していた下請企業を中心とする中小企業は，独自で市場開拓や技術開発を行わねばならなくなった。新市場の開拓や独自性の発揮，さまざまな経営革新への取り組みが必要となっており，そのなかには独自で技術開発をしていくベンチャー企業のような企業や，また下請としてこれまで以上に大企業と密接な関係構築を目指す企業などが存在する。中小企業に限らず，独自で技術を開発していくことが日本の企業全体に課せられている。そのようななかで中小企業は，独立型開発・下請型開発のほかに，異業種交流という企業が集積し共同型開発をしていくという戦略に注目した。一社では乗り越えることのできない課題を共同で，しかも違った分野の企業，つまり異業種の企業が共同で新たな分野や新製品を開発していこうとする試みが異業種交流への注目という形となっていったのである。

　異業種交流は概念的には有効であり，また，実務的には中小企業の技術開発力，すなわち経営資源の蓄積が重要な要素である。先に見たように神田・寺本の研究によれば異業種交流の成功要因には参加企業の技術水準の高さが重要な要因であるとしている。しかし，現在の中小企業においては，これまで見てきたように技術開発をしていくうえでのさまざまな課題があり，それは資金不足と技術開発力の不足なのである（図表11-8）。

　中小企業の資金調達は大企業に比べ相対的に困難になっている。それは金融機関からすればリスクの高い貸出先へは高い利率を設定するのは当然のことであり，これをすぐに改善していくのは困難であろう。それに加え，昨今，金融機関の貸し渋り問題が大きな議論を呼んだ。中小企業は普段でも資金不足であるにもかかわらず，金融機関からの借入れが困難になることは大きな打撃となった。そのような資金調達環境であっても，中小企業が研究開発を行うには資金が必要であり，どのように資金を調達できるかが，今後の発展の鍵になっている。実際に中小企業が研究開発を行うときに必要な資金を調達する方法とし

図表11-8　中小企業における研究開発を行う際の問題点

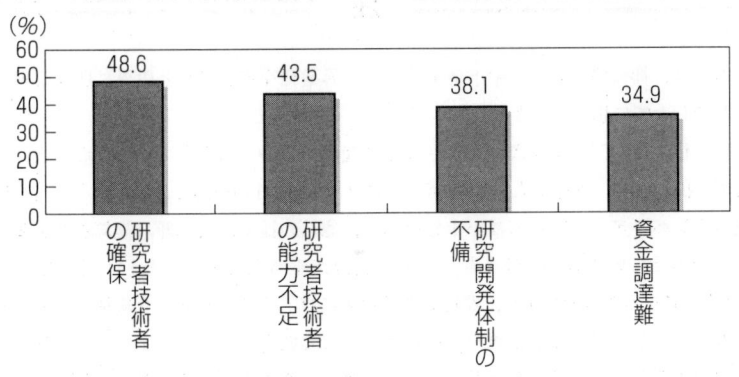

- 研究者技術者の確保: 48.6%
- 研究者技術者の能力不足: 43.5%
- 研究開発体制の不備: 38.1%
- 資金調達難: 34.9%

出所◆『2000年版中小企業白書』146ページ。

ては，自己資金の割合が依然として多くなっている（図表11-8）。また，研究開発をしていない企業も多く，その理由は人材，資金不足等の二つが大きな要因として示されている[28]。

　中小企業の異業種交流を効果的なものとするには，参加する企業の経営資源の蓄積，特に技術開発能力が不可欠であることが明らかになった。また，その一方で現在の中小企業は経営資源の蓄積不足であることも明らかになった。つまり，独自の開発力や技術力がより必要になっている一方で，独自で開発していくのが資金不足の問題等で困難であるという乖離が存在している。この乖離を狭める方法，つまりこれからの中小企業にとって重要になっていくのは，自社の経営資源を充実させる戦略と環境の整備を考える必要がある。中小企業の場合，技術を向上していかなければ他社との優位性はすぐに解消してしまう。

　また，技術力の先行があっても，その後の開発競争のなかで大企業の持つ開発力で追従される場合もある。そのような状況のなかで，技術力の向上といった経営資源の蓄積を常に目指さなければならない。つまり大企業依存体質から脱却し，独自で開発していけるために資金調達をよりスムーズにできるような制度の整備，また，自社で開発研究を進めていくうえでの的確な戦略（人材の確保など）の確立が中小企業にとって重要な点となる。

注

1) 本章は，拙稿修士論文「中小企業における異業種交流の効果と限界に関する研究」をもとにし大幅に修正したものである。
2) 異業種交流に関する定義はさまざまな研究者によって行われている。たとえば，中熊裕輔・山際有文・安藤清人（1984年）によれば，「今日の段階では中小企業は自社固有の技術のレベルアップだけでは不十分であり，他社の技術，異分野の経営資源を多角的に組み合わせていく戦略，つまり，異業種交流が不可欠である」とし，異業種交流とは「業種の異なる複数の企業が，環境条件の変化に対応するため新たな組織を作り，その活動のなかで互いに異なる情報や技術などを交流し結合することによって，自社の経営力を強化すると共に，新たな分野への事業展開を高めようとするもの」としている。このほかにも戸出武氏，大門博氏，神田良氏，古川浩一氏などが定義を行っている。
3) 金原達夫，1996年，29ページ参照。
4) 同上，30ページ参照。
5) この点に関しては簡易なモデルを考えていただきたい。たとえば，A, B, C, D, E, Fという6社があるとする。単純に企業のもつ資源もA～F各社一つずつだとすると，それら6つの資源が単独1社では組み合わせはできないが，6社集まり組み合わせを考えると総計で57とおりのパターンができるのである。この組み合わせの可能性こそが革新につながると考える。
6) 藤川昇悟，1999年，28ページ。
7) この研究では，参加企業の選択基準，技術の多様性，規模の多様性を尺度にし，それぞれどの程度成果に関連しているかを分析している。（神田良・寺本義也　1986年，31～45ページ参照）
8) 下請とは公的な概念ではないが，法律や制度のなかで使用されている。法律，制度上の概念としては，「下請取引」「下請事業者」という法的な規定がある。たとえば，親企業から不利な取引条件を強いられることを防止するために制定された「下請代金支払遅延等防止法」（1956年）や，下請企業の振興を図る目的で制定された「下請中小企業振興法」（1970年）などにその規定がある。そこでは，下請とは自己より大きい企業から，委託を受けて，物品，半製品，部品，付属品や原材料の製造や，製造設備，器具の製造または修理を行うことと規定し，単に，市販品を仕入れることと区別している。一般には「親企業が企画，品質，性能，形状，デザイン，仕様等を規定して発注する形態をいい，受注加工型の生産方式」である（青山和正，1999年，111ページ）。
9) 輸送用機械72.8%，電気機器78.5%，一般機械70.1%と，加工組立型業種での下請企業は多く存在している（青山和正，1999年，112ページ参照）。

10) 金原達夫,1996 年,81～85 ページ参照。この研究は中小企業の技術開発について詳細に研究されている。
11) 前掲,金原達夫,1996 年,144～145 ページ。企業間関係が技術開発へもたらす影響を分析している。
12) 下請制をめぐる論争は日本における中小企業研究のなかでの基本的な流れを形成してきた。これは「藤田・小宮山論争」にはじまり今日も議論され続けている。本文では下請制そのものの議論でなく,それがもたらした中小企業への能力開発への影響という観点から下請制の議論はあえてしない。
13) 『2000 年版中小企業白書』2000 年,146 ページ参照。
14) 同上 9 ページ参照。
15) 青山和正,1999 年,206 ページ参照。
16) たとえば,日産が 1996 年に座間工場を閉鎖し,5,000 人削減したことが挙げられる。さらに同社は 1999 年にはルノー(仏)と提携し,大幅な全業改革を実施している。また,マツダがフォードモータースの傘下に入るなど,自動車業界の再編が進んでおり,下請企業へも大きな影響を及ぼしてきている。
17) 百瀬恵夫(2000 年)239～256 ページ参照。
18) (財)機械振興協会経済研究所,1997 年,13～17 ページ参照。
19) 『平成 11 年度版中小企業白書』1999 年,157 ページ参照。
20) 前掲,『2000 年版中小企業白書』2000 年,303 ページ参照。
21) 前掲,青山和正,1999 年,201～207 ページ参照。
22) 前掲,『平成 11 年版中小企業白書』1999 年,103 ページおよび前掲『2000 年版中小企業白書』161 ページ参照。これによると,中小企業の多くが,研究開発には自己資金,設備投資には金融機関からの借入れで行っている。
23) 前掲『平成 11 年版中小企業白書』1999 年,103 ページ参照。
24) 同上 106 ページ参照。
25) 同上 106 ページ参照。
26) 前掲,金原達夫,1996 年,86 ページ参照。
27) 同上 88 ページ参照。
28) (財)中小企業総合研究機構 1998 年,181 ページによれば,その他に施設設備面や開発した技術の事業化への不安などもある。また,技術開発をしていないという企業も 14.1%(N=4405)存在している。

参 考 文 献

青山和正『解明中小企業論―中小企業問題への多面的アプローチ』同友館, 1999年。
石井淳蔵・奥村昭博・加護野忠男・野中郁次郎『経営戦略論』有斐閣, 1985年。
大門　博「異業種交流で成果を上げる方法」『月刊中小企業』7月号, 1984年。
小畑　巌「異業種交流と中小企業」『商工金融』11月号, 1987年。
川上義明「今日の中小企業における新規部門への進出とその問題点―異業種交流に関する予備的考察」『福岡大学商学論叢』第36号第2・3号, 1991年。
川上義明「今日における異業種交流の展開（上）（下）―中小企業におけるその経済的意義―」『福岡大学商学論叢』第36巻第4号および同第37巻第1号, 1992年。
神田　良「中小企業の共同開発」, 日本経営学会『政府と企業』千倉書房, 1985年。
神田　良・寺本義也「異業種交流の進化とマネジメント（1）（2）（3）」『経済研究』明治学院大学経済学会, 第76号, 第78号, 第79号, 1986〜1987年。
金原達夫『成長企業の技術開発分析―中堅, 中小企業の能力形成』文眞堂, 1996年。
（財）機械振興協会経済研究所編『機械関連した受け中小企業における産業集積構造の変動―地域産業とリンクした下請中小企業戦略』1997年。
「企業診断」編集部編『中小企業の新しい戦略・傾向』同友館, 1997年。
忽那憲治『中小企業金融とベンチャーファイナンス―日・米・英の国際比較―』東洋経済新報社, 1997年。
忽那憲治・山田幸三・明石芳彦『日本のベンチャー企業』日本経済評論社, 1999年。
小林靖雄「異業種交流と中小企業」『商工金融』6月号, 1985年。
（財）商工総合研究所「商工金融」各号。
（財）商工総合研究所『中小企業の戦略的提携―変革の時代を乗り越える創造性とネットワーク』1999年。
武井　昭「中小企業の構造変動と異業種交流・融合化（上）（下）」『高崎経済大学付属産業研究所紀要』第24巻第1号および『産業研究』高崎経済大学付属産業研究所, 第27巻第1号, 1992年。
中小企業事業団編「販路開拓・共同開発情報リスト」1997年。
中小企業事業団編「販路開拓・共同開発情報リスト」1998年。
中小企業事業団情報技術部技術支援課編「グループ情報調査報告書（案）」1998年。
（財）中小企業総合研究機構編『中小企業の構造に関する実態調査』1998年。
中小企業庁編『中小企業白書・各年度版』大蔵省印刷局。
辻　俊次郎「転換期における異業種交流活動」（財）商工総合研究所『商工金融』5月号, 1999年。

戸出　武『異業種交流のすすめ』ダイヤモンド社，1984年。
内藤英憲・池田光男『現代の中小企業－本質論からベンチャービジネス論まで』中小企業リサーチセンター，1995年。
中熊裕輔・山際有文・安藤清人『異業種交流』日刊工業新聞社，1984年。
日本商工会議所編「異業種交流グループ調査報告書」1996年。
平池久義「異業種交流ⅠⅡⅢ」『九州産業大学商経論叢』第28巻第2号，4号，第29巻第1号，1997年。
藤川昇悟「現代資本主義における空間集積に関する一考察」『経済地理学年報』第45巻第1号，1999年。
古川浩一・寺本義也・神田　良「異業種交流の進化と組織特性」『商工金融』8月号，1987年。
古川浩一「技術変化と中小企業—異業種交流を中心として—」，伊東岱吉編『経済構造変動と中小企業』中央経済社，1987年。
古川浩一「多面性を持つ異業種交流活動」『調査月報』国民金融公庫1月号，1988年。
マイケル．E．ポーター・竹内弘高『日本の競争戦略』ダイヤモンド社，2000年。
三木信一「異業種交流の限界」『商大論集』神戸商科大学第41巻第4・5号，1990年。
百瀬恵夫編著『中小企業論新講』白桃書房，2000年。
森　静朗『中小企業金融論－成立過程研究』地域経済研究所，1997年。
柳井雅人「空間集積論再編のための一考察」『経済論究』九州大学大学院経済学会71号，1988年。

第12章 生保の資産運用の現状とかかえる課題[1)]

1 ▶ 1990年代の生保業界の現状

　1990年代，特にその後半は，生保業界にとって転換期であったといえる。まず，昨今の経済・金融状況の変化に則し，1996年に保険業法の改正が行われた。これは，1940年に施行された旧業法以来の大改正であった。これにより，

① 規制緩和・自由化の促進
② 保険業の健全性の維持
③ 公正な事業運営の確保[2)]

に関する制度面の整備がなされた。現在，銀行を中心とした金融再編が進行している。生保業界においても提携，合併の動きが見られるのは，こうした制度面の整備がなされたことがその一因として考えられる。

　しかし，さらに転機となったのは翌1997年4月の日産生命の経営破綻であった。これは，銀行同様，破綻することはないと考えられてきた生保における戦後初の事例であった。そしてその後，2001年3月の東京生命まで7社が相次いで破綻した[3)]。

　こうした事態を背景に，近年，ソルベンシー・マージン比率や逆ざや，そして予定利率の引き下げ等が，現在の生保業界の課題として議論されている。

　こうした課題は，戦後一貫して増加してきた保険料等収入や総資産にも影響

を及ぼしている。

　まず，保険料等収入は1995年度の約31兆円をピークに1996年度に初めて減少し，1999年度には約27兆円となっている。一方，総資産は1997年度の約190兆円をピークに1999年度には約188兆円にまで減少している。総資産が減少したのは，戦後初めてのことである。両者の減少は，1997年の日産生命の経営破綻や生保にまつわる事件の増加による消費者の不信，社会的不安が増大したことが原因と考えられる。特に総資産の減少は，1998年度に契約の解約・失効件数が，個人保険で前年度の848万件から1,078万件，個人年金保険で102万件から156万件，団体保険で1.9万件から3.1万件へと急増していることが大きな理由となっている。

　こうした総資産の減少とは対照的に，有価証券の金額，比率は増加している。

図表12-1　資産運用収益・費用

（単位：億円）

年度	1995	1996	1997	1998	1999
保険料等収入	307,621	293,535	303,608	288,368	276,070
資産運用収益	87,496	88,773	95,866	84,686	101,515
（利息・配当金等収入）	64,598	62,202	60,203	56,947	51,858
（金銭の信託運用益）	2,207	1,572	2,266	982	2,639
（有価証券売却益）	20,080	23,437	28,560	22,890	40,576
（有価証券償還益）	316	414	474	431	257
（特別勘定資産評価益）	－	608	3,257	1,560	3,799
（為替差益）	27	236	74	1,021	1,953
資産運用費用	27,525	41,591	58,753	46,398	55,438
（有価証券売却損）	7,279	4,072	10,001	17,846	29,879
（有価証券評価損）	1,345	21,418	30,836	8,946	11,998
（有価証券償還損）	3,083	3,154	4,290	3,574	4,267
（特別勘定資産評価損）	－	3,519	2,620	1,622	1,747
（為替差損）	2,983	1,443	1,100	386	206
資産運用正味収益	59,972	47,181	37,114	38,288	46,076

注）資産運用正味収益＝資産運用収益－資産運用費用
出所◆『主要国生命保険統計要覧＜2001年版＞』生命保険文化研究所，2001年，4ページ。

そして，現在の生保の資産運用は有価証券を中心としたものとなっている。

しかし，このことが，近年の株価低迷を受けて運用利回りが予定利率を下回るという逆ざやの一因となり，保険会社自体の経営に影響を及ぼすようになっている。経営破綻した会社の多くは，資産運用の失敗が破綻の原因であるといわれている。

特に生保の収入（経常収益）は，保険料等収入と資産運用収益により構成されている（図表12-1）。保険料等収入は近年減少傾向ではあるが，保険の契約が行われている以上確実な収入であるのに対し，資産運用収益はさまざまなリスクの下，不確実な収入である。また，生保の収入に占める運用収益の比率も年々高まっている。それだけに資産運用業績が生保の経営に与える影響は大きいと考えられる。

そこで本章では，生保業界が直面している課題の要因として考えられる資産運用業績の悪化について，その状況を見ることにより何が問題であるのか検討する。

2 ▶ 生保における資産運用

生保の固有業務には，保険の引受業務と資産運用業務がある[4]。生保が保険の引き受けを行う以上，当然として資産運用を業務として行うと考えられている。それは，保険契約者の支払う保険料が予定利率に基づき割引かれているためであり，その差額を運用により確保しなければならないためである。つまり，資産運用益の獲得が，一定の予定利率の確保，契約者に対する保険料負担の軽減[5]，保険金支払能力の確保につながるとされる。

生保の運用資金は，主に保険契約者から徴収した保険料を積み立てたものである責任準備金により構成される。これが安全性，収益性，流動性，公共性[6]の四原則の下で運用されている。

生保の運用状況を見ると，その中心となるのは有価証券，貸付金，不動産である。以下では，特に貸付金[7]および有価証券[8]について見ていくことにする。

特に企業の資金調達が間接金融中心の時代は，貸付金が運用の主流であった。その背景には，日本経済の成長にともない，企業の設備資金需要の拡大したことがある。また，50年代以降，生保の貸付けを銀行の利率より高く設定することが認められたこと，さらに，社債に比べ利回りが高かったことが，その理由として挙げられる[9]。

しかし，1986年度を境にその状況は変化し，運用資産構成の比率が入れ替わった（図表12-2）。すなわち，それまで運用の主流であった貸付金の比率を，有価証券の比率が上回ったのである。その後は，有価証券に比重をおいた運用が行われるようになった。この理由としては，企業の設備投資資金需要の低下，資金調達方法の多様化として株式，社債の発行による直接金融への移行，国・地方公共団体の財政難から公社債の大量発行が続き国債を中心とした公社債による運用が増大したことが挙げられる[10]。この他にも，貸付金利が低下傾向にあり，運用益を上げるためにハイ・リターンの有価証券へ移行したこと，生保自体における資産運用方法の多様化が理由として挙げられる。

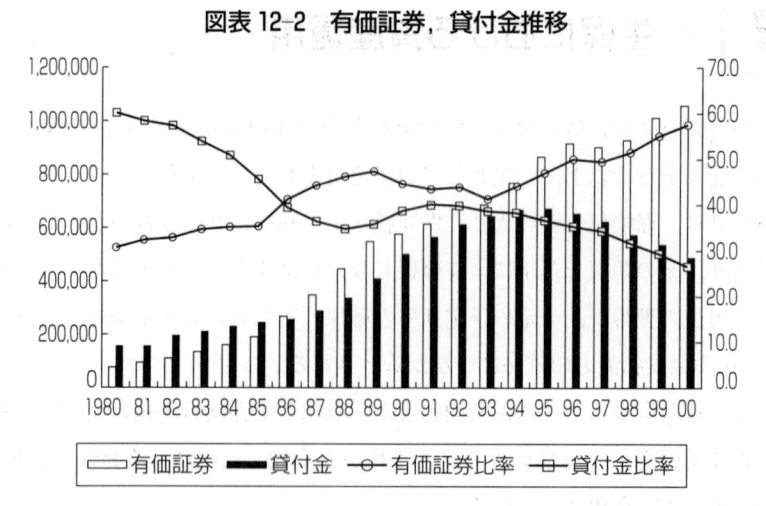

図表12-2　有価証券，貸付金推移

注）左縦軸は金額（億円：棒グラフ），右縦軸は対総資産比率（％：折れ線グラフ）を表す。
出所◆『インシュアランス　生命保険統計号』各年版より作成。

第12章　生保の資産運用の現状とかかえる課題

　こうしたことを背景に，有価証券と貸付金の比率は逆転したが，注目すべき点は 1986 年度を境としてほぼ全社が一斉に両者の比率を逆転させていることである。

　そこでまず，有価証券ならびに貸付金金額の推移について，大手 7 社，中堅以下 6 社，経営破綻した 7 社を対象として見ることとする[11]。

　まず，大手生保の有価証券金額は，1991 年度の 46 兆円から 1998 年度に 76 兆円まで増加している。一方，貸付金金額は 41 兆円から 1995 年度の 49 兆円をピークに 1998 年度には 46 兆円まで減少している。同様に，中堅以下 6 社においても有価証券金額は 1991 年度の 6 兆円から 1998 年度には 11 兆円に増加，貸付金金額は 6.5 兆円から 1995 年度の 7.6 兆円をピークに 1998 年度には 6.6

図表 12-3　各社有価証券内訳

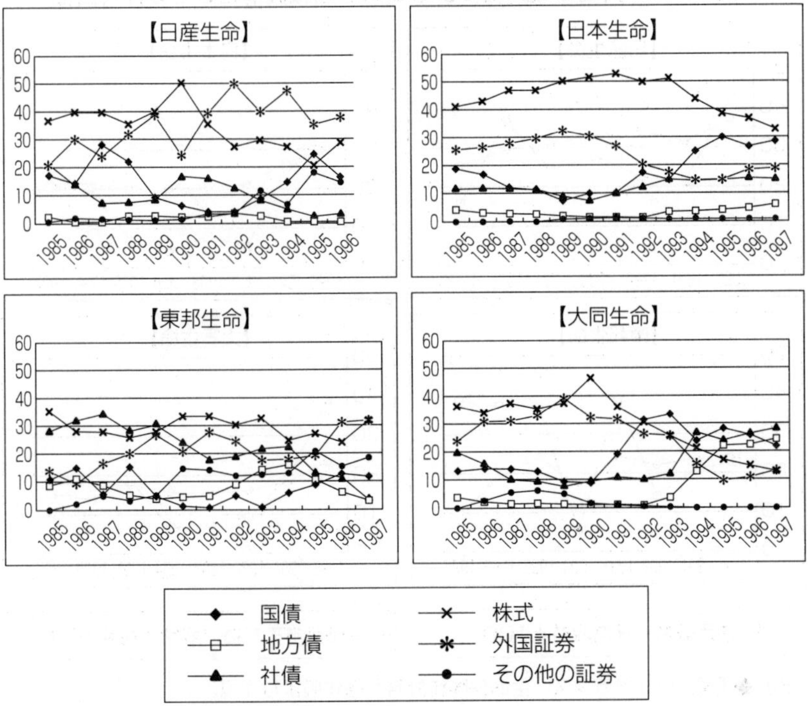

[図：日産生命，日本生命，東邦生命，大同生命の各社有価証券内訳の折れ線グラフ。凡例：国債，株式，地方債，外国証券，社債，その他の証券]

217

兆円まで減少している。大手生保は，両者の金額において中堅以下の生保を大きく引き離しているが，その推移には同様の傾向が見られる。

有価証券，貸付金の対総資産比率の推移は，大手生保，中堅以下の生保とも，図表12-2に示されるように，ほぼ一貫して有価証券の比率が増加し，貸付金の比率が減少している。

ここまでは，有価証券および貸付金に関して，その金額，対総資産比率の推移を見てきた。しかし，この点では各社とも大きな相違が見られず，有価証券を中心とした運用が行われてきた。そこで，次に資産運用の構成，特に有価証券の内訳について見たいと思う。

図表12-3は，有価証券の内訳を示したものである。図から各社とも株式の比率が高くなっていることがわかる。そして，これ以外の多くの会社において

図表12-4　資産の流動化によるコスト削減機構としての株式会社

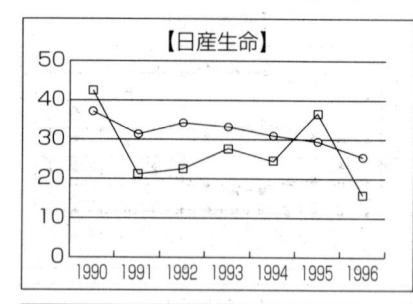

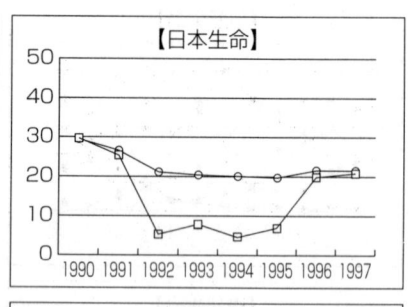

【日産生命】　【日本生命】　【東邦生命】　【大同生命】

―○― 運用収益／経常収益＊100　　―□― 有価証券売却益／経常収益＊100

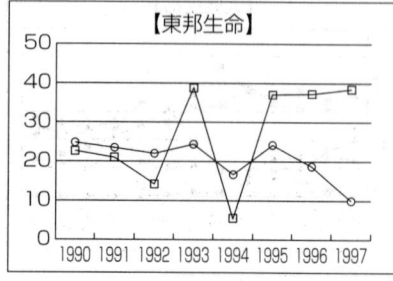

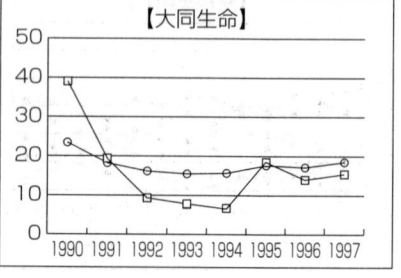

出所◆『インシュアランス　生命保険統計号』各年版より作成。

も，若干の相違はあるが，株式を中心とした運用を行っている。それに対し，日産生命，東邦生命の内訳は，毎年度著しく変動している。このような際立った動きを示したのは，日産生命，東邦生命の2社だけであった。この動きは，運用業績の悪化により生じた逆ざやを補填するために益出しを行うことを目的に有価証券の売買を頻繁に行っていたものととらえられる。

また，図表12-4は，4社それぞれの経常収益，運用収益，有価証券売却益の関係を示したものである。日産生命，東邦生命ともに，経常収益に占める運用収益は減少傾向にある。そして，日本生命，大同生命に比べ，運用収益に占める有価証券売却益の比率が高い。ここでも同様に，日産生命，東邦生命ともに有価証券売却益に依存していたものといえる。したがって，有価証券投資の失敗が，運用収益，経常収益の減少に影響しているととらえることができる。

3 ▶ 資産運用の現状

（1）資産構成の推移

図表12-5は，6社の一般勘定資産構成の推移を示したものである。生保全体の状況と同様に，大同生命を除く5社で総資産の減少が見られる。これは，公社債，外国証券の金額が千代田，協栄を除く会社で増加している一方で，各社とも株式が公社債，外国証券の増加以上に減少していることに起因していると思われる。この株式の減少は，売却や評価損の発生によるものである。特に売却は運用収益の増減が小さいということが考えられる。

ここで，各社の資産運用収支の推移について見ることとする。図表12-5は，資産運用収支の推移を株式について示したものである。資産運用収益は，三井，大同に若干の増加傾向が見られ，住友，明治，千代田，協栄に減少傾向が見られる。その一方で，各社とも運用費用が増加している。さらに，運用収益ならびに運用費用の内容を見ると，運用収益の動きと株式売却益の動きには関連が見られる。これは，運用収益に占める国債等債権ならびに外国証券における売却益の増減が小さいということが考えられる。そして，図表12-6から運用収

図表 12-5　資産構成推移（一般勘定）

【三井生命】

	1995	1996	1997	1998	1999
公社債	1,424,618	1,380,575	1,193,286	1,282,200	1,805,067
	14.6	14.7	12.2	13.6	19.1
株式	1,881,806	1,812,360	1,580,394	1,499,913	1,453,291
	19.3	19.4	16.1	15.9	15.4
外国証券	515,694	457,188	1,325,946	1,148,120	977,642
	5.3	4.9	13.5	12.1	10.4
計	9,729,332	9,360,354	9,792,737	9,455,077	9,427,313

【住友生命】

	1995	1996	1997	1998	1999
公社債	5,736,936	6,693,529	6,652,801	6,484,153	5,513,500
	25.1	29.8	29.4	28.6	24.8
株式	3,274,447	3,235,531	3,112,923	2,957,378	2,831,633
	15.4	15.2	14.0	13.6	14.2
外国証券	1,467,391	1,694,015	1,503,858	1,706,376	2,701,785
	6.4	7.6	6.7	7.5	12.1
計	22,897,350	22,435,993	22,607,504	22,638,964	22,238,926

【明治生命】

	1995	1996	1997	1998	1999
公社債	3,191,481	3,285,937	3,540,173	3,750,697	4,046,498
	19.8	20.6	21.8	23.1	25.7
株式	3,274,447	3,235,531	3,112,923	2,957,378	2,831,633
	20.3	20.3	19.2	18.2	18.0
外国証券	519,401	576,856	860,580	689,064	816,225
	3.2	3.6	5.3	4.2	5.2
計	16,134,999	15,977,199	16,226,167	16,235,237	15,745,028

第12章　生保の資産運用の現状とかかえる課題

【大同生命】

	1995	1996	1997	1998	1999
公社債	2,036,176	2,146,240	2,272,567	2,362,023	2,492,244
	42.4	44.7	44.9	44.6	45.3
株式	425,154	399,120	346,295	321,418	308,443
	8.9	8.3	6.8	6.1	5.6
外国証券	236,909	265,376	338,133	364,837	547,246
	4.9	5.5	6.7	6.9	9.9
計	4,800,462	4,802,404	5,059,109	5,299,453	5,506,406

【千代田生命】

	1995	1996	1997	1998	1999
公社債	528,551	558,803	325,060	300,403	260,716
	8.6	10.2	6.7	7.1	7.7
株式	1,037,049	929,711	852,013	792,264	572,349
	16.8	17.0	17.6	18.7	17.0
外国証券	448,193	413,243	251,220	478,628	434,917
	7.3	7.6	5.2	18.7	17.0
計	6,180,702	5,468,043	4,827,285	4,231,305	3,372,206

【協栄生命】

	1995	1996	1997	1998	1999
公社債	1,485,086	1,229,905	888,399	888,242	1,371,929
	26.1	21.8	17.0	17.5	29.9
株式	397,181	345,694	332,583	301,688	289,840
	7.0	6.1	6.4	6.0	6.3
外国証券	341,577	854,370	291,847	718,351	153,476
	6.0	15.1	5.6	14.2	3.3
計	5,695,046	5,639,535	5,227,080	5,065,412	4,594,145

注）単位は，上段：百万円，下段：％。
出所 ◆ 各社ディスクロージャー資料各年版より作成。

益に占める株式売却益の比率は低く，運用費用に占める株式売却損，評価損の比率が高いということが見られる。このことは，次のことを意味していると考えられる。まず，資産運用収益は株式以外から上げられている。そして株式に関わる売却損および評価損といった費用が運用収益を圧迫しているということである。

　さらに，このことを運用利回り[12]で見ると，各社の株式利回りは，国債等債券および外国証券に比べ低くなっている。さらに，千代田生命を除く5社が一般勘定資産の利回りを下回っている[13]。すなわち，株式が運用利回りの低下に大きく影響を及ぼしているということである。これは，資産運用収支の内訳で見たところの株式の売却損および評価損が影響しているものと考えられる。つまり，売却損，評価損の合計が売却益を上回っているということになる。三井生命の例を挙げると，97年度の株式利回りは－8.7％であるが，株式売却益が550億円なのに対し，売却損が189億円，評価損が2,055億円となっている。また，99年度に各社で株式の利回りが上昇するが，それは株式売却益の増加と関連している。各社とも前年度と比較して売却益が大きく計上されていることからわかる。三井生命の売却益を見ると，98年度の454億円から2,331億円へ，住友生命は520億円から2,567億円へと大きく増加している。このことは，図表12-6における株式の売却益が各社増加していることからもわかる。これは，99年度末の2月に株価が2万円台を回復したことにより，所有株式の時価が上昇し，売却によって含み益を出したことに起因していると思われる。有価証券に関わる時価情報を見ると，三井生命の株式時価は98年度から99年度にかけて1,177億円から4,020億円へ，住友生命のそれは1,518億から7,026億円へ，大同生命のそれは748億円から1,781億円と大きく増加している。こうした含み益の売却における売却益の計上により若干利回りが改善されている。ここまでは，生保の株式投資について貸借対照表，損益計算書のデータを基に，その状況を見てきたが，近年の生保における資産運用成績の悪化の原因は，株式投資にあると考えられる。そこで続いて，各社の株式投資状況について企業集団別，業種別にその状況を見ていきたいと思う。

第12章　生保の資産運用の現状とかかえる課題

図表 12-6　資産運用収支内訳の推移（株式等）

[【三井生命】【大同生命】【住友生命】【千代田生命】【明治生命】【協栄生命】の6社についてのグラフ]

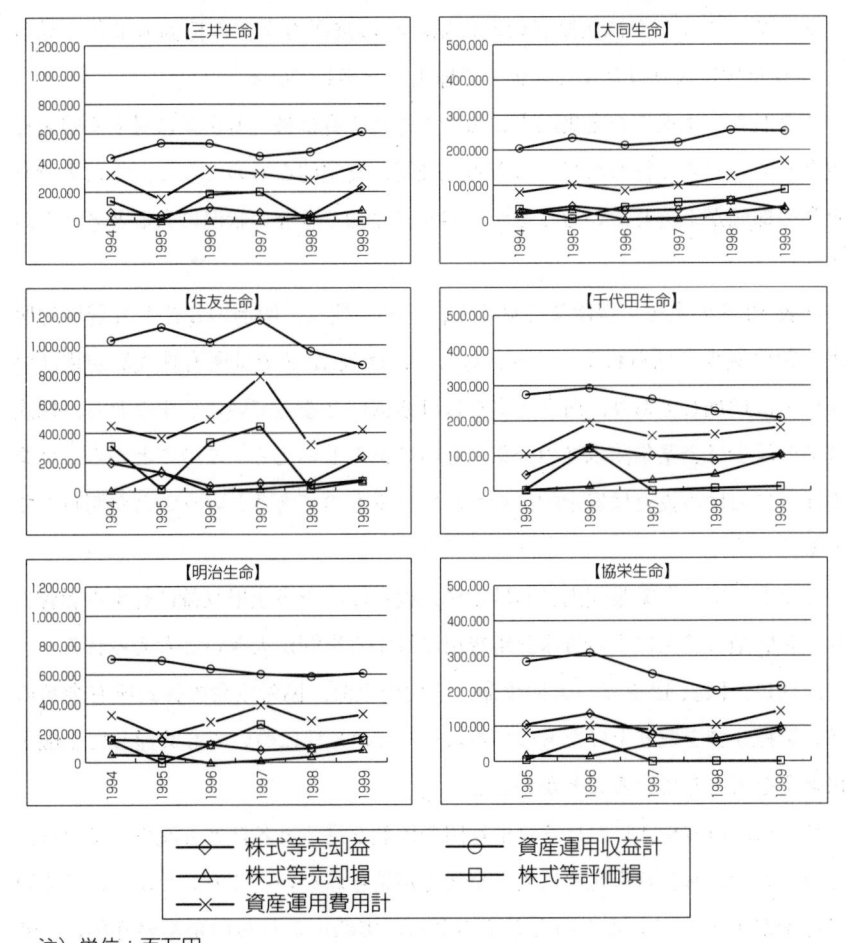

凡例：
- ◇ 株式等売却益
- △ 株式等売却損
- × 資産運用費用計
- ○ 資産運用収益計
- □ 株式等評価損

注）単位：百万円
出所 ◆ 各社ディスクロージャー資料各年度版より作成。

（2）企業集団別，業種別投資の状況

　生保の多くは相互会社形態を採っていることにより，企業集団内で行われている株式持ち合いにおいて一方的所有を行っている。ここでは，企業集団別の株式投資状況として，三井生命，明治生命における株式所有と基金拠出企業との関係を取り上げた（図表 12-7）。特に，基金拠出企業に対する株式所有の推

移を見ると，大きな変化は少なく，ほぼ横ばいとなっている。

そして，こうした株式投資状況に見られる被所有企業の株価の推移を見ると，90年代に入りほとんどの企業で株価が下落している。

すなわち，生保の企業集団内における株式所有は被所有企業に対する安定株主としての立場で行われているため，長期，安定的なものとなり，また被所有企業の株価が下落していることから容易に売却できない状況にあると考えられる。

図表12-8の金融・保険業を見ると，三井，住友，明治の3社とも貸借対照表金額の減少が見られる。それに対して，図表12-8では所有株式数が横ばいないしは増加しており，所有比率もほぼ横ばいとなっている。すなわち，株式金額の減少は企業集団以外の企業のものであるといえる。このことから，企業集団内における投資は安定的に行われているものであるということが明らかである。

したがって，企業集団内における株式投資は，資産運用収益に対する影響より，評価損の発生による資産運用費用に対する影響が大きいと考えられる。

同様に，図表12-9は，大同生命，千代田生命，協栄生命の株式所有金額の多い業種3種を取り上げたものである[14]。この3社についても共通して金融・保険業を所有していることがわかる。

さらに，所有株式における貸借対照表価額を見ると各社とも減少している。その一方で，対総資産比率に大きな変化が見られない。このことから，各業種で株価が下落しているものと考えられる。実際，これらの企業の株価は，90年代に入りいずれも下落傾向にある。このように業種別においても所有株式金額の減少に対し，対総資産比率に大きな変化が見られないということは，評価損が発生していると考えられる。したがって，大同生命，千代田生命，協栄生命の3社も所有比率の高い業種からの収益というのは上げられていないといえる。

第12章　生保の資産運用の現状とかかえる課題

図表12-7　生保の株式所有推移と基金拠出者

【三井生命】

基金拠出者名	基金拠出額	拠出割合	2000年度		1990年度	
			持株数	持株比率	持株数	持株比率
	百万円	%	百万株	%	百万株	%
さくら銀行	10,000	29.4	132.1	3.2	116.0	3.5
中央三井信託銀行	6,000	17.6	18.1	2.2	50.8	4.24
三井海上火災保険	3,000	8.8	20.0	2.7	35.4	5.12
日本興業銀行	3,000	8.8	—	—	—	—
新生銀行	3,000	8.8	—	—	—	—
三井物産	3,000	8.8	59.9	3.8	72.2	4.68
三井不動産	3,000	8.8	18.1	2.2	—	—
あおぞら銀行	3,000	8.8	—	—	—	—

【明治生命】

基金拠出者名	基金拠出額	拠出割合	2000年度		1990年度	
			持株数	持株比率	持株数	持株比率
	百万円	%	百万株	%	百万株	%
東京三菱銀行	200	25.00	255.1	5.36	162.7	5.66
三菱信託銀行	120	15.00	36.3	2.59	63.3	4.86
三和銀行	100	12.50	83.7	2.65	—	—
日本興業銀行	100	12.50	0.67	0.65	—	—
東海銀行	70	8.75	34.0	1.31	—	—
横浜銀行	63	7.88	37.2	2.78	—	—
静岡銀行	52	6.50	29.6	3.90	—	—
山口銀行	45	5.63	5.5	2.77	—	—
北洋銀行	25	3.13	27.5	9.17	—	—
信金中央金庫	25	3.13	0.06	0.26	—	—

出所 ◆『企業系列総覧』各年版，東洋経済新報社および各社ディスクロージャー資料各年版より作成。

図表 12-8 業種別株式所有状況推移（その1）

【三井生命】

	1995	1996	1997	1998	1999
卸売・小売業	289,322	294,949	309,840	286,596	328,396
	15.4	16.3	19.6	19.1	22.6
金融・保険業	355,944	297,019	229,132	225,038	215,866
	18.9	16.4	14.5	15.0	14.9
電気機機器具	324,054	334,549	316,569	298,238	299,452
	8.5	9.0	9.0	11.3	12.3

【住友生命】

	1995	1996	1997	1998	1999
金融・保険業	897,364	780,480	716,026	690,791	676,882
	25.4	22.8	22.6	22.4	21.4
電気機機器具	558,193	599,750	595,403	577,506	639,591
	15.8	17.6	18.8	18.7	20.2
化学工業	324,054	334,549	316,569	298,238	299,452
	9.2	9.8	10.0	9.7	9.5

【明治生命】

	1995	1996	1997	1998	1999
金融・保険業	1,185,047	1,212,710	1,102,497	1,078,732	999,561
	36.2	37.5	35.4	36.5	35.3
輸送用機器	246,043	240,793	343,707	336,476	276,422
	7.5	7.4	11.0	11.4	9.8
電気機機器具	210,904	204,308	205,072	199,418	219,893
	6.4	6.3	6.6	6.7	7.8

第12章 生保の資産運用の現状とかかえる課題

図表12-8 業種別株式所有状況推移(その2)

【大同生命】

	1995	1996	1997	1998	1999
金融・保険	148,092	147,064	139,274	138,019	123,455
	34.8	36.8	40.2	42.9	40.0
化学工業	34,936	30,545	25,985	24,949	26,095
	8.2	7.7	7.5	7.8	8.5
商業	44,794	39,711	30,357	22,588	19,776
	10.5	9.9	8.8	7.0	6.4

【千代田生命】

	1995	1996	1997	1998	1999
金融・保険	302,282	257,759	257,903	241,503	228,808
	29.1	27.7	30.3	30.5	40.0
化学工業	105,905	109,136	114,429	139,309	90,808
	10.2	11.7	13.4	17.6	15.9
輸送用機器	99,389	130,430	112,092	98,477	56,408
	9.6	14.0	13.2	12.4	9.9

【協栄生命】

	1995	1996	1997	1998	1999
電気機器	43,344	40,920	45,616	43,637	22,797
	10.9	11.8	13.7	14.5	7.9
商業	44,789	44,569	33,833	30,723	29,863
	11.3	12.9	10.2	10.2	10.3
金融・保険	59,848	47,615	57,370	48,194	51,137
	15.1	13.8	17.2	16.0	17.6

注)単位は,上段:賃貸対照表価額(百万円),下段:対総資産占有率(%)。
出所◆各社ディスクロージャー資料各年版より作成。

4 ▶ 資産運用環境の新動向

　前述のように，生保の資産運用は固有業務であり，生保の収益源として重要な業務である。しかし，近年経営破綻が相次いでいることにより，生保における運用業務の在り方の見直しが迫られているように思われる。

　予定利率引下げについて新聞で報じられたように，生保の資産運用状況は厳しい状態にある。その運用の状況について，本章では，有価証券，特に株式を取り上げたが，ここで，検証結果を整理しておきたい。

　まず，貸借対照表ならびに損益計算書のデータから株式投資の状況およびその収益について考察を試みた。その結果，株式投資が運用成果の悪化の原因であるということを明らかにした。そして，株式投資が運用の成果に与える影響が大きいことから，株式投資の失敗が生保の経営に与える影響も大きいと考えられる。

　また，その株式投資の低迷の原因を企業集団や業種における株式投資との関係に求めた。ここでは，大量に所有する株式が株価の低迷により運用収益に対する貢献が見られず，反対に評価損等の発生により運用費用に大きな影響を与えているということを明らかにした。

　生保の資産運用における収益の低迷は，低金利や株価の低迷といった背景もその一因といえる。しかし，このような運用状況が，前述の諸課題を引き起こしているのである。したがって運用収益の回復は，こうした諸課題を解決することになる。

　近年，生保各社においてリスク管理部門の設置がなされている。また，2002年度より資産運用に関する制限が撤廃される方針が金融庁により示された。これにより今後の生保の運用状況は多少なりとも変化し，各社異なる運用が行われるものと考えられる。

　今後も各社の運用状況を見ていくことにより，運用業績の良好な会社にどのような特徴が見出せるのか考察していきたい。

第12章 生保の資産運用の現状とかかえる課題

===== 注 =====

1) 本章は，筆者稿「運用資産構成から考える生保の健全性—日産生命，東邦生命の経営破綻を事例として」『年報　財務管理研究』第10・11合併号，2000年および「生保の株式投資とその収益性」『証券経済学会年報』第36号，2001年に大幅な加筆，修正を加えたものである。
2) 主な内容として，生損保の相互参入，ソルベンシー・マージン比率の導入，経営危機対応制度の整備，ディスクロージャー規定の整備がある。
　　（刀禰俊雄，北野実『現代の生命保険［第2版］』東京大学出版会，1997年，167～168ページ。）
3) その他に東邦（1999年6月），第百（2000年5月），大正（同年8月），千代田（同年10月），協栄（同年10月）が経営破綻している。
4) 保険会社の業務については，保険業法第97条から第100条で規定されている。第97条第1項では，保険会社は，第3条第2項の免許の種類に従い，保険の引き受けを行うことができると規定している。続く第2項および第3項で，資産運用について，大蔵省令で定める方法ならびに制限に基づいて，資産運用を行うことができるとある。
5) 保険料の徴収は，一定の予定利率によって割り引かれて行われる。それは，保険会社が運用を行うことで得られる収益から，保険料を現在価値で計算することにより，将来の保険金支払いに必要な保険料はいくらになるか計算するからである。たとえば，現在の100万円を年2％の利率で運用すれば，1年後は102万円であり，年5％であれば105万円となる。あらかじめ保険金支払額が決まっていれば，保険会社は一定の予定利率のもと運用を行うことで，保険料をその利率分を割り引いた金額で徴収すればよいことになる。すなわち，利率が高くなれば，保険料の負担は軽減され，逆に利率が引き下げられれば，その分保険料の負担は増大することになる。
　　したがって，保険会社の資産運用が，保険契約者の保険料負担を軽減することになるのである。
6) ここでいう安全性とは，資産運用にともなって生じる損失である投資リスクをできるだけ回避し，運用元本の維持を図ることである。そして，収益性とは，運用収益の獲得のことであり，流動性とは，保険金の支払いに備えて，ある程度の資金を流動性の高い資産で運用し，支払いに支障が生じないようにすることである。また，公共性とは運用が国民経済に与える影響が大きいことから公的利益に配慮しなければならないということである。
　　この4原則は，生命保険会社についての優先度を表すものであり，損害保険会社においては，将来の不測の事態が生じた時，その支払額が多額になる可能性のあることから，

7) その構成は，1. 契約者貸付，2. 保険料振替貸付，3. 企業貸付，4. 国・国際機関・政府関係機関貸付，5. 公共団体・公企業貸付，6. 住宅ローン，7. 消費者ローン，8. その他，である。

8) その構成は，1. 国債，2. 地方債，3. 社債，4. 株式，5. 外国証券，6. その他の証券，である。

9) 山中 宏『生命保険金融発展史［増補版］』有斐閣，1986年，345～346，421～426ページ。

10) 柴田，前掲書，123ページ。
二宮茂明『図説 日本の生命保険 平成9年版』財経詳報社，1997年，162ページ。

11) 大手7社とは日本，第一，住友，明治，朝日，三井，安田であり，中堅以下6社とは太陽，富国，大同，日本団体（現アクサグループライフ），平和（現エトナヘイワ），大和である。

12) 運用利回りは，資産運用収益から運用費用を差し引いたものを分子とし，日々の平均資産残高を分母として算出されるものである。同様に，各有価証券についても売却益から売却損と評価損を差し引いたものを分子とし，日々の有価証券残高を分母として算出されるものと考えられる。

13) 98年度における各社の運用利回りは以下の通りである。三井（一般勘定資産利回り：2.00%，株式利回り：0.82%，以下同じ），住友（2.78%，−0.12%），明治（1.86%，−2.36%），大同（2.51%，−5.41%），千代田（1.73%，4.72%），協栄（2.01%，−1.00%）。
99年度は同様に，三井（2.57%，11.22%），住友（2.04%，4.87%），明治（1.77%，0.50%），大同（1.60%，2.06%），千代田（0.79%，8.40%），協栄（1.54%，15.84%）となっている。

14) 実際に，98年度の各業種において所有株式数の多い企業を取り上げてみると，大同生命が三和銀行（88,364千株所有，持株比率3.04%），ミノルタ（精密機器：14,558千株所有，持株比率5.19%），ニチメン（14,593千株所有，持株比率3.46%），藤沢薬品工業（化学：10,610千株所有，持株比率3.29%）を所有，千代田生命があさひ銀行（92,991千株所有，持株比率3.31%），東海銀行（80,010千株所有，持株比率3.55%），大成建設（41,201千株所有，持株比率4.27%），石川島播磨重工業（輸送用機器：21,962千株所有，持株比率3.55%）を所有，協栄生命が全日本空輸（空運業：32,854千株所有，持株比率2.27%），戸田建設（6,990千株所有，持株比率2.16%）を所有している。

第12章　生保の資産運用の現状とかかえる課題

参　考　文　献

小藤康夫「金利変動リスクと生保資産運用」『文研論集』第106号, 生命保険文化研究所, 1994年。

小藤康夫「生保会社の資産運用と配当率低下現象」『文研論集』第103号, 生命保険文化研究所, 1993年。

小藤康夫『生保危機の本質』東洋経済新報社, 2001年。

小藤康夫『生保金融と配当政策』白桃書房, 1997年。

小藤康夫「生保経営と株式含み益」『文研論集』第114号, 生命保険文化研究所, 1996年。

小藤康夫『生保の財務力と危機対応制度—保険会社の安全度を財務力によってチェック—』白桃書房, 1999年。

近藤登喜夫「生保会社における貸付の役割と見通し」『生命保険経営』第64巻第2号, 1996年。

柴田忠男『改訂版　生命保険—その仕組みから年金・介護保険まで—』晃洋書房, 1995年。

東京海上火災保険株式会社編『損害保険実務講座［補巻］保険業法』有斐閣, 1997年。

刀禰俊雄・北野　実『現代の生命保険［第2版］』東京大学出版会, 1997年。

二宮茂明『図説　日本の生命保険　平成9年版』財経詳報社, 1997年。

三隅隆司「貸出市場における銀行と生命保険会社」『文研論集』第104号, 1996年。

山中　宏『生命保険金融発展史［増補版］』有斐閣, 1986年。

湯谷昇洋『生保危機の真実』ダイヤモンド社, 1999年。

銀行局金融年報編集委員会編『銀行局金融年報』金融財政事情研究会。

生命保険文化センター編『生命保険ファクトブック』生命保険文化センター。

『インシュアランス　生命保険統計号』保険研究所。

『企業系列総覧』東洋経済新報社。

『主要国生命保険統計要覧〈2001年版〉』生命保険文化研究所, 2001年。

『東邦生命80年史』1980年。

『日産生命80年史』1989年。

各社ディスクロージャー資料。

参考資料

日本企業の財務活動に関する新たな動向についての実態調査

> 本アンケート調査は,「現代企業財務の新動向」を調査するために,明治大学坂本恒夫(財務管理論)研究室の研究プロジェクトの一つとして行われたものである。

1 調査の目的

金融ビックバンなど変化の激しい環境のなかで,財務の最高責任者の方が,どのような考えを持ち,実際にどのような対応をしているのかを把握し検証するために調査を実施した。

2 調査期間

1999年7月～9月

3 調査の実施概要

① 調査対象

上場企業1部 300社(借入金額上位)の財務責任者

② 調査方法

対象企業の財務責任者に対するアンケート調査(郵送)

参考資料

4　回収企業の概要

回収会社の業種と社数

業　種	社　数	％	業　種	社　数	％
建　設	10	9.4	電気機器	10	9.4
食料品	10	9.4	輸送用機器	8	7.5
パルプ・紙	1	0.9	精密機器	1	0.9
化　学	9	8.5	その他の製造	3	2.8
医　薬	2	1.9	小売業	14	13.2
石油・石炭	4	3.8	その他の金融	5	4.7
ゴ　ム	1	0.9	空輸	1	0.9
ガラス・土石	2	1.9	電気・ガス	3	2.8
鉄　鋼	1	0.9	卸売業	8	7.5
金　属	2	1.9	小売業・サービス	15	14.1
機　械	10	9.4	合　計	106	100

Q 1　財務管理の正式部署名を教えて下さい。

（　省略　）

Q 2　財務政策に最も強く影響を与えているところはどこですか（該当1つ）。

創業者	13（12%）
主要株主	22（21%）
メインバンク	30（28%）
その他	41（39%）

Q 3 貴社の現在における財務の最重要課題は何ですか（該当2つ）。

所要資金調達	52 (32%)
支払い能力の維持	14 (8%)
財務コストの削減	64 (39%)
経営権の維持	5 (3%)
その他	30 (16%)

多くの企業はコスト削減を大きな課題としている。

参考資料

Q 4-1 事業資金の調達手段として，どの程度重視されていますか。

■ 現　状 ■

	重視しない	あまり重視しない	どちらでもない	やや重視	非常に重視
企業間信用	12 (11%)	15 (14%)	33 (31%)	28 (27%)	17 (16%)
銀行借入金	1 (1%)	8 (8%)	10 (10%)	54 (51%)	32 (30%)
ABS	18 (17%)	26 (25%)	32 (31%)	19 (18%)	8 (8%)
CP	12 (11%)	12 (11%)	27 (28%)	37 (35%)	17 (16%)
MTN	19 (19%)	23 (23%)	47 (46%)	9 (9%)	4 (4%)
社債	1 (1%)	4 (4%)	15 (15%)	49 (47%)	36 (34%)
株式	10 (10%)	12 (12%)	34 (33%)	29 (28%)	19 (18%)
社内留保		4 (4%)	15 (14%)	43 (41%)	43 (41%)

■ 将来の方向性 ■

	重視しない	あまり重視しない	どちらでもない	やや重視	非常に重視
企業間信用	13 (12%)	14 (13%)	32 (30%)	27 (28%)	19 (18%)
銀行借入金		10 (10%)	17 (16%)	51 (49%)	26 (25%)
ABS	10 (10%)	16 (15%)	38 (37%)	23 (22%)	17 (16%)
CP	5 (5%)	10 (9%)	30 (28%)	34 (31%)	29 (27%)
MTN	10 (10%)	18 (17%)	46 (45%)	17 (17%)	12 (12%)
社債	1 (0.9%)	2 (2%)	8 (8%)	51 (48%)	44 (42%)
株式	8 (8%)	6 (6%)	28 (27%)	43 (41%)	19 (18%)
社内留保		4 (4%)	14 (13%)	46 (44%)	40 (38%)

■ 現　状 ■ 社内留保，銀行借入金，社債による調達を重視している。
■ 将来の方向性 ■ 銀行借入れの重要度が若干低下しているが，依然として社内留保，銀行借入金，社債による調達が最重要視されていくことがわかる。そのなかでも，特に，回答企業の 90% が社債による資金調達を重視している。

Q 4-2 貴社は競争優位を確保するうえで，どの程度重視されていますか（該当1つ）。

	重視しない	あまり重視しない	どちらでもない	やや重視	非常に重視
金融子会社の活用	25 (12%)	23 (22%)	29 (28%)	14 (13%)	14 (13%)
高格付		1 (1%)	3 (3%)	40 (38%)	61 (58%)
短期流動性市場へのアクセス	1 (1%)	9 (9%)	45 (44%)	37 (36%)	10 (10%)
短期資本調達先の多様化		9 (9%)	37 (35%)	39 (37%)	20 (19%)
短期流動性資金の効率的運用		8 (8%)	21 (20%)	62 (59%)	14 (13%)
銀行仲介機能に対する依存度の縮小	3 (3%)	10 (8%)	62 (52%)	28 (24%)	16 (13%)
ドル建て短期資金の調達能力	19 (18%)	25 (24%)	41 (39%)	17 (16%)	3 (3%)
ユーロ建て短期資金の調達能力	22 (21%)	26 (25%)	49 (47%)	7 (7%)	1 (1%)

競争優位性を確保するうえで，重視している企業数が多いのは「高格付け」である。

Q 4-3 近年の貸し渋り顕在化した短期資金の流動性危機が再び起こる可能性を，貴社はどれほど重視されていますか。

重視しない	2 (2%)
あまり重視しない	25 (24%)
どちらでもない	26 (25%)
やや重視	45 (43%)
非常に重視	7 (7%)

参考資料

Q 5 返済のなかで，現在最も優先度の高いものは何ですか（該当１つ）。

運転資金	8（6%）
借入金	34（27%）
社債償還	50（39%）
設備資金	3（2%）
その他	5（4%）

Q 6 財務コスト削減において，貴社の最重点項目は何ですか（該当２つ）。

手形割引料	2（1%）
借入金利	82（43%）
CP金利	13（7%）
MTN金利	3（2%）
社債金利	63（33%）
配当コスト	12（6%）
ABS調達コスト	4（2%）
その他	10（5%）

Q 7 資金の運用を強く意識して，調達コストを比較考量しますか（該当１つ）。

する	38（36%）
しない	35（33%）
どちらとも言えない	32（30%）

| Q | 8 | 運用を意識される場合，どのようなものを基準とされますか（該当1つ）。

国債の利回り	33 (45%)
同業種の平均利益率	17 (23%)
全業種の平均利回り	1 (1%)
その他	23 (31%)

| Q | 9 | 主要株主はどのようなジャンルでしょうか（該当2つ）。

創業者など	25 (15%)
特定の個人株主	2 (1%)
メインバンクなど	82 (50%)
同系の主要株主など	36 (22%)
その他	19 (12%)

| Q | 10 | 外国人株主（個人・機関投資家）の所有比率はどのくらいですか。

（　省略　）

| Q | 11 | 外国人株主から経営政策や役員人事について異議を唱えられたことがありますか（該当1つ）。

ある	1 (0.9%)
ない	104 (98%)
その他	1 (0.9%)

　外国人株主は，「もの言う」株主と呼ばれているが，ここでは異議を唱えられた企業は1社のみである。

参考資料

Q 12 外国人株主の異議の内容はどのようなものですか。

（　省略　）

Q 13 キャッシュ・マネジメント・システムを導入していますか。

している	32（31%）
していない	72（68%）
その他	1（ 1%）

Q 14 上記質問で導入していると回答された方は，キャッシュ・マネジメント・システムについてどう思われていますか。

非常に満足	1（ 3%）
ある程度満足	13（43%）
どちらでもない	11（37%）
やや不満足	4（13%）
非常に不満足	1（ 3%）

Q 15 上記質問で，「やや不満足」「非常に不満足」と回答された方は，どのような点に不満を感じますか。

　回答企業の約7割が導入していないことが分かった。さらに，導入している場合のその評価の度合いは，回答企業の46%が満足している。

Q 16　事業資金の効率的な管理を行うため，どの程度重視されていますか（該当1つ）。

■現　状■

	重視しない	あまり重視しない	どちらでもない	やや重視	非常に重視
グループ内手元資金の削減	3（3％）	14（13％）	25（24％）	41（39％）	22（21％）
外部調達と運用を本社に一元化	1（1％）	14（13％）	22（21％）	43（41％）	25（24％）
債権，債務の相殺	2（2％）	14（13％）	44（42％）	34（32％）	11（10％）
為替リスクの集中	5（5％）	11（10％）	39（38％）	39（38％）	9（9％）
社内経費処理のキャッシュレス，ペーパーレス化		12（11％）	23（22％）	50（48％）	20（19％）
為替リスク，金融資産リスクの管理		6（6％）	17（16％）	52（50％）	30（29％）

■将来の方向性■

	重視しない	あまり重視しない	どちらでもない	やや重視	非常に重視
グループ内手元資金の削減	1（1％）	2（2％）	18（17％）	39（38％）	44（42％）
外部調達と運用を本社に一元化		2（2％）	15（14％）	53（51％）	34（33％）
債権，債務の相殺	1（1％）	8（8％）	39（38％）	39（38％）	17（16％）
為替リスクの集中	4（3％）	7（7％）	30（29％）	50（48％）	13（13％）
社内経費処理のキャッシュレス，ペーパーレス化		5（5％）	16（16％）	51（50％）	31（30％）
為替リスク，金融資産リスクの管理		2（2％）	17（18％）	43（46％）	32（34％）

参考資料

Q 17 2002年ペイオフにより，預金者に対する保証が1,000万円に限定されますが，この問題に対し，どのような対応をお考えでしょうか（該当1つ）。

■ 現　状 ■

	まったく違う	かなり違う	どちらでもない	ほぼその通り	まったくその通り
取引銀行の数を絞る	8（8％）	10（10％）	57（55％）	28（27％）	1（1％）
銀行の信用度に応じ預金金額を調整する	2（2％）	6（6％）	41（40％）	49（46％）	5（5％）
極力MMFに移し変える	17（17％）	21（20％）	51（50％）	14（14％）	
CP，CD等，その他の金融商品に移し変える	15（14％）	19（18％）	58（56％）	12（12％）	

■ 将来の方向性 ■

	まったく違う	かなり違う	どちらでもない	ほぼその通り	まったくその通り
取引銀行の数を絞る	6（6％）	8（8％）	36（35％）	47（46％）	6（6％）
銀行の信用度に応じ預金金額を調整する	1（1％）	4（4％）	18（18％）	56（54％）	23（22％）
極力MMFに移し変える	12（12％）	17（17％）	57（55％）	17（17％）	
CP，CD等，その他の金融商品に移し変える	10（10％）	13（13％）	59（57％）	20（19％）	1（1％）

　このアンケートにより，キャッシュ・マネジメント・システムを導入している企業は全体の30％で，未だ導入していない企業が大半を占める結果となった。また，導入企業のうち46％が現在のキャッシュ・マネジメント・システムに満足しているものの，「どちらでもない」が37％も占めている。こうしたキャッシュ・マネジメント・システムへの関心は，近年の企業価値の評価基準としてキャッシュ・フローが注目されているということが背景にあり，さらなるキャッシュ・マネジメント・システムの進展が期待されていると思われる。

　効率的な資金管理に関する質問については全体的に，「現状」に比べ「将来性への

方向性」において「重要」であるという回答が多く見られる結果となった。特に,グループ内手元資金の削減や社内経費処理のキャッシュレス・ペーパーレス化についての関心度は,将来において「非常に重視」との回答が現状と比べてかなり高くなっていることがわかる。

そしてペイオフへの対応についての質問は,先の効率的な財務管理の重要性に関する回答結果と同様,「現状」に比べ「将来への方向性」においてより重要であるとの回答が見られる。これらの回答は,ペイオフに加え近年の金融機関破綻等の金融不安を端的に表していると理解できる。特に,「取引銀行の数を絞る」や「銀行の信用度に応じた預入金額を調整する」という回答の割合が増加していることは,このことを反映したものであると考えられる。

Q 18　資産の流動化についてお尋ねします。資産の流動化政策に積極的ですか（該当1つ）。

は　い	37（35%）
いいえ	41（38%）
どちらとも言えない	29（27%）

Q 19　資産の流動化の主要な目的は何ですか（該当1つ）。

資産の圧縮	65（77%）
固定費の変動費化	4（ 5%）
その他	15（18%）

参考資料

Q 20 資産の流動化の主要なアレンジャーはどこですか（該当1つ）。

銀　行	55（58%）
証券会社	10（11%）
外資系銀行	4（ 4%）
外資系証券会社	8（ 8%）
その他のノンバンク	10（11%）
その他	8（ 8%）

日本の銀行及び証券会社が約7割を占めている。

Q 21 資産流動化のスキームについて代表的なものを簡単に図示して下さい。

（　省略　）

Q 22 現在貴社（貴社の子会社を含みません）ではCPを発行していますか。

発行している	41（39%）
発行していない	65（61%）

　現在，日本では「貸し渋り」が問題になっている。このような場合，間接金融に代わって直接金融がその役割を果たすのが一般的である。しかしながら，発行していない企業が約6割を超過している。

Q 23 上記の質問で，「発行していない」と回答された方にお尋ねします。その理由は？

（　省略　）

Q 24 将来的に短期借入金の何%をCPにシフトしたいとお考えですか。

（　省略　）

Q 25 最近 CP の電子化・ネットワーク化等，発行企業の利便性に向けた動きが注目されていますが，今後の CP の活用に向け何を重視しますか。

① CP 発行による即日資金化

重視する	43 (43%)
重視しない	22 (22%)
どちらとも言えない	35 (35%)

② CP 発行期間の多様化

重視する	40 (41%)
重視しない	11 (11%)
どちらとも言えない	47 (48%)

これまで随時制度の見直しが行われ，現在，発行期間は1年未満である。当初の発行期間と比較するとかなり多様化したという見方もできる。よって，すでにこれほどまで多様化した発行期間が設けられているため，企業側はさほど多様化を望まなくなったのではないかと考えられる。

＊「重視する」と回答した方 ─ 望ましい発行期間はどれくらいでしょうか（重複回答）。

1週間以内	8 (15%)
1〜2週間	6 (12%)
3〜4週間	6 (12%)
1〜2か月	14 (27%)
3か月以上	18 (35%)

1987年には，発行期間は1か月以上6か月以内であった。その後，1年未満へと改正された。調査から，1か月以上が約6割以上を占めているということから，「重視する」と回答した多くの企業が発行期間の長期化を望んでいることがわかる。

③　機関投資家への直接発行

重視する	28 (29%)
重視しない	20 (21%)
どちらとも言えない	49 (51%)

　1988年から直接投資家に発行を行なうダイレクトペーパーが認められるようになったが，調査から，機関投資家への直接発行を重視する企業は3割弱しかいない。

④　格付に基づいた自社CPの適正な市場価値

重視する	71 (70%)
重視しない	8 (8%)
どちらとも言えない	22 (22%)

　CP発行適格企業は財務状態の優良な一部の優良企業に限られているので，格付けに基づくCP発行は企業のイメージアップにつながる。

⑤　保証会社による貴社CP保証

重視する	8 (8%)
重視しない	49 (49%)
どちらとも言えない	43 (43%)

⑥　印紙税の廃止

重視する	72 (72%)
重視しない	8 (8%)
どちらとも言えない	20 (20%)

　階級定額の印紙税がCPに課せられていたが，1990年から租税特別措置によって1通当たり1律5000円となった。しかし，CPは短期商品でもあるため，やはり発行コストへの影響は多大なものである。調査からも，経費削減を考え印紙税の廃止を強く望んでいることが理解できる。

⑦ CPのペーパレス化

重視する	46（46%）
重視しない	12（12%）
どちらとも言えない	42（42%）

　2000年3月に，CPの電子登録方式によるペーパーレス取引への立法が提案された。4月に住友銀行がインターネットで行う起債を実施した際，作業時間の公平化と短縮化，起債事務の簡素化など利点が認識された。

⑧ その他

Q 26 MTNについてお尋ねします。貴社（子会社も含めて）におかれましては，どのくらいの規模で利用されていますか。

　（　省略　）

Q 27 MTN発行の主要マーケットはどこですか（該当1つ）。

ロンドン	11（44%）
ニューヨーク	3（12%）
東京	4（16%）
その他	7（28%）

　ユーロ債権市場ではMTNの利用が一般化しているため，ロンドンがMTN発行の主要マーケットとなっていることが理解できる。

Q 28 MTNによる資金調達の主要目的は何ですか（該当1つ）。

自社のため	8（32%）
グループ子会社のため	10（40%）
買収会社のため	2（ 8%）
その他	5（20%）

Q 29 MTNのアレンジャーはどこですか（該当1つ）。

邦銀	3 (12%)
日本の証券会社	7 (28%)
外国の銀行	1 (4%)
外国の証券会社	9 (36%)
その他	5 (20%)

外国の証券会社に委託する企業が多い。

Q 30 MTNのディーラーはどこですか（該当2つ）。

邦銀	5 (14%)
日本の証券会社	13 (37%)
外国の銀行	2 (6%)
外国の証券会社	10 (29%)
その他	5 (14%)

Q 31 MTNの発行において東京マーケットの阻害要因を教えてください。

（　省略　）

Q 32 借入金についてお尋ねします。現在でも貸渋り状況が継続しているとお考えですか（該当1つ）。

継続している	13 (13%)
継続していない	59 (57%)
どちらとも言えない	26 (25%)
その他	6 (6%)

Q 33 銀行を選別する基準は何ですか（該当1つ）。

これまでの取引関係	76 (74%)
貸出し規模	2 (2%)
金利コスト	15 (15%)
その他	10 (10%)

Q 34 社債についてお尋ねします。現在の社債の発行の主要目的は何ですか（該当1つ）。

社債の償還	25 (26%)
設備投資の調達	56 (58%)
その他	15 (16%)

Q 35 社債発行での財務の特約について，どのようにお考えですか（該当1つ）。

厳しい	6 (6%)
十分にクリアできる	72 (77%)
どちらとも言えない	16 (17%)

Q 36 財務の特約のなかで改善すべきものについてお示し下さい。

（　省略　）

Q 37 株式についてお尋ねします。自己資本の充実策として，増資をお考えですか（該当1つ）。

考えている	7 (7%)
考えていない	93 (88%)
その他	6 (6%)

参考資料

Q 38　株式持ち合いについて，どのようにお考えですか（該当1つ）。

徐々に解消すべきである	78 (76%)
解消すべきではない	15 (15%)
その他	10 (10%)

Q 39　自己資本株式の取得をお考えですか（該当1つ）。

すでにやっている	34 (32%)
考えている	29 (27%)
考えていない	40 (38%)
その他	3 (3%)

Q 40　自己株式取得の目的は何ですか（該当1つ）。

資本準備金の縮小	16 (26%)
ストックオプション制度	9 (15%)
従業員持株制度	6 (10%)
その他	30 (49%)

　このアンケート結果から，大半の企業は増資による自己資本の充実を検討しておらず，銀行借入や社債発行といった負債による資金調達を行っていることがわかる。また，銀行を選別する基準はこれまでの取引関係であり，融資条件ではないことが判明した。そして，貸し渋りに関して言うならば，マスコミ報道で言われるほど深刻ではなく，どちらでもないと言う回答が4分の1を占めた。

　企業の社債発行の主要目的は，その多くが設備投資の調達であり，約4分の1の企業が社債の償還と回答している。社債発行での財務特約については，ほとんどの企業が資金調達上の障害とはなっていないということがわかる。

そして，株式持合いについては，ほとんどの企業が段階的に解消することが望ましいと回答しており，近い将来株式持合いが解消される方向にあるといえる。自己株式の取得については，すでに行っている企業はいまだ少数であり，現在検討しているもののうちこれからどれだけの企業が行うのかが注目される。また，自己株式取得の目的に関しては，肥大化した株主資本を圧縮し，ROEの向上に結びつけ，株主価値の追求を狙ったものであり，企業価値増大の恩恵を株主だけではなく役員や従業員にも与えるために行われるものと思われる。

Q 41 配当についてお尋ねします。株主の富（資本利益と配当利益の和）を増加させることは貴社にとって重要ですか。

重要である	100 (94%)
重要でない	
どちらとも言えない	6 (6%)

Q 41-1 株主の利益配分手段として，配当政策は重要だと考えますか。

重要である	98 (92%)
重要でない	
どちらとも言えない	9 (8%)

Q 41-2 重要であると回答した方のみにお聞きします。その理由について最も適する選択肢をお選び下さい。

①株主は配当を望んでいるため	20 (21%)
②配当の支払いは企業として当然の義務であるため	60 (63%)
③資本利得は不安定な株価の変動により実現されることから，配当利得が最も投資家の支持を得やすいため	7 (7%)
④株価は期待配当の流列をある割引率で資本還元したものであるため	5 (5%)
⑤その他	4 (4%)

項目①の回答が項目②についで多かった点だが，これは項目2の内容をより積極的に捉えた結果と言える。財務論的には「配当の顧客効果」の一つとみなされ，配当を望む株主の意向を無視できないとの考えが背後にあると推察される。

⑤「その他」の記入内容を見ると，(a)「株主の富の一つ」，(b)「利益の分配を行うか，内部留保に回すかの決定は重要ではない」，(c)「投資に対する配分」があった。このうち，(c)についてコメントする。(c)は配当を投資収益と見なしたゆえの記入であろうと考えられるが，この表現だけみれば，株式投資収益は配当のみとの解釈も可能であり，きわめて興味深い。

Q 42 配当額を決定する要因は何ですか。

	重視する	重視しない	どちらとも言えない
将来の利益動向	83 (81%)	6 (6%)	13 (13%)
内部留保の確保	87 (84%)		16 (16%)
過去の1株当たり配当金もしくは配当総額	81 (78%)	3 (3%)	20 (19%)
過去の配当性向	56 (54%)	15 (14%)	33 (32%)
過去の株主資本配当率	36 (36%)	14 (14%)	51 (50%)
株価の上昇	39 (38%)	27 (26%)	36 (35%)
同業他社の1株当たり配当率	31 (30%)	28 (27%)	42 (42%)
同業他社の配当性向	25 (25%)	32 (31%)	45 (44%)
同業他社の株主資本配当率	20 (17%)	33 (32%)	49 (48%)

① 企業の多くは，将来の利益動向を見すえ，過去の配当行動をふまえつつ，内部留保の確保を重視して配当額を決定している。

② 配当支払いの基準として重視されるのは過去の配当額である。また，株価を高めることを意図し配当を決定するという考え方は，全体の1/3程度となっている。

③ 同業他社の配当行動よりも当該企業の過去の配当指標をより重視している。

Q 43　M&A（合併・買収）についてお尋ねします。これに関心がありますか。

ある	69（73%）
ない	21（26%）
その他	1（ 1%）

Q 44　経営戦略の一環として M&A は有効だとお考えですか。

非常に有効（積極的に利用する）	9（12%）
状況によっては有効 （選択肢の一つとして考慮）	64（83%）
あまり有効ではない（極力利用しない）	4（ 5%）

Q 45　M&A を進める際に，どの方法が有効だとお考えですか（複数回答可）。

直接，相手企業にコンタクトする	27（22%）
メインバンクを通じてコンタクトする	34（28%）
証券会社，M&A 専門会社を通じて　〃	58（47%）
公開買付（TOB）で相手企業の株主に売却をすすめる	3（ 2%）
その他	1（ 0.8%）

　M&A をすすめる方法としては，メインバンクを通じてよりも M&A 専門会社を通じたかたちの方がより多く想定されている。

参考資料

Q 46 M&Aを実施する場合に最も配慮することは何ですか（複数回答可）。

相手企業の経営陣の配置	13（10%）
〃　　中間管理職の配置	3（ 2%）
〃　　従業員の雇用確保	17（13%）
対外的イメージ	20（15%）
買収価格	54（42%）
合併比率	13（10%）
その他	10（ 8%）

Q 47 M&A（特に買収）をすることに対する抵抗感はどのくらいありますか。

非常にある	2（ 3%）
以前に比べれば少なくなった	38（51%）
ほとんどない	34（46%）

Q 48 M&A（特に買収）をされることに対する抵抗感はどのくらいありますか。

非常にある	51（73%）
以前に比べれば少なくなった	13（19%）
ほとんどない	6（ 9%）

Q 49　外国企業によるM&A（特に買収）は，日本企業によるM&Aよりも抵抗感を強く感じますか（複数回答可）。

非常に強く感じる	19（26%）
以前に比べれば少なくなったが，まだ感じる	28（39%）
日本企業による買収と同じ程度しか感じない	18（25%）
外資による買収の方が抵抗感が少ない	7（10%）

Q 50　M&A（特に買収）をされることに抵抗感を感じる理由は何ですか（複数回答可）。

自社の経営陣が退職・降格されるから	13（12%）
〃　中間管理職が退職・降格されるから	17（16%）
〃　従業員の解雇が行なわれるから	41（38%）
対外的イメージが悪いから	24（22%）
その他	14（13%）

Q 51　M&A（特に買収）をしかけられないための防衛策として，何が有効とお考えですか（複数回答可）。

系列企業による安定株主政策の強化	32（21%）
メインバンクによる安定化株主の強化	38（25%）
自社株主の取得	26（17%）
従業員持株の強化	14（9%）
株価の最大化	40（26%）
その他	2（1%）

参考資料

Q 52　M&A（特に買収）をしかけられた場合，どう対処しますか。

相手・理由にかかわらず反対・防御	39（57%）
相手・理由によっては検討	23（33%）
買収価格によっては検討	3（4%）
その他	4（6%）

Q 53　6月に成功した，ケーブル・アンド・ワイヤレス（英国）によるIDC（国際デジタル通信）社の公開買付（TOB）をご覧になって，これから公開買付（TOB）による買収が増加すると思いますか。

増加しない	8（11%）
以前よりは増加するが，それほど多くはない	61（81%）
非常に増加する	6（8%）

Q 54　仮に貴社が保有している株式の公開買付が提示された場合，売却しますか（複数回答可）。

取引・系列関係のない会社なら無条件で売却する	2（1%）
〃　　　　　条件によって売却する	51（35%）
〃　　　　　その会社に断ってから売却する	9（6%）
〃　　　　　売却しない	9（6%）
取引・系列関係のある会社なら無条件で売却する	
〃　　　　　条件によって売却する	15（10%）
〃　　　　　その会社に断ってから売却する	21（15%）
〃　　　　　売却しない	37（26%）

Q 55 仮に貴社が公開買付を受けた場合，主要株主が貴社の株式を売却すると思いますか。

売却しない	36（49%）
条件によって売却するかもしれない	37（51%）
すぐに売却する	

Q 56 貴社の主要株主から，今後，貴社株式を売却するかもしれないとの連絡を受けたことがありますか（M&Aにかかわらず）。

は い	28（37%）
いいえ	47（63%）

Q 57 公開買付（TOB）をかけられた場合，どう対処しますか（複数回答可）。

主要株主に自社株を売却しないよう説得する	56（61%）
一般株主に自社株を売却しないようPRする	9（10%）
自社株を取得する	17（18%）
歓迎する（何もしない）	5（5%）
その他	5（5%）

Q 58 経営戦略の一環として，子会社または部門の売却は有功だとお考えですか。

非常に有功（積極的に利用する）	4（5%）
状況によっては有効（選択肢の一つとして考慮）	56（75%）
あまり有功ではない（極力利用しない）	15（20%）

Q 59 子会社または部門別の売却を実施する場合に，最も考慮することは何ですか（複数回答可）。

子会社または部門の経営陣（事業部長）の処理	15 (9%)
〃 の従業員の雇用	50 (31%)
対外イメージ	25 (16%)
売却価格	41 (26%)
売却相手企業の状況	25 (16%)
その他	4 (3%)

Q 60 相互持合い株の売却を実施・検討していますか（複数回答可）。

実施した	27 (31%)
検討中	22 (28%)
実施・検討ともにせず	35 (42%)

Q 61 今後，取引関係を理由とした株式保有を続ける方向ですか。

従来と同様に続ける	30 (38%)
従来よりは少なくする	48 (61%)
従来より増やす	
従来からやっていない	1 (1%)

Q 61 今後，取引関係を理由とした株式保有を続ける方向ですか。

ある	61 (80%)
ない	14 (18%)
その他	1 (1%)

Q 62 環境投資，会計について，関心がありますか。

は い	51（65%）
いいえ	28（35%）

Q 63 環境に関わる部門（環境対策，環境保護推進部門等）が設置されていますか。

は い	51（65%）
いいえ	28（35%）

Q 64-1 環境に関わる部門が設置されていますか。

は い	50（65%）
いいえ	27（35%）

Q 64-2 環境専門の担当者が配置されていますか。

は い	44（56%）
いいえ	35（44%）

Q 65-1 環境対策費についてお尋ねします。環境対策費に関して，

十分投資していると思う	16（14%）
もっと投資する必要がある	32（48%）
あまり投資する必要を感じない	18（27%）

参考資料

Q 65-2 環境対策費を投じている方にお尋ねします。具体的にどのようなことに対策費を投じていますか(複数回答可)。

（　省略　）

Q 66 環境対策費を投ずることについて「リターン」を期待していますか。

期待している	32（47%）
期待していない	36（53%）

Q 66-1 「期待している」とお答えした方にお尋ねします。具体的にどのようなリターンを期待しますか。

（　省略　）

Q 67 環境対策費に費用を投じる際の資金調達について

通常の事業活動と同様に資金調達を行っている	48（89%）
環境対策費として通常の事業活動とは別個に資金調達を行っている	
その他	6（11%）

Q 68 企業が環境保全に取り組むこと、あるいはその姿勢を見せることが、投資家の投資判断基準に影響を与えると思いますか。

思　う	68（92%）
思わない	6（ 8%）

Q 69-1 環境報告書についてお尋ねします。環境報告書を，

すでに報告しているが，まだ公表していない	2（ 3%）
すでに作成し，公表している	9（12%）
関心はあるが，まだ作成していない	45（61%）
関心はあるが，作成の予定はない	10（14%）
関心もないし，作成の予定もない	8（11%）

Q 69-2 環境報告書が投資家に与える影響について

影響があると思う	64（89%）
思わない	8（11%）

Q 70-1 グリーン・インベストメントについてお尋ねします。グリーン・インベストメントという言葉を聞いたことがありますか。

ある	32（42%）
ない	44（58%）

Q 70-2 「ある」とお答えした方にお尋ねします。内容について知っていますか。

知っている	24（73%）
知らない	9（27%）

Q 70-3 「知っている」とお答えの方にお尋ねします。グリーン・インベストメントもしくはグリーン・インベスターを考慮して資金調達を行うことは大事だとお考えですか。

大事だと考える	15 (63%)
考えない	9 (38%)

Q 71-1 エコ・ファンドについてお尋ねします。エコ・ファンドという言葉を聞いたことがありますか。

ある	50 (66%)
ない	26 (34%)

Q 71-2 「ある」とお答えの方にお尋ねします。内容については，

知っている	35 (67%)
知らない	17 (33%)

Q 71-3 「知っている」とお答えの方にお尋ねします。エコ・ファンドを考慮して資金調達を行うことは大事だとお考えですか。

大事だと考える	17 (44%)
考えない	22 (56%)

Q 72 環境会計について

すでに実施しており，公表している	1 (1%)
すでに実施しているが，公表はしていない	2 (3%)
興味があり，実施する予定である	10 (13%)
興味はあるが，実施の予定はない	9 (12%)
検討中である	28 (37%)
実施の予定はない	23 (31%)
その他（例：興味あるが，当社には実施のメリットがない等）	2 (3%)

Q 73 企業の財務部門と生命保険会社との関係に関心がありますか。

ある	56 (76%)
ない	18 (24%)
その他	

Q 74 現在，保険契約を結んでいる保険会社は，

ある	77 (97%)
ない	2 (3%)

参考資料

Q 75　契約している保険商品の種類は何ですか（複数回答可）。

団体定期保険	61（28%）
団体信用保険	13（6%）
適格退職年金	47（22%）
厚生年金基金	41（19%）
財形貯蓄保険	29（13%）
財形住宅積立保険	22（10%）
その他	5（2%）

Q 76　保険会社と契約する際，会社を選別する基準として何を重視しますか（複数回答可）。

保険商品の内容	33（19%）
資産運用状況（事業成績）	43（25%）
保険会社の健全性	54（32%）
知名度	2（1%）
主要な取引先	36（21%）
特に重視するものはない	
その他	3（2%）

Q 77　東邦生命の経営破綻後，既存の契約先保険会社または契約内容の検討を行いましたか。

■ 既存の契約先保険会社の検討 ■

行った	34（43%）
行っていない	35（44%）
行う予定はない	10（13%）

■ 契約内容の検討 ■

行った	31 (40%)
行っていない	37 (47%)
行う予定はない	10 (13%)

Q 78-1 前者について,「行った」と回答した方のみお答え下さい。今後,既存の契約先保険会社を変更することはありますか。

ある	20 (51%)
ない	3 (8%)
検討中	8 (21%)
わからない	2 (5%)
どちらとも言えない	6 (15%)
その他	

Q 78-2 後者について,「行った」と回答した方のみお答え下さい。今後,契約内容を変更することはありますか。

ある	15 (56%)
ない	1 (4%)
検討中	5 (19%)
わからない	2 (7%)
どちらとも言えない	4 (15%)
その他	

Q 79 過去1年以内で,保険契約の解約を行ったことがありますか。

ある	22 (29%)
ない	55 (71%)

参考資料

Q 80 「ある」と回答した方のみお答え下さい。その理由はどのようなものですか（複数回答可）。

保険料負担の軽減	10 (26%)
契約先の変更	8 (21%)
契約保険商品の変更	5 (13%)
保険契約以外の取引解消	5 (13%)
契約先の業績に対する不安	9 (24%)
特にない	
その他	1 (3%)

Q 81 資金を調達するに当たって、保険会社は重要な存在ですか。

| 重要である | 31 (40%) |
| 重要でない | 46 (60%) |

① 「重要である」と回答した方のみお答え下さい。それはどのような点で重要ですか。
＊主なものとしては、「調達先の多様化」、「長期資金の確保」が挙げられている。

Q 82 資金を運用するに当たって、保険会社は重要な存在ですか。

| 重要である | 15 (19%) |
| 重要でない | 65 (81%) |

① 「重要である」と回答した方のみお答え下さい。それはどのような点で重要ですか。
＊資金の運用先としての生保の重要性は低いが、重要であるとの回答の主な内容は、「保険商品（年金）が運用商品となる」、「（企業の）資金運用の多様化」、「リスク分散」ということを挙げている。

Q 83 保険会社と保険契約以外の取引はありますか。

ある	43（55%）
ない	35（45%）

① 「ある」と回答した方のみお答えください。それはどのような取引ですか。

＊回答企業の半数以上が何らかの取引を行っている。その内容は主に，「融資取引」，「株式の保有」である。

Q 84 保険会社から経営政策について異議を唱えられたことがありますか。

ある	2（ 2%）
ない	78（98%）

① 「ある」と回答した方のみお答え下さい。それはどのような内容ですか。

収益性の上昇	
事業内容の改善	1（100%）
役員の人事	
その他	

　株主である生保から経営内容について異議を唱えられたことがあると回答した企業は1社のみであった。その内容は「事業内容の改善」に関するものであった。

Q 85 今後，保険会社に望むことにどのようなことがありますか。

運用利回りの改善・上昇	48 (36%)
会社経営の健全性	42 (32%)
会社情報の開示	28 (21%)
機関投資家としての行動	9 (7%)
特にない	2 (2%)
その他	3 (2%)

＊その他の内容としては，「株式会社化」，「社員総代会の改善」が挙げられていた。

Q 86 異業種交流に関心がありますか。

ある	49 (64%)
ない	27 (35%)
その他	1 (1%)

Q 87 取引目的以外で他社との交流はありますか。

ある	37 (54%)
ない	32 (46%)

Q 88-1 上記質問で「ある」と回答した方のみお答え下さい。その目的は何ですか。

情報収集	39 (76%)
技術交流	7 (14%)
市場開拓	5 (10%)
その他	

Q 88-2 何社ぐらいと交流をされていますか。

1社～10社以下	19 (67.9%)
11社～30社以下	5 (17.9%)
30～50社以下	0 (0%)
50社以上	1 (3.5%)
不明	3 (10.7%)

これは，不特定多数に情報交流するよりも，ある程度信頼のおける企業を相手に，現実的なビジネスプランを模索していることがうかがえる。

Q 89 Q 87で「ない」と回答した方のみお答え下さい。今後，交流される予定はありますか。

ある	6 (17%)
ない	8 (23%)
未定	21 (60%)

Q 90 今後他社の動きに注目して行こうと考えるのはどちらですか。

同業種	27 (37%)
異業種	10 (14%)
両方	36 (49%)
その他	

Q 91 最も重要であると思われるものは何ですか（該当1つ）。

	生産力	財務力	知識情報力	人　材	その他
貴社にとって重要な経営資源	15 (21%)	7 (10%)	5 (7%)	42 (58%)	4 (5%)
他社の経営資源で取り入れたいもの	8 (11%)	9 (13%)	42 (58%)	3 (4%)	10 (14%)
今後企業の発展に必要な経営資源	5 (7%)	5 (7%)	30 (41%)	30 (41%)	3 (4%)

＊上記の質問で「その他」と回答された方で具体的にあればお答えください。

Q 92 そのような経営資源はどのように培われるとお考えですか。

自社の努力	62 (77%)
他社との提携	13 (16%)
M&A	5 (6%)
その他	1 (1%)

　Q 91 を関連付けて分析すると，人材の育成は企業内で行っていくのが主流であり，日本の労働市場の現状を裏付けた結果である。提携や M&A と答えた企業は Q 92 において「情報力」を得るための行動である。

索引

あ行

アービトラージ型 …………… 118
ROE ………………………… 69
ROA ………………………… 70
RTC …………………………… 88
ISO 14001 …………………… 153
アグレッシブな投資行動 ……… 10
新しいエコ融資 ……………… 162
ERP …………………………… 20
異業種交流 …………………… 189
一時差異 ……………………… 140
一方的所有 …………………… 223
ウォール・ストリート・ルール … 9
売上高の成長 …………………… 7
運用利回り …………………… 215
永久差異 ……………………… 140
ABS …………………………… 85
ABCP ………………………… 85
エコ・アセットマネジメント … 163
エコ・ファンド ……………… 154
エコ融資 ……………………… 158
エコロジカル融資 …………… 158
SCF（Supply Chain Financing）
 ………………………………… 28
SCM（supply Chain Management）
 ………………………………… 26
SPC 法 ………………………… 89

F-EDI（Financial Electronic Data Interchange）………… 25
M&A …………………………… 47
MBS …………………………… 88
ERISA 法 …………………… 9, 53
オーバドラフト ……………… 24
オフ・バランス化 …………… 88

か行

会社分割制度 ………………… 3, 5
蓋然性規準 …………………… 143
革新 …………………………… 190
確定決算主義 ………………… 147
貸し渋り ………………… 175, 201
貸倒損失否認 ………………… 136
株価最大化 …………………… 72
株価純資産倍率 ……………… 69
株式交換 ……………………… 52
株式支払い TOB ……………… 55
株式相互持ち合い …………… 36
株式投資収益率 ……………… 69
株式持ち合い ………………… 223
株主価値の極大化 …………… 10
株主資本の運用効率 ………… 73
株主資本利益率 ……………… 69
環境会計の導入 ……………… 153
環境投資 ……………………… 154
環境優良企業 ………………… 156

273

間接金融	165
間接金融市場	157
基幹業務システム	20
機関投資家	48
企業価値	49
企業収益性	73
技術集約化	200
既存のエコ融資	162
期待収益率	74
逆基準法	147
逆ざや	213
キャッシュ・フロー計算書	21
キャッシュ・フロー構造	119
キャッシュ・フロー指標	81
キャッシュ・マネジメント・システム	23
キャピタル・ゲイン	4, 49
吸収分割	5
共同型開発	204
共同債権買取機構	94
共同信託	90
金庫株	5
金庫株制度	3
金融資産証券化	105
金利格差	197
グリーン・インベスティメント	154
グリーン・シート市場	182
繰延税金	144
経営資源	191
経済付加価値（EVA）	10
系列大企業需要補完融資	197
兼営持株会社	5
公開買付け	48
高付加価値化	200
コーポレート・ガバナンス	35
国際会計基準	135
国際基準（IAS）	19
コスト削減機構	14
固定資産証券化	105
固定費の変動費化	4, 11
コンカレント・エンジニアリング手法	26

さ行

サービサー法	90
債権	88
在庫担保ローン	27
再生ビジネス	4
財務制限条項設定	179
財務レバレッジ	73
サイレント・パートナー	9
サプライ・チェーン・マネジメント	26
産学連携	11
残余利益法	81
CEO	43
CMS	23
CMBS	85
CLO	130
COO	43
CDO	130
CP	88
CBO	104
シェアの成長	7
JIT（Just in time production system）	26
時価主義会計	19, 42
資産・負債アプローチ	140
資産圧縮型	4
資産運用業務	215
資産運用収益	215
資産証券化	104
資産の流動化	3, 24
資産流動化	88
自社株保有	6

市場の規律 …………………… 31
下請 …………………………… 194
シニア債 ……………………… 108
支配集中機構 ………………… 14
資本集中機構 ………………… 14
資本性指標 …………………… 10
借金の規律 …………………… 31
収益・費用アプローチ ……… 140
従業員退職所得保障法 ……… 9
取得原価主義会計 …………… 136
純粋持株会社 ………………… 5
証券化 …………………… 25, 85
証券化商品 …………………… 3
情報の非対称性 ……………… 180
将来加算一時差異 …………… 141
将来減算一時差異 …………… 140
新株引受権付社債 …………… 88
新設分割 ……………………… 5
信託受益権 …………………… 96
信用金庫 ……………………… 168
信用組合 ………………… 166, 168
信用補完 ……………………… 113
信用リスクヘッジ …………… 98
3 PL（Third Party Logistics）…… 26
税金配分手続 ………………… 137
税効果会計 ……………… 135, 137
政府金融機関 ………………… 168
政府系金融機関 ……………… 197
生保の資産運用 ……………… 215
生保の収入 …………………… 215
税効果会計 …………………… 19
セカンダリー・マーケット …… 119
セカンダリー CBO …………… 126
接触の利益 …………………… 191
ゼロ・ミッション …………… 153
ゼロバランス ………………… 23
早期是正措置 ………………… 175

相互銀行 ……………………… 168
総資産の成長 ………………… 7
総資産利益率 ………………… 70
ソルベンシー・マージン比率 … 213

た行

ターゲット企業 ……………… 47
退職給付会計 ………………… 19
多基準会計 …………………… 20
タックスプランニング ……… 144
知識集約化 …………………… 200
中間組織 ……………………… 191
中小企業 ………………… 165, 193
中小企業金融 …………… 165, 197
中小企業専門金融機関 …… 168, 197
長期産業資金供給体制 ……… 167
直接金融 ……………………… 165
直接金融市場 ………………… 154
TLO …………………………… 11
TOB …………………………… 48
TOB 価格 ………………… 49, 52
DDM …………………………… 69
ディストレス証券 …………… 119
適格担保 ……………………… 168
適債基準 ……………………… 179
デット・エクイティ・レシオ …… 73
デッド債権型 ………………… 97
デフォルトモデル …………… 110
転換社債 ……………………… 88
電子手形 ……………………… 30
店頭特則市場 ………………… 177
等額株式制 …………………… 181
投機的格付け ………………… 117
当座借越し …………………… 24
投資適格債 …………………… 109
投資ファンド ………………… 98
特化 …………………………… 11

トライアングル体制 …………… 148
トラッキング・ストック ……… 3, 6

な行

Nasdaq …………………………… 182
ナスダック・ジャパン ………… 181
日本版REIT ……………………… 85
ネッティング …………………… 23
のれん …………………………… 142

は行

ハイイールド債 ………………… 122
売却判断 ………………………… 48
売却比率 ……………………… 57, 62
買収プレミアム ………………… 49
配当可能利益 …………………… 142
配当割引モデル ………………… 69
バランスシート・マネジメント型 … 118
PFI ……………………………… 94
PBR ……………………………… 69
引受業務 ………………………… 215
BIS規制 ………………………… 202
費用処理説 ……………………… 139
ファンド・マネジャー ………… 48
VMI（Vendor Managed Inventory） ……………………… 27
プーリング ……………………… 23
負債証券化 ……………………… 104
不動産証券化 …………………… 85
不動産投資信託 ………………… 85
プライマリーCBO ……………… 126
フリー・キャッシュ・フロー … 22
不良債権処理 …………………… 85
プルーデントマン・ルール …… 9
プレミアム ……………………… 48
プレミアム額 …………………… 52
粉飾決算 ………………………… 20

ベンチャーキャピタル投資 …… 182
ベンチャー企業 …………… 179, 206
ポートフォリオの分散 ………… 53
保険業法の改正 ………………… 213
保険料等収入 …………………… 213

ま行

マーケット・バリュー機構 …… 119
マイナス・プレミアム ………… 50
マザーズ ………………………… 181
未公開株式 ……………………… 181
無尽 ……………………………… 166
無尽会社 ………………………… 168
メイン・バンク・システム … 16, 178
持株会社 ………………………… 3, 4
モニタリング …………………… 99

や行

融資集中機構 …………………… 198
優先株 …………………………… 175
優先債 ……………………… 107, 108
優先受益権 ……………………… 96
優先劣後構造 ……………… 104, 108
有担保原則 ………………… 98, 179
有利子負債の返済 ……………… 4
予定利率 ………………………… 215
予定利率の引き下げ …………… 213

ら行

利益処分説 ……………………… 139
利益率を指向する経営 ………… 8
リスク …………………………… 179
リスク回避機構 ………………… 14
リストラ戦略 …………………… 11
劣後債 ……………………… 107, 108, 175
劣後受益権 ……………………… 96
6大企業集団 …………………… 41

編者紹介

坂本　恒夫（さかもと　つねお）

経営学博士
明治大学教授，知的資産センター副センター長
1947年京都府生まれ。
1979年明治大学大学院経営学研究科博士後期課程修了。第一経済大学，創価大学を経て，1991年より現職。この間，1984・85年　オーストラリア，ニュー・サウス・ウエールズ大学客員研究員，97から99年　イギリス，レディング大学客員研究員。
　現在，日本経営財務研究学会副会長，日本財務管理学会副会長，証券経済学会理事，日本経営分析学会理事，＜中小企業・ベンチャー＞ビジネス・コンソーシアム会長。

単著：『企業集団財務論』泉文堂，1990年。
　　　『企業集団経営論』同文舘，1993年。
　　　『戦後経営財務史―成長財務の軌跡』T&Sビジネス研究所，2000年。
編著：『企業集団研究の方法』文眞堂，1996年。
　　　『企業集団支配とコーポレート・ガバナンス』文眞堂，1998年。
　　　『企業集団と企業間結合の国際比較』文眞堂，2000年。
　　　『中小企業の再生ビジネス戦略』税務経理協会，2001年。
　　　『ベンチャービジネスの創り方・運び方』税務経理協会，2001年，など。

編者との契約により検印省略

平成14年4月25日　初版第1刷発行

現代コーポレートファイナンス論

編　者	坂　本　恒　夫
著　者	現代財務管理論研究会
発　行　者	大　坪　嘉　春
製　版　所	美研プリンティング株式会社
印　刷　所	税経印刷株式会社
製　本　所	株式会社三森製本所

発行所　東京都新宿区下落合2丁目5番13号　株式会社 税務経理協会
郵便番号 161-0033　振替 00190-2-187408　電話 (03) 3953-3301 (編集部)
　　　　FAX (03) 3565-3391　　　　　　　 (03) 3953-3325 (営業部)
URL http://www.zeikei.co.jp/
乱丁・落丁の場合はお取替えいたします。

© 坂本恒夫・現代財務管理論研究会 2002　Printed in Japan
本書の内容の一部又は全部を無断で複写複製（コピー）することは、法律で認められた場合を除き、著者及び出版社の権利侵害となりますので、コピーの必要がある場合は、予め当社あてに許誌を求めて下さい。

ISBN4-419-03952-3　C2034